2013

SPIRITUELLES ERWACHEN

An Kryons Seite sprechen zu euch:
Nathalie Chintanavitch & Träger der Inka-Energie
Claire Heartsong & Anna, die Mutter Marias
Jill Mara & das Lichtwesen Simion

Lee Carroll & Freunde

Herausgegeben
von Martine Vallée

Aus dem Amerikanischen von
Annette Charpentier und Sarah Heidelberger

Titel der frankokanadischen Originalausgabe:
DEVENIR. ÉVEILLER LE GRAND POTENTIEL HUMAIN

Copyright © 2011 by Martine Vallée

Besuchen Sie uns im Internet:
www.AmraVerlag.de

Deutsche Ausgabe:
Copyright © 2011 by AMRA Verlag
Auf der Reitbahn 8, D-63452 Hanau
Telefon: + 49 (0) 61 81 – 18 93 92
Kontakt: Info@AmraVerlag.de

Published under Arrangement with Éditions Ciel et Terre Inc. /
Heaven and Earth Publications Inc., Outremond, Quebec, Canada

Die Übersetzung erfolgte auf der Grundlage der englischsprachigen
Ausgabe bei Ariane Èditions Inc. Teil eins (Kryon) wurde übersetzt von
Sarah Heidelberger, die anderen Teile übersetzte Annette Charpentier.

Herausgeber & Lektor	Michael Nagula
Umschlag	Murat Karaçay
Layout & Satz	nimatypografik
Druck	CPI Moravia Books

ISBN 978-3-939373-75-9

Inhalt

Teil drei – Anna, die Mutter Marias

Vorwort

Wie wir zu den Meistern werden, die wir sind

Hier bin ich wieder – und es ist mir eine große Freude, Ihnen zu begegnen. Für manche von Ihnen wird dies die erste Begegnung mit mir sein, andere kennen vielleicht die Bücher *Die Große Veränderung* oder *Das Bewusstsein der Neuen Zeit*, in denen Lee Carroll und ausgesuchte Gäste sich schon einmal zur Zeitenwende äußerten. Auch diesmal werden Sie wieder eine Fülle von Neuigkeiten über die Potenziale und Wahrscheinlichkeiten erfahren, die uns – zeitlich gesehen – gleich hinter der nächsten Ecke erwarten.

Wissen Sie, es gibt ein Paradoxon in Krisenzeiten wie derjenigen, in der wir uns gerade befinden. Krisen bringen immer unsere größten Ängste zum Vorschein, und gleichzeitig treiben sie uns direkt in die Veränderung hinein. Es ist unumgänglich, dass wir Entscheidungen treffen, auf individueller Ebene und als Bürger dieser Welt. Doch meiner Sichtweise nach ist eine Krise auch immer eine Gelegenheit, unser Bewusstsein anzuheben und die Einladung auszusprechen, dass sich eine andere Perspektive einstellt.

Im Gegensatz zu dem, was viele glauben, haben wir immer eine Wahl. Diese schwierige Zeit, in der wir leben, verlangt uns genau das ab – eine Wahl zu treffen. Wir müssen uns nun entscheiden, ob wir uns vollkommen auf ein höheres Bewusstsein einlassen wollen, mit all den positiven Veränderungen, die sich vor uns bereits abzeichnen, oder ob wir mit einem drittdimensionalen Bewusstsein weitermachen und alle Konsequenzen einer solchen Denkweise tragen wollen. Wir müssen uns nun zwischen einer planetaren und der Beibehaltung einer individuellen Vision entscheiden, und wir müssen uns außerdem entscheiden, ob wir uns weiter von den vorherrschenden Kräften manipulieren oder unsere Macht zurückfordern wollen – und die der Erde, auf der wir leben. Deshalb ist es so wichtig, das loszuwerden, was bedeutungslos ist oder nicht mehr funktioniert. Für einige könnte das durchaus heißen, eine Beziehung oder eine Partnerschaft zu beenden oder einen Job aufzugeben. Wir können nicht zu Meistern werden und unsere Macht wiedererlangen, wenn wir uns davor fürchten, das loszulassen, was uns nicht länger dient. Wir können nicht mit dem alten Gepäck zu neuen Ufern aufbrechen. Das ist schlichtweg unmöglich.

Während ich das hier schreibe, haben wir ein großartiges Beispiel für eine Gemeinschaft, die eine Wahl getroffen hat – die arabische Welt. In Bezug auf nahezu jeden Aspekt des Lebens hat die Mehrheit dort in Furcht gelebt. Die Menschen hatten nicht die Möglichkeit, ihr Potenzial zu leben. Sie hatten keine Freiheit außer derjenigen, welche die Diktatur zuließ. Aber es gibt bei jedem Menschen einen Punkt, an dem es kippt, einen Moment, in dem die Verzweiflung über die Angst siegt. In diesem Moment wird ein für alle Mal begriffen, dass eine Veränderung stattfinden *muss*, selbst wenn das bedeutet, sein Leben zu verlieren. Das könnte auf vergleichsweise ruhige Weise geschehen wie in Ägypten oder auf brutale Weise wie in Libyen. Die Bevölkerung fordert einfach ihre Macht zurück, statt sie weiter abzugeben, mit allen Konsequenzen, die sie so lange erleiden musste. Ich hätte einen solchen Wandel in diesem Jahr niemals erwartet, aber das ist die Art von Energie, die 2011 bereitstellt. Ohne jeden Zweifel leben wir in einer historisch bedeutsamen Zeit.

Was erwartet Sie in diesem Buch, das Ihnen die Energie unserer Zeit bringt? Abgesehen von Kryon, der auch an den ersten beiden Büchern dieser Reihe beteiligt war, haben wir eine junge und begabte Autorin aus Frankreich, Nathalie Chintanavitch, die mit Hildon, Chandra und Flex die Energie der Inka channelt – aber sie channelt auch Salim von der Wega. Ihre Informationen passen sehr gut in diese Zeit und sind sehr eigenwillig. Dann haben wir noch Anna, die Großmutter von Jesus, mit ihren Durchsagen. Sie bietet uns ihre Sichtweise auf diese Zeit an, spricht aber auch über so faszinierende Themen wie Seelengefährten und Zwillingsflammen. Und das Nachwort verfasste ein neues Channelmedium am Horizont: Jill Mara. Sie channelt eine Lichtwesengruppe namens Simion, deren Lehren nicht nur zeitgemäß sind, sondern auch ebenso faszinierend wie tiefschürfend.

Sie alle sind sich in einem einig: Bei dem anstehenden Zeitenwechsel geht es nicht um die Invasion Außerirdischer oder darum, dass wir in ein Schwarzes Loch fallen oder auf einer Wolke sitzen und Harfe spielen. Die Neue Zeit bringt uns höhere Schwingungen und Gelegenheiten, die jeder Einzelne nutzen kann. Aber wieder haben wir die Wahl. Die Menschheit dehnt sich immer weiter aus und entwickelt sich, und jeder Einzelne wird weiter seine eigene Wirklichkeit erschaffen, wie wir es jetzt bereits tun – doch wird es unablässig immer besser. Am Wichtigsten ist dabei, dass wir die Furcht auflösen und alles, was sich davon ableitet, wie Hass, Sorge und Ängstlichkeit. Zweifellos sind es diese Faktoren, die uns Katastrophen, Konflikte und sogar noch mehr Furcht bringen.

Denken Sie daran, wir können keine Fehler machen bei der Art, wie wir das Spiel des Lebens spielen. Es gibt nur einfachere Arten, es zu spielen. Diejenigen unter Ihnen, die so hart daran gearbeitet haben, ihre Schwingung zu erhöhen und alte Verhaltensweisen über Bord zu werfen, wie das Vergleichen zwischen dem einen und dem anderen oder Neid, Habgier und Ungleichheit, machen lediglich den Anfang. Sie gehen den anderen nur voraus.

Sie haben schon vor langer Zeit die eigentliche Bedeutung der Zeitenwende begriffen: *dass das größte Potenzial des Menschen seine Fähigkeit ist, seine Realität selbst zu erschaffen und dadurch den Planeten zu transformieren.* Die folgenden Jahre öffnen uns eine Tür, und an diese Tür haben Sie selbst ein Schild geklebt, auf dem steht: *Willkommen zu Ihrem Potenzial. Zu was möchten Sie erwachen?* Das ist die einzige Frage, die beantwortet werden muss. Führen Sie ein Leben in Freude und ohne Schuldgefühle. Meditieren, tanzen, malen, lieben und lachen Sie ausführlich und machen Sie Ihre Übungen. Gehen Sie in die Natur hinaus – auf lange Spaziergänge. Atmen Sie ganz bewusst. Entdecken Sie dieses erstaunliche Kunstwerk, das ohne ein Wort und durch sein Schweigen zu Ihnen spricht und so behutsam den Gott in Ihnen erweckt. Doch vor allem *erschaffen* Sie. Stellen Sie sich Ihre ideale Zukunft mit einer solchen Intensität vor, dass sie sich fast augenblicklich manifestiert. Stellen Sie sich das bestmögliche Szenario vor und handeln Sie danach. Handeln Sie einfach danach!

Martine Vallée
Montreal, Quebec, Kanada
März 2011

EINS

KRYON

Einführung von
Lee Carroll

Vielleicht sind Sie rein zufällig auf dieses Buch gestoßen. Vielleicht lesen Sie diese Worte und fragen sich, was *Spirituelles Erwachen* eigentlich bedeuten soll. Das ist mal ein etwas anderer Titel, oder? Für mich ist es einfach der nächste Schritt, denn nun werden wir darum gebeten, uns endgültig für das New Age zu öffnen – für das Neue Zeitalter.

Wir bewegen uns fort von einer Einstellung, in der wir herausfinden, weshalb wir hier sind, hin zu einer, die sich auf die *Große Veränderung*, auf die wir zusteuern, vorbereiten will. Kryon offenbart uns einiges über die DNS, und damit gehen Offenbarungen über ein spirituelles Selbst einher, das Quantenenergie ist und schon immer war. Ist es möglich, dass in uns Kräfte schlummern, die nur als jene der Meister betrachtet werden können? Besitzen wir wahrhaft Fähigkeiten, die wir noch nicht zu fassen bekommen haben?

Hier ist ein kleiner Denkanstoß: Wenn sich die Zellen in Ihrem Körper teilen, wie sie es häufig und regelmäßig tun, ist daran nur die Biologie beteiligt, oder könnte bei jeder Zellteilung auch eine Art Befragung stattfinden? Kryon spricht in diesem Buch darüber, was für Fragen Zellen einander stellen könnten. Denn nun fangen wir an, das Bewusstsein der Biologie zu verstehen und auch, dass sich die DNS aus einem guten Grund auf einer

Quantenebene befindet ... weil sich Gott auf einer Quantenebene befindet.

Wenn Sie dieses Buch lesen, vergessen Sie nicht, dass ihm zwei Bücher vorausgegangen sind, nämlich *Die Große Veränderung* und *Das Bewusstsein der Neuen Zeit*. Jedes ist für sich genommen ein Wunder, denn diejenige, die diese Bücher zusammenstellt, hatte keine Ahnung, dass es zu einem Teil ihrer Lebensaufgabe werden würde. Diese Geschichte haben wir bereits erzählt, und sie zeigt deutlich, dass ganz gewöhnlichen Menschen und ganz gewöhnlichen Leben Meisterschaft und tiefgehende Veränderung entspringen können.

Wer genau sie sind? Ich denke, Sie werden überrascht sein.

Kryon spricht

S eid gegrüßt, meine Lieben. Ich bin Kryon vom Magnetischen Dienst. In diesem Augenblick vollziehen sich *Große Veränderungen*, nicht nur in den Herzen und Seelen der Menschheit, sondern auf unserem gesamten Planeten. Denn indem das Eis wieder schmilzt und damit seine eigene Wandlung vorbereitet, verändert sich auch die Welt auf eine Weise, die vielen beängstigend erscheint. Doch so soll es sein, und schon vor Jahren erklärten wir, dass der Tag kommen würde, an dem der Regen dort fällt, wo man ihn niemals erwartet hätte, und dafür andere Regionen verlässt, in denen es zuvor stets geregnet hat. Wir berichteten Euch, dass Vulkane wieder zum Leben erwachen würden und dass viele Erdbeben zu erwarten seien, da die Erde auf die Gewichtsverlagerung des Eises reagieren würde. Doch all dies wurde Euch auf eine Weise mitgeteilt, die Euch nicht ängstigen, sondern Euch zeigen sollte, dass Ihr keine große Bewusstseinsveränderung durchleben könnt, ohne dass Gaia mitbetroffen ist. Und so seid letztlich Ihr selbst es, welche die Erde bewegen und verlagern.

Auch weiterhin bitten wir Euch, die Weltgeschehnisse und selbst die politischen Ereignisse mitzuverfolgen. Denn wenn Ihr seht, wie sich diese abseits der normalen Paradigmen verändern, dann wisst Ihr, dass die Veränderungen nicht nur eine eklektische

Gruppe esoterischer Denker betreffen, sondern tiefe Auswirkungen auf die gesamte Menschheit haben. Betrachtet diese Veränderungen als eine Weiterentwicklung des Denkens ganz gewöhnlicher Menschen. Freut Euch auf den Tag, an dem Jahrtausende alte Feinde es endlich leid sind, ihren »uralten Hass«, der keinen Bezug zu ihrer augenblicklichen Lebenssituation mehr hat, aufrechtzuerhalten. Richtet Euer Augenmerk auf die Kinder, die dies erreichen werden, denn sie werden nicht immer Kinder sein. Freut Euch darauf zu sehen, wie die Weisheit sich in ihnen entfaltet.

Habt Ihr den wirtschaftlichen Wandel beobachtet? Empfindet Ihr ihn als negativ? Das ist schwierig, nicht wahr? So wie ein Baum, der vom Gärtnermeister beschnitten wird. Wenn der Gärtner fertig ist, wirkt der Baum dürr, manchmal sogar tot! Viele Zweige wurden abgeschnitten, und der Baum ist nicht mehr schön. Doch der Meister weiß, dass durch das Beschneiden neues Wachstum, neue Schönheit und ein verlängertes Leben entstehen werden. Der Baum wird wieder ein Ganzes, und er wird größer und schöner werden als je zuvor.

Und so kommt es, dass der Beschneidungsprozess Eures Realitätsparadigmas beginnt und individuelle Leben betroffen sind. Wie kommt Ihr zurecht mit Eurer drittdimensionalen Realität? Könnt Ihr nun anfangen zu verstehen, dass die Art und Weise, in der Ihr miterschafft und sogar meditiert, von der Neigung geprägt sein könnte, alles zu etwas Linearem zu machen? Seid Ihr bereit, Eure Denkweise über Euch selbst, andere und den gesamten Prozess des spirituellen Seins zu verändern? Darum geht es in diesem Buch, denn im Zuge Eures *Spirituellen Erwachens* werdet Ihr Euch der interdimensionalen Dinge bewusster, und sie werden nun auch für diejenigen offensichtlich, die ein Buch wie dieses eigentlich niemals lesen würden. Die Menschheit verändert sich.

Während Ihr also die Worte Spirits in diesem Buch lest, seid Euch gewiss, dass sie in Liebe gegeben werden, nicht um Euch

Angst zu machen oder Euch Unannehmlichkeiten zu bereiten.
Der Kampf zwischen Alt und Neu wütet wie nie zuvor, und die
Krieger des Lichts sind die Ersten, die dieses Buch in die Hände
nehmen werden. Es ist Zeit für Euch, zu den Meistern zu werden,
die Ihr seit Eurer Geburt bestimmt seid zu sein. Es ist Zeit für
Euch, quantenorientiert zu denken.

Ihr werdet von Herzen geliebt.

Unser früheres, gegenwärtiges und zukünftiges Leben besser verstehen

*E*he ich davon spreche, wie wir unser Potenzial entfalten können, möchte ich auf einige Informationen aus dem Buch Das Bewusstsein der Neuen Zeit zurückkommen. Besonders eine geht mir nicht mehr aus dem Kopf. Dort sagst Du: »Ihr müsst verstehen, dass es in einem Quantenzustand so etwas wie ein vergangenes Leben nicht gibt. Sie alle existieren im Jetzt. Aber nur das, was sich gerade ›zuoberst‹ befindet, wird in der dritten Dimension erfahren.«

Ich denke, um unser Quantenpotenzial verstehen zu können, müssen wir die Bedeutung der Aussage »Sie alle existieren im Jetzt« verstehen. Wenn dies so ist, bedeutet das dann, dass alles, was wir als vergangenes Leben betrachten, in genau diesem Moment noch immer stattfindet, oder sind es die Informationen über dieses vergangene Leben, sein Hologramm, in dem alle Informationen zugänglich sind, auf die wir zugreifen können?

Weder noch. Diese gesamte Übung soll dazu dienen, die menschliche Neigung zu überwinden, alles zu unterteilen und in Schubladen zu stecken. Der Mensch ist mit dem Quantenzustand nicht vertraut. Ihr lebt schon immer in 3-D, und das ist das Einzige, was Ihr kennt. Selbst diese Fragen hier sind durch Drittdimensionalität geprägt. Die Menschen versuchen kontinuierlich, alles im Rahmen ihrer Neigungen zu beurteilen, und deshalb sind die Antworten manchmal bedeutungslos, solange Ihr nicht aktiv versucht, die Strukturen, in die Ihr hineingeboren wurdet, hinter Euch zu lassen.

Nein. Es findet gerade kein früheres Leben statt. Warum? Weil es so etwas wie ein früheres Leben gar nicht gibt. Ihr müsst aufhören, in Begriffen von Zeit und Singularität zu denken und diese »Leben« als einen Stapel von »Gegenständen« zu betrachten. Das sind sie nicht. Sie sind eine Quantenmischung aus dem »Du« von heute, und alles, was sie repräsentieren, ist eine Anhäufung dessen, was Ihr geworden seid.

Wenn Ihr sorgfältig ein Stück Holz poliert, dann bereitet Ihr es darauf vor, der Stuhl zu werden, den Ihr bauen wollt. Ihr poliert und poliert, jeden Tag. Jeden Tag wird das Holz glatter und glatter. Schließlich ist das Holz bereit für Beize und Lack. Auch die Beize wird poliert, und so geht der Prozess immer weiter.

Und nun kommt die Frage des Nicht-Tischlers: »*Ich würde gerne das Holz an ›Poliertag 14‹ untersuchen. Spielte dieser Tag eine wichtige Rolle dafür, was das Holz heute ist? Findet ›Poliertag 14‹ in dem Holz noch immer statt?*« Der Tischler starrt den Fragenden einen Augenblick lang an und hat keine Ahnung, was er antworten soll. Diese spezielle Schicht des Polierens war erfahrungsbezogen. Ja. Einen Tag lang war sie in der Drittdimensionalität wirklich vorhanden. Ja.

Aber heute ist sie so sehr zu einem Teil des fertigen Produkts geworden, dass die Betrachtung eines einzelnen »Poliertags« nicht nur albern wäre, sondern auch zeigt, dass der Fragende keine Ahnung von dem Gesamtprozess der Feinbearbeitung von Holz hat.

Der fertige Stuhl, ein unglaublicher Beweis für Kunst und Talent, steht in seiner ganzen Pracht da. Was seht Ihr? Fragt Ihr Euch tatsächlich, ob »Poliertag 14« noch immer gelebt wird? Nein. Ihr seht das Gesamtergebnis all dieser Arbeit in der Schönheit des vollendeten Produktes.

Und genauso ist es mit Euren Lebenszeiten, denn diese werden nicht als etwas Separates oder Singuläres innerhalb eines Quanten-Akasha-Systems betrachtet. Doch die Menschheit stapelt sie auf und betrachtet sie als Teile einer Kette mit einem Anfang und einem Ende. Spirit sieht sie als die Würze in der Suppe, als nicht empirisch messbar, nicht unterteilbar, nicht spezifizierbar. Wenn Ihr einen schönen Wollpullover seht, betrachtet Ihr dann die Schur des Schafes als einen für sich stehenden Bestandteil des Pullovers? Fragt Ihr den Pullover, ob er seine Jahre auf dem Rücken des Schafes noch immer erlebt?

Quantendenken erfordert eine Art von Denken, das die Dinge *als Ganzes* sieht, nicht in Schichten aus Historizität oder Zeit. Der Mensch betrachtet die Zeit aufgrund seiner Neigung als ein Bett, in dem alles ruht und um das herum er seine Neigung zum drittdimensionalen Denken kalkuliert und Fragen stellt, die seiner Neigung entsprechen.

Der Mensch betritt das Büro eines Experten für Rückführungen und sagt:»*Wow, heute Nacht hatte ich eine Vision, die mir gezeigt hat, dass ein Leben, das ich vor zehntausend Jahren gelebt habe, für mich jetzt von Wichtigkeit ist. Berechnen Sie mehr dafür, mich in dieses Leben zurückzuführen, weil es so lange zurückliegt? Mir ist klar, dass es länger dauern wird, es hervorzuholen.*« Seht Ihr die Neigung zur Drittdimensionalität in diesem Verhalten? Erstens macht es keinen Sinn, jenes Leben einzeln herauszulösen und zu untersuchen. Zweitens: der Gedanke, dass es dermaßen lange zurückliegt! Lasst mich Euch Folgendes sagen: Wenn dieser Mensch wirklich so eine Vision gehabt hätte, wäre ihm bewusst geworden, dass die Würze jenes Lebens in irgendeiner Form Einfluss auf das jetzige Leben gehabt hat und dass es einfach nur ein Teil des *Polierprozesses war, der die Schönheit des Holzes von heute hervorbrachte.*

Habt Ihr Euch jemals gefragt, ob es dem Holz etwas ausmacht, dass es poliert wird? Wenn der Stuhl als Kunstwerk enthüllt wird, beschwert er sich dann noch über all das Polieren? Nein. Er begreift, dass das Polieren eine Vorbereitung war und nun

Teil des Kunstwerks ist. Dies sollte Euch einen Hinweis darauf geben, wie Ihr die Energie eines früheren Lebens betrachten solltet ... nicht als ein Hindernis oder Problem, sondern als einen Teil der Politur des Ganzen.

Während Ihr dies lest, betrachtet Spirit Euch als »eine Reise«. Spirit sieht nicht *eine Kette mit vielen Gliedern,* so wie Ihr, wenn Ihr über frühere Leben nachdenkt, die von Buchstützen aus Geburt und Tod eingerahmt werden und Reisen zur Erde und wieder zurück sind. Spirit sieht alle Leben zusammen als ein dauerndes Werk. Auch ein Maler, der Farben vermengt, um einen wunderschönen Orangeton zu mischen, fragt sich später nicht mehr, wie es jetzt wohl den roten Pigmenten geht, die er benutzt hat, um das Orange zu erzeugen. Er sieht einfach die fertige Farbe und weiß, dass auch Rot darin enthalten ist.

Es fällt mir schwer zu verstehen, was Du meinst, wenn Du sagst: »*Nur das, was sich gerade* ›zuoberst‹ *befindet, wird in der dritten Dimension erfahren.*« *Woher kommt dasjenige, das sich zuoberst befindet, und warum muss es in der dritten Dimension erfahren werden? Dient das der Transzendierung der Programmierung, die in 3-D existiert, damit sie all die anderen Leben beeinflussen kann?*

Was sich zuoberst befindet, ist der drittdimensionale Ausdruck für Eure momentane Zeit auf dem Planeten. Auch alle anderen waren während ihrer Verkörperung in der drittdimensionalen Zeit das, was sich *zuoberst* befindet. Doch sobald sie in ein Quanten-Akasha integriert werden, sind sie Teil des Gesamtbildes, das Ihr seid. Ihr könnt nichts dagegen tun. Ihr lebt in 3-D, also gibt es immer das eine Ich, das gerade jetzt lebt. Und dieses wird für Euch immer dasjenige sein, das sich *zuoberst* befindet. Die anderen befinden sich alle gemeinsam auf einer Quantenebene, nicht in der Drittdimensionalität.

Doch auch dieser Ausdruck »zuoberst« wurde erschaffen, weil Ihr dazu neigt, Eure Leben als einen Stapel zu betrachten, als eine Art Schichtkuchen. Das liegt in der Natur des drittdimensionalen Denkens, aber eigentlich läuft es ganz anders ab. Also lest nicht mehr in all das hinein, als dort wirklich ist, denn es handelt sich einfach nur um das augenblickliche 3-D-Leben, das Ihr für Eure *einzige Realität* haltet, solange Ihr es lebt.

Du hast häufig von »vergangenen Leben« gesprochen und davon, wie wir die Akasha-Chronik betreten und das Potenzial unserer vergangenen Leben nutzen können. Aber warum scheinen wir niemals eines unserer zukünftigen Leben zu betreten, das ebenfalls gerade jetzt stattfindet? Würden wir unsere Quantenqualitäten damit nicht dazu bewegen, schneller ein zukünftiges Leben zu betreten?

Jetzt denkst Du quantenbezogen! In der Drittdimensionalität glaubt Ihr, dass die Zukunft noch nicht stattgefunden hat, und etwas, das noch nicht stattgefunden hat, kann man auch nicht wirklich betreten. Doch in einem Quantenzustand ist die Zukunft als Potenzial immer schon vorhanden. Quantendinge sind nicht in dem Sinne empirisch, dass sie einen festgeschriebenen Wert oder eine festgeschriebene Realität hätten. Das ist das Problem mit der Quantenphysik. Stellt Euch vor, Ihr müsstet Berechnungen in einem System anstellen, das keine linearen Regeln kennt! Ist das möglich? Ja! Aber dafür sind eine andere Denkweise und ein anderes Verständnis notwendig. Ihr müsst anfangen, die »influenzielle dynamische Realität« zu begreifen. In dieser Quantenrealität verändert alles ununterbrochen alles andere. Eine Quantenerfahrung spielt sich immer im Jetzt ab und ist ständiger Veränderung unterworfen.

Wie »zieht« Ihr an einem zukünftigen Leben? Stellt es Euch als ein »prärealisiertes Potenzial« vor. Hat die Vorstellung, in einer Stunde Euren Lieblingsnachtisch zu essen, eine Auswirkung auf Euer augenblickliches Leben? Ja. Sie kann Eure Persönlichkeit verändern (vor Vorfreude lächelt Ihr oft) und sogar Eure Körperchemie (Eure Speichelbildung nimmt zu). Also lasst mich Euch eine Frage stellen: Hat Euch ein Ereignis, das noch nicht stattgefunden hat, verändert? Ja. Wie ist das möglich? Es hat doch noch nicht stattgefunden! Begreift Ihr, worauf das hinausläuft? Und dann ... was, wenn der Nachtisch gar nicht gut ist? [Keuchen] Plötzlich taucht eine weitere Komplikation im linearen Denken auf. Denn die angenehme Realität, einen leckeren Nachtisch zu bekommen, war sehr real, doch als sich die Zukunft manifestiert hat, hat sie die Vergangenheit verändert! Ich erwarte nicht von Euch, dass Ihr das versteht, aber seid Euch bewusst, dass dort, wo die Zeit nicht linear ist, alles durch alles verändert wird, selbst das, was Ihr für unabänderlich haltet.

Der menschliche Verstand denkt in einer geraden Linie, und so ist er in der Wahrnehmung von Dingen, die »nicht in die lineare Zeit fallen«, begrenzt. Aber in der Struktur, in der Ihr leben müsst, funktioniert Euer Leben derart, dass immer auch die Potenziale Eurer zukünftigen Leben vorhanden sind, und Ihr könnt dieses Potenzial erleben, wie Ihr den süßen Nachtisch erlebt, auf den Ihr Euch freut. All das ist real, und dennoch reagiert Euer Körper auf etwas, das noch gar nicht stattgefunden hat. Aber der Mensch kann es nicht als real ansehen, bis er es in seiner drittdimensionalen Wahrnehmung erfahren hat.

Spirit sieht die Potenziale Eurer Zukunft. Denn während Ihr die Offenbarungen der Entdeckung erlebt, verändern sich nicht nur Eure DNS und Eure Schwingungen, sondern es verändert sich auch das Potenzial dessen, was Ihr bei zukünftigen Veränderungen tun werdet. Und so ist diese Quantensuppe des Akasha, inklusive Eurer zukünftigen Leben, aufgrund dessen, was Ihr jetzt in 3-D tut, immer in Bewegung. Während Ihr Euch selbst entdeckt, verändert sich gleichzeitig das, was Ihr bei zukünftigen Veränderungen tun könntet.

Ihr tanzt auf einem dünnen Seil aus Dilemmas. Eure DNS wird zu neunzig Prozent der Quantenebene zugeschrieben, und Ihr lebt in einem auf Quantenebene erzeugten Universum. Doch Eure Realität muss im alltäglichen Leben in einem einstellig-dimensionalen Rahmen gelebt werden. Deshalb wirkt es, als wärt Ihr Comicfiguren auf einem Stück Papier, die ein angenehmes Leben als flache Charaktere leben, umgeben von einer anderen Dimension, derer Ihr Euch nicht bewusst seid. Um dieses Thema kreisen die Übungen meines Partners, und auch das, was ich ihm von nun an beibringen möchte: wie man sein alltägliches Leben auf die Quantenebene anhebt.

Noch ein weiterer Aspekt von vergangenen Leben verblüfft mich ... Wir scheinen in diesem einen Leben mehrere vergangene Leben auszuleben. Oft beobachte ich Situationen, in denen Menschen über sehr lange Zeit hinweg gute Dinge oder gute Beziehungen teilen, und dann, ganz plötzlich, scheint die Hölle loszubrechen ... Das Leben, das lange harmonisch war, ist es auf einmal nicht mehr, so als wäre eine Grenze überschritten worden, die besagt: DU BETRITTST NUN DAS NÄCHSTE LEBEN & DRAMA MIT DIESER PERSON. Dieselben Menschen durchleben innerhalb ein und desselben Lebens unterschiedliche Dramen.

Bilde ich mir das nur ein, oder ist es tatsächlich so, dass in nur einer Lebenszeit viele verschiedene Leben oder Szenarien mit denselben Menschen erlebt werden können?

Und wenn das so ist, wie gehen wir um mit dem anderen Szenario, das diese Art von Verwirrung mit sich bringen mag?

Nun denkst Du wieder in einer geraden Zeitlinie und traust Dir keine Manifestation zu. Ihr geht nicht innerhalb eines Lebens in ein scheinbar anderes Leben über, sondern schreitet eher fort von einem Schwingungsbewusstsein zum anderen. Was sich wie ein Übergang zwischen Lebenszeiten anfühlt, ist real! Denn all dies ist vollkommen neu und reflektiert die Werkzeuge der *Großen Veränderung*. Aber in Wahrheit geschieht nichts weiter, als dass Ihr Euch neuer Informationen bewusst werdet, so wie ein Kind, das plötzlich entdeckt, dass es gar kein Kind mehr ist.

In Schwingungshinsicht wachst Ihr. Und während Ihr wachst, verändert sich das Verhalten von allem in Euch, was dann wiederum auf die Menschen in Eurer Umgebung wirkt. Der Großteil dessen, was Du gerade erwähnt hast, bezieht sich darauf, was die Menschen in Deiner Umgebung tun. Ist Dir das aufgefallen? In Deinen Augen bist Du mehr oder weniger dieselbe geblieben, doch dann gibt es, wie Ihr sagt, einen »Knall« ... und die Menschen in Eurer Umgebung behandeln Euch anders. Was hat sich also verändert? Die wahre Antwort lautet: *Eure Schwingungen.* In den Augen der anderen habt Ihr Euch verändert, und das gefällt Ihnen überhaupt nicht.

Plötzlich blickt die flache Comicfigur auf und entdeckt eine neue Dimension! *»Wow ... Ich kann sie sehen! Ich kann die dritte Dimension sehen. Sie existiert! Endlich komme ich von diesem Stück Papier los und kann aufstehen und herumlaufen, statt als flache Comicfigur zu existieren.«* Während das geschieht, beginnen all die anderen Comicfiguren auf der Seite, ihre Beziehung zu derjenigen, die gerade erwacht ist, zu verändern. Begreift Ihr, was ich damit sagen will? Jemand ist sonderbar geworden!

Gesegnet ist aber der Mensch, der anfängt, auf Quantenebene zu denken, während er in 3-D lebt, denn er kann anfangen, die Liebe Gottes zu sehen, die alles durchdringt. Er beginnt, sich in sich selbst zu verlieben, denn er sieht den Schöpfer in sich. Er fängt an, seine Vision dessen, was er als Nächstes tun könnte, zu verändern. Er beginnt, sich selbst nicht mehr nur als Ergebnis des Schöpfungsprozesses zu sehen, sondern als Teil davon! Er schwingt sich auf in Regionen, die von denen in seiner Umgebung schlichtweg nicht wahrgenommen werden. Während dieses Prozesses lässt er die Paradigmen, die er bisher für richtig hielt, hinter sich und schreitet voran zu dem, was er jetzt als »die Art, wie es läuft« betrachtet.

Ist das einfach ein weiterer Weg, uns selbst zu erfahren?

Ganz genau. Wie erfahrt Ihr Euch jetzt? Bleibt Ihr statisch? Seid Ihr ein Ganzes? Bewegt Ihr Euch auf neuen Erfahrungsebenen, oder macht Ihr es Euch in derjenigen bequem, die Euch immer schon vertraut war? Derjenige, der keine Angst hat, sich in ein neues Paradigma vorzuwagen, obwohl er dasjenige mag, in dem er sich befindet, ist der Pionier seines Selbst. Er ist der Entdecker einer erweiterten Wahrnehmung, und letzten Endes wird er den Quantenanteil seiner DNS verändern.

Du hast einmal gesagt: »*Hast Du Drama, hast Du Karma*« ... *aber wie ist es dann möglich, dass wir manchmal glauben, wir würden mit jemandem kein Karma teilen, und uns plötzlich dennoch in unglaublich dramatischen Situationen wiederfinden?*

Hast Du schon einmal darüber nachgedacht, dass das Karma Deines Gegenübers nicht vollständig sein könnte? Hat er oder sie es ebenfalls losgelassen? Egal, in welcher Art von Beziehung Du Dich befindest, hast Du den Eindruck, dass nur Deine eigenen karmischen Attribute eine Rolle spielen? Nein. Da ist immer auch noch ein anderer mit im Spiel. Wenn er nicht dieselbe Stufe der Fähigkeit erreicht hat, das Karma zwischen Euch loszulassen, wie Du, dann hast Du einen Punkt erreicht, an dem der andere permanent versuchen wird, *das Spiel zu spielen*, das für Dich schon lange vorbei ist. Das ist der Augenblick, in dem Du Dich von Deinem Gegenüber entfernst, und zwar, wie Ihr sagt, in angemessener Weise.

Aus diesem Grund ist es so schwer, mit seiner Familie zusammen zu sein, denn nirgendwo ist der Karmakessel so voll wie hier. Ihr könnt beeinflussen, wen Ihr treffen wollt und mit wem Ihr Umgang habt, aber Eure Familie wird immer Eure Familie bleiben. Wenn Ihr aufhört, *das Spiel zu spielen*, werden Eure Familienmitglieder oft wütend, weil Ihr nicht mehr mitspielen wollt. Sie versuchen, Euch wieder mit hineinzuziehen, aber Ihr wisst es besser.

Letztlich entzieht Ihr Euch dann, aber sie verstehen es noch immer nicht, denn das Karma ist bequem und fühlt sich wohlig und natürlich an ... aber nur, bis Ihr es als das erkennt, was es ist: eine Drama-Falle.

Ihr seid eingeladen, das Karma aufzulösen, wenn Ihr diese Einsichten wirklich begreift. Diese Nachricht wurde Euch 1989 überbracht.

2

Erinnerungen, Zellen,
Einstimmung des Herzens

So wie ich Deine Lehren verstehe, sind wir alle wandelnde Geschichtsbücher und enthalten Informationen über jedes Ereignis und jede Beziehung in unseren Leben seit dem Anbeginn der Zeit. Unsere Erinnerungen sind nicht nur im Gehirn gespeichert, sondern in einem umfassenden Netzwerk, das auch unsere Organe, unsere Haut, unsere Zellen umfasst ...

Kürzlich habe ich einen Bericht gelesen, laut dem »der Körper alles in Erinnerung behält und, anders als der Verstand, keine Lügen erzählen kann«.

Aber wie viel von dem, was uns heute ausmacht, und ich meine sowohl den physischen als auch den nichtphysischen Teil, wurde von einem vergangenen Leben »beeinflusst«?

Sind wir nicht letztlich immer die Gesamtheit all unserer Leben, und dasjenige, das sich zuoberst befindet, ist nur das Resultat aller anderen Leben?

Jede Farbe, die der Maler angemischt hat, ist auf der Leinwand des Meisterwerks zu »sehen«. In der Symmetrie der Bewegung, mit der das Auge die Pinselführung des Künstlers nachvollzieht, geht nichts verloren. Selbst die weißen und leeren Stellen, die scheinbar überhaupt nicht bemalt wurden, sind sorgfältig so arrangiert, dass sie sich in die Gesamtwirkung des Gemäldes einfügen.

Es wird nichts verschwendet. Alles, was Ihr heute seid, wurde von einem Leben in der Vergangenheit beeinflusst. Vielleicht ist selbst das, was Ihr heute NICHT macht, das Resultat eines Einflusses? Das sind die »weißen Stellen« im Gemälde Eures momentanen Lebens. Versteht Ihr? Alles, was Ihr seid und nicht seid, ist das Ergebnis der Verkörperungen, die Ihr auf diesem Planeten hattet. Deine Zusammenfassung ist also stichhaltig. Tatsächlich seid Ihr die Summe aller Teile, aber im Quantenzustand werden die Teile zu einer einzigen Erfahrung verschmolzen, die Eure »Suppe des Tages« ist.

MEHR EINSICHT ÜBER ZELLEN ... GRÖSSERE WEISHEIT ...

Der großartige Autor Bruce Lipton hat mir wie nur wenige andere zuvor verdeutlicht, wie sich unsere Überzeugungen auf die Biologie auswirken.[*] *Die Macht unserer Zellen zu verstehen erscheint mir ausschlaggebend für unseren langen Weg hin zum Erreichen der Quantenebene, oder besser: unserer Entdeckung des Quantengeschöpfes, das wir eigentlich sind. Ich glaube, dass wir gerade erst anfangen, die »unsichtbare« Welt beziehungsweise die anderen neunzig Prozent, die uns ausmachen, zu verstehen. Und ich bin überzeugt, dass wir von Ehrfurcht erfüllt sein werden, wenn wir eines Tages begreifen, zu was wir imstande sind. In einer Quantenwelt fokussieren wir uns auf Energie, nicht auf Materie.*

So wie ich Deine und Bruces Lehren verstehe, besitzt jede Zelle ihr eigenes Energiefeld. Wenn wir in Bezug auf unsere Zellen also, wie Du sagst, auf dem »Fahrersitz« sitzen, was geschieht dann, wenn unsere Zellen beschädigt werden, sich Gifte im Körper befinden oder wir traumatisiert wurden? Dann sind die Signale, die die Zellen erhalten und verschicken, »ausgeschaltet« ... Das würde sicher zu Dysfunktionen und Krankheiten führen ...

---

* Nachzulesen in seinem Buch *Intelligente Zellen*, Burgrain 2006. – *Der Verlag*

Wenn die Zellen physisch beschädigt sind, sind sie dann gleichzeitig auch energetisch beschädigt, oder sind diese beiden Aspekte voneinander getrennt?

Du vergisst, dass sich Zellen regelmäßig teilen und dabei nicht notwendigerweise beschädigte Zellen erschaffen! Doch selbst wenn ein energetischer Schaden vorliegt, stellt sich eine Quantenfrage: Was werden die Zellen erschaffen, wenn sie sich wieder teilen? Wir sind hier bei einem Kernprozess angelangt, über den alle sprechen, die sich mit Biologie und Bewusstsein befassen. Jedes Organ im Körper verjüngt sich selbst, sogar die Haut, das größte Organ. Das erhält Euch am Leben und macht Euch langlebig. Und während dieses konstanten Verjüngungsprozesses ist die DNS, die die Zellstruktur ausmacht, daran beteiligt, die Anweisungssätze für die Zellteilung zu verteilen. Die meisten Menschen betrachten das einfach als Biologie und als statischen Prozess. Aber was, wenn ich Euch sage, dass die Zellen die Quanten-DNS bei jeder Teilung fragen: *»Jetzt wieder? Genauso wie letztes Mal? Oder irgendwie anders?«* Wenn Ihr zu Euren Zellen sprecht, dann gebt Ihr damit eine Richtung vor. Wenn Ihr aber, wie der Großteil der Menschheit, denkt, dass Ihr keinen Einfluss auf die »körperlichen Prozesse« habt, dann seht Ihr einfach nur tatenlos dabei zu, wie der Körper das tut, was er Eurer Meinung nach ganz von allein macht. Die Fragen werdet Ihr dann niemals wahrnehmen.

Dazu rechnet auch das Bewusstsein des Menschen, der *zu den Zellen spricht*, und ein Quantenwunder, das Ihr nach wie vor für unmöglich haltet. Ein solcher Mensch ist verantwortlich. Jeden Tag sagt er: *»Liebe Zellstruktur, erschaffe in mir die entsprechende Gesundheit, die ich verdient habe. Schwinge höher. Reflektiere den Schöpfer in mir.«*

Nun kann die DNS die Fragen der Zellen bei der Teilung beantworten. Die Antwort der DNS könnte beispielsweise folgendermaßen lauten: *»Erschaffe eine neue Zelle mit einer neuen*

Quanten-Blaupause. Verwende nicht diejenige der beschädigten Zelle, die schwach war, sondern die von einer anderen, die stark ist. Nimm den Bauplan der Zelle, die der Krankheit so erfolgreich widerstanden hat, dass sie nun immun gegen sie ist. Tritt ein und ziehe das heraus, was die Seele bereits verdient und durchlebt hat. Kehre zurück und hole die Blaupause aus der Lebenszeit, die in der Akasha-Chronik als ›Bauplan-Potenzial‹ immer aktiv war.«

Seht Ihr, was geschehen ist? Der Mensch kann nicht wissen, wie all diese Blaupausen aussehen. Aber sie alle beruhen darauf, wer Ihr gewesen seid. Jeder Bauplan, jede Nuance des Lebens ist vorhanden. Alle Talente, alle Stärken, die Ihr jemals hattet, sind vorhanden. Alles, was Ihr jemals über Gott gelernt habt, ist vorhanden, und all Eure spirituellen Erfahrungen sind vorhanden. Also kommuniziert Ihr einfach täglich mit den Zellen, damit sie »ihren Teil dazu beitragen, den Schöpfer in Euch zu reflektieren«. Ihr gebt ihnen Hinweise, wie Ihr Euch fühlen und wie lange Ihr leben möchtet! Die spirituelle DNS erledigt dann den Rest.

Heißt das, wir müssen uns in einem solchen Fall mehr auf den Quantenaspekt der Biologie konzentrieren, der nicht nur energetische Signale, physikalische Signale, beinhaltet, sondern auch Gedanken, da die Zellen sowohl die physischen als auch die nichtphysischen Signale lesen?

Geht nicht so an das Ganze heran, als würdet Ihr zu einem Prozess sprechen, sondern so, als würdet Ihr zu der mächtigsten Wissensbasis sprechen, die es gibt. Sie »weiß«, was Ihr braucht. Versucht gar nicht erst, ihr zu sagen, dass sie sich »Krieger aus Leben Nummer 254 schnappen soll«. Denkt quantenbezogen genug, um zu verstehen, dass Ihr zu einer Quantenenergie des Wissens über EUCH sprecht. Die Zellen werden Eure Absichten lesen, Punkt. Absichten lassen sich nicht in physisch und nichtphysisch unterteilen. Quantendinge werden von Quantendingen beeinflusst, und es gibt nichts Quantenbezogeneres, das Ihr kontrollieren könnt, als Euer Bewusstsein.

Geht voller Liebe an diese Sache heran, nicht nach Protokoll. Schreibt nichts nieder. Fragt Euch nicht, wann Ihr das tun oder was Ihr sagen sollt. Begreift Ihr, dass Eure DNS ein Attribut ist, das immer zuhört? Aber da kommt wieder Eure Linearität ins Spiel, die versucht, sie zu prägen oder den besten Zeitpunkt dafür zu finden oder die sich denkt: *»Wenn ich mich nach Norden ausrichte, wird die Kommunikation vielleicht besser.«* Eure Zellen sind Eure besten Freunde und bereit, Anweisungen entgegenzunehmen und auf Euch zu hören. Wie wäre es, wenn Ihr mit einem *»Ich liebe Dich«* anfangt?

Ich verstehe. Da die Zellen sich der Umgebung, ob nun physisch oder nichtphysisch, die ganze Zeit über bewusst sind, ist die richtige Wahrnehmung entscheidend, denn unsere Wahrnehmung kontrolliert unser Verhalten. So haben wir meiner Meinung nach eigentlich alle ein sehr schlechtes Bild von unserem Körper ... besonders betrifft das Magersüchtige. Wir mögen einen dürren Menschen sehen, aber er selbst sieht im Spiegel eine fette oder zumindest dicke Person. Diese Fehlwahrnehmung signalisiert der Biologie, Fett abzubauen, obwohl es gar kein Fett gibt, das abgebaut werden könnte, und manchmal endet es für die Betroffenen mit dem Tod. Das zeigt mir die große Bedeutung der Wahrnehmung für den Körper – wenn sie nicht zutreffend ist, kann das sogar den Tod bedeuten. An einer Fehlwahrnehmung zu sterben, erscheint mir außerordentlich extrem.

Gehe ich richtig in der Annahme, dass Wahrnehmung und Fehlwahrnehmung, die durch unser zentrales Nervensystem gesteuert werden, für Leben und Tod eine wichtige Rolle spielen? Kontrolliert die Wahrnehmung vielleicht auch die Gene? Entscheidet unsere Sicht auf das Leben, welche Gene aktiviert werden?

Das ist durchaus richtig, aber es handelt sich nicht um eine Fehlwahrnehmung von Signalen. Dazu ist der Körper viel zu klug. Er sieht ganz einfach eine Nichtkommunikation. Die schlechte Wahrnehmung führt dazu, dass der Mensch nicht akkurat mit seinen Zellen kommunizieren kann. Deshalb erhalten die Zellen nicht nur eine schlechte, sondern gar keine Botschaft und tun weiterhin das, was sie immer getan haben. Sie reagieren so gut, wie sie es ohne Anleitung eben können, auf ihre drittdimensionale Umgebung. Gefühle ohne bewusste Anweisungen verursachen eine unausgewogene Chemie. Das ist die Antwort auf Deine Frage. Der Körper »hört« einfach nichts, weil der Mensch gar nichts von irgendeiner Anweisung weiß. Stattdessen liest der Körper die Gefühle rund um Furcht, Angst und Gefahr und all die Basisvorgaben, die keine kontrollierten Vorgaben im eigentlichen Sinn sind.

Indem er Fett abbaut, reagiert der Körper dann nicht auf schlechte Signale, sondern auf ein emotionales Ungleichgewicht. Es gibt keine Kommunikationssignale, nur Chemie. Das ist der Punkt. Die Chemie braucht eine Quantenanweisung vom Menschen, um vollständig zu sein. Die Zellen sitzen direkt vor dem »Radio« des menschlichen Bewusstseins, aber nichts wird gesendet. Stattdessen können sie nur durch die Chemie der Gefühle, die präsentiert werden, spüren, was geschieht. Es ist eine grobe Form von Anweisung, aber der Körper reagiert. Würde das Radio wieder funktionieren, würde der Körper die groben Signale ignorieren und auf die verfeinerten des Menschen selbst hören.

Gene sind die drittdimensionalen Attribute des Quantenbauplans. Die Marker befinden sich stets im Übergang, und was Ihr in diesem Leben tut, überträgt sich auf die Abstammung Eurer Kinder. Dies alles ist Teil des »biologischen Karmas«, was bedeutet, dass Ihr Euren drittdimensionalen Anteil von Euren biologischen Eltern erbt. In Eurer DNS befindet sich aber auch die Akasha-Chronik Eurer Lebenserfahrungen. Dadurch wird sie komplex, weil sich drittdimensionale und Quantenenergien vermischen. Aber sie ist nur für einen drittdimensional denkenden Verstand komplex, da der drittdimensionale vererbte Teil ein weiteres Attribut des Quantenrätsels ist.

Könnt Ihr die Marker verändern, wenn Ihr eine Genproduktion anstrebt? Ja! *So, wie Ihr denkt, werdet Ihr.* Das Interessante daran ist, dass Eure Kinder die Ergebnisse Eures Denkens erben werden! Ihr habt ständig Angst? Die Marker reagieren. Ihr empfindet Frieden, weil Ihr die Liebe Gottes gefunden habt? Die Marker reagieren. Denkt darüber nach: Ihr habt bei der Genproduktion viel zu tun mit der Neigung der Marker zu Krankheit und Ungleichgewicht ... weitergegeben an die nächste biologische Generation Eurer Kinder. Ich habe meinen Partner angewiesen, ein Buch über DNS zu kreieren. Es wird innerhalb des »Jahres der Drei« erhältlich sein. Während dieser Kommunikation habe ich ihn gebeten, die Göttlichkeit der DNS und auch die spirituelle Aktivität derselben zu zeigen. Denkt daran: Wenn der Schöpfer in Euch ist, dann ist die Schöpfung selbst in Euch. Fragt Euch: Wie kann es sein, dass hundert Billionen DNS-Schleifen nahtlos zusammenarbeiten, als wären sie eins? Irgendetwas muss es geben, das sie miteinander verbindet. Das gibt es auch, und es ist das Quantenfeld, das sie hervorbringen. Dieses Feld ist die *Menschliche Merkaba*, das heilige Gefährt, das die Meisterschaft jenes *Teils von Gott* trägt, der die DNS ist. Denkt daran: Das bedeutet, dass die DNS nicht nur intelligent ist, sondern spürt und »weiß«, was Ihr braucht. Doch sie wird sich nicht auf diesen Quantenschritt zubewegen, solange sie nicht vom heiligen Menschenwesen gehört hat, dass sie so handeln soll.

Aus diesem Grund sagen wir Euch, trennt die Liebe Gottes nicht vom Prozess der Biologie. In Euch ist ein System der Liebe, erschaffen in Liebe und genährt von Liebe. Wenn Ihr »zu Euren Zellen sprecht«, dann solltet Ihr am besten damit anfangen, indem Ihr Euch in sie verliebt und sie als eine wunderschöne Quantenschöpfung betrachtet, die viel größer ist, als Ihr denkt. Sie ist Teil eines riesigen Empfängers, der darauf wartet, dass Ihr kommuniziert. Bittet nicht einfach um das, was Ihr braucht. Seid in diesem Prozess ein liebender Partner. Werdet eins mit der Quantenebene von allem und entspannt Euch darin. Ihr könnt Gott nicht von Eurer DNS trennen, also warum verbindet Ihr Euch nicht einfach mit ihr? Der Großteil der Menschheit wird niemals Teil des »DNS-Radios« sein. Der Empfänger wird nichts hören, und die Zellen des Menschen werden einfach weiterhin das tun, was sie schon immer getan haben: auf die Chemie reagieren, die durch emotionale Prozesse und die drittdimensionale Realität um sie herum entsteht. Aber die wenigen, die sich verändern, haben eine Wirkung auf das Ganze. Dies ist die Basis der Quantenenergie. Es ist nicht viel nötig, um die gesamte Suppe zu würzen.

MIT STRESS UND ANGST UMGEHEN

Ich weiß nicht, ob das nur mein Eindruck ist, aber es scheint mir, als bestünde ein Aspekt der Furcht darin, dass wir unter Stress weniger intelligent sind. Etwas in unserem Gehirn scheint schlecht auf solche Situationen zu reagieren, so dass aus Furcht und Stress viele Fehlwahrnehmungen entstehen. Kriege sind ein gutes Beispiel dafür. Schlechte Entscheidungen unter extremem Stress begünstigen die Furcht, was in Gewalt resultiert.

Wie können wir in diesen Zeiten aufhören, in Angst zu leben?

Furcht, Angst und Sorgen fangen alle an derselben Stelle an. Sie scheinen im Darm loszugehen. Wenn Ihr zulasst, dass die Energie aus unbearbeiteter Chemie ihre Reise zum Gehirn antritt, dann schalten sich Logik und Ausgeglichenheit ab. Ja, Ihr *seid* dann weniger intelligent. Die Antwort haben wir Euch schon einmal gegeben, sie ist nichts Neues: Ihr könnt diese Kerngefühle abfangen und aufhalten, ehe sie das Gehirn erreichen. Aber Ihr müsst sie erkennen, zu ihnen sprechen, und Ihr dürft sie nicht als Verkörperung Eures höheren Bewusstseins betrachten. Wir haben Euch dazu eingeladen, dies zu üben, und es wurde viel darüber geschrieben. Furcht ist eine sehr niedere Energie und kann von den höheren Energien des Bewusstseins leicht kontrolliert werden. Doch wenn Ihr niemals ein höheres Bewusstsein erlebt habt, dann habt Ihr keine Ahnung, worüber ich spreche. Schon deshalb solltet Ihr Euch dafür interessieren, wie Ihr den »Gott in Euch« finden könnt. Denn das ist die Antwort.

Einundzwanzig Jahre lang saß Kryon vor der Menschheit und bat sie darum, zu verstehen, wie man »Frieden schafft, wo kein Frieden ist, und Freude schafft, wo keine Freude ist«. Das ist es nämlich, was heilt, und das ist es, was dem Menschen Klarheit schenkt, damit er die Quantenebene erreichen kann. Das, wonach Du gefragt hast, ist der Zweck und Kern von Kryons Arbeit ... zu versuchen, dem Menschen ein Verständnis für die unglaubliche Schöpferkraft, die ihm innewohnt, einzuträufeln.

Die Meister, die auf der Erde wandelten, waren nicht ängstlich, doch alle um sie herum waren es. Ist Euch das aufgefallen? Fast alle waren sie von Tumulten umgeben. Einige von ihnen begegneten dem Tod! Aber sie lächelten und waren friedvoll. Ist es möglich, dass sie die Dinge auf Quantenebene wahrnahmen? Was hatten sie, das Ihr nicht habt? Die Antwort lautet: nichts. Euch stehen alle Werkzeuge zur Verfügung, die sie hatten, und das erste ist zu lernen, keine Angst zu haben! Ihr wollt mehr wissen? Dann ist es vielleicht an der Zeit, zu überdenken, was meine Lehren Euch in den letzten zwei Dekaden vermittelt haben. Sie sind allen zugänglich. [Kryon-Zwinkern]

EIN MENSCH WERDEN – DAS GRÖSSTE KOMMUNIKATIONSSYSTEM BLEIBT EIN GROSSES GEHEIMNIS

Alles beginnt mit einer Zelle. Wenn sich ein Fötus in der Gebärmutter entwickelt, trägt jede neue Zelle alle Informationen in sich, die notwendig sind, um Leben zu erschaffen. Jeder Teil unseres Gencodes weiß genau, was als Nächstes zu tun ist ... Ein Teil nach dem anderen weiß es und setzt es um, und zwar in der Regel ohne größere Probleme.

Laut dem, was ich gelesen habe, hat die Wissenschaft noch immer keine vollständige Erklärung dafür, wie das funktioniert ... Es ist noch immer ein Geheimnis, wie die Originalzelle so viele Informationen enthalten und diese so reibungslos weitergeben kann. Es ist das ausgeklügeltste Informationssystem, das es gibt, und doch wissen wir sehr wenig darüber.

Wie beginnt diese Kommunikation auf der einen Seite des Schleiers, wie entscheidet sie, wohin sie gehen möchte, und wie formt sie dann eine Zelle, die dieses Wissen und die Information, was sie tun muss, um ein Mensch zu werden, enthält?

Ich habe mich gefragt, ob diese erste Zelle vielleicht unser Hologramm war, das die neunzig Prozent dessen, was wir sind (den unsichtbaren Teil), enthält, welche die zehn Prozent Materie erschaffen. Deshalb hat die Wissenschaft Probleme, die »Erschaffung« des Menschen zu verstehen: weil sie den physischen Aspekt betrachtet und den nichtphysischen nicht versteht. Dann wäre es der Quantenmensch, der den physischen Menschen erschafft.

Die wahre Antwort lautet, dass das »Universum der Informationen« im Quantenanteil der Zelle enthalten ist. Lass mich Dir eine Metapher geben. Stellt es Euch folgendermaßen vor: Es gibt einen unsichtbaren Lichtfaden, der mit der ersten Zelle verbunden ist, die durch die Vereinigung von Spermium und Ei kreiert wurde. Durch diesen Lichtfaden fließt eine unglaubliche Menge von Information, die direkt aus einer Kombination der Höhle der Schöpfung und der anderen Seite des Schleiers stammt. Biologisch gesehen kombinieren beide Elternteile ihre Chemie, aber es steckt viel, viel mehr dahinter.

Nun sind alle Informationen über die Biologie, die Schöpfung, die gleich in die Gebärmutter eindringen wird, über die Festlegung des Karmas, das spirituelle Lernen, die vergangenen Leben und wie all das abläuft ... diese Informationen sind nun alle zugänglich. Es ist kein Download! Ein Download ist singulär und drittdimensional. Er repräsentiert etwas Einzelnes, das an einen anderen Ort transportiert wird. Doch dies ist ein zu hundert Prozent abrufbarer Faden, der immer angebunden ist und die Zelle niemals verlässt! Deshalb ist er auch dynamisch und befindet sich immer im »Jetzt«. Wenn die Zelle sich teilt, erhält auch die neue Zelle – Ihr habt es schon erraten – diesen Faden. Es handelt sich nicht um eine Kopie, sondern um exakt denselben Faden, denn er hat Quanteneigenschaften, erinnert Ihr Euch? Damit sind dieselben Informationen für alle Zellen zugänglich, egal, wie viele letztlich an der Erschaffung des Menschen beteiligt sind. Ganz gleich, wie alt sie sind, sie teilen sich immer denselben Faden. Darin steckt ein Geheimnis, denn die Wissenschaft begreift nicht, wie die DNS mit sich selbst kommuniziert. Mehr als einhundert Billionen Teile in einem einzigen Körper handeln, als wären sie eins. Die Antwort? Der Faden! Er ist eine direkte Verbindung zu der Quantenkraft, die der DNS weit mehr gibt als die drei Milliarden Teile jeder Doppelhelix. Er ist eine direkte Verbindung zur Schöpferkraft.

Und wo wir gerade über Geburt sprechen, fordere ich Dich dazu heraus, auf Quantenebene über eine Frage nachzudenken, die ich Euch allen stellen möchte: Wann beginnt das spezifische menschliche Leben, das DU bist? Mit der Befruchtung? Der Geburt? Wann? Die Antwort wird Euren drittdimensionalen Verstand erweitern.

Und hier *ist* die Antwort: Ich war bereits an Eurer Seite, als wir sahen, wie die Erde erschaffen wurde. Wir beobachteten zusammen, wie Ihr eine Sonne verlort, wodurch einige der seltsamen Kreisbahnen der Planeten entstanden. Wir betrachteten die unglaubliche Kollision, die den Mond erschuf. Wir beobachteten, wie das Leben entstand und verging, bis zu fünf Mal ... jedes Mal scheinbar verloren. Schließlich sahen wir den Anfang der Evolution der Biologie, und wir lächelten, da wir wussten, was geschehen würde, genauso, wie es auf anderen »Erden« geschehen war, deren Teil wir alle auf unsere jeweilige Art gewesen waren. Ihr habt mir mit dem Magnetismus geholfen. Wir errichteten die Gitterlinien und sorgten dafür, dass das Leben, das sich entwickelte, sie auch nutzen würde. Die ganze Zeit über »sahen« wir in einem Quantenzustand EURE Geburt. Wir sahen Eure Eltern Euren Namen wählen, und wir »sahen« Euer Gesicht.

Die Antwort lautet, dass die Erde Euch »kennt«, denn schon damals, als wir beobachteten, wie die Erde geformt wurde, existiertet Ihr als Quantenpotenzial. Also: Wann fängt das Leben an? Mit der Absicht, es zu erschaffen.

DIE PHYSIOLOGISCHE EINSTIMMUNG DES HERZENS

Ich denke, mittlerweile ist klar geworden, wie sehr Gefühle von Liebe und Mitgefühl nicht nur unser Nerven- und Immunsystem beeinflussen, sondern auch einen friedvollen emotionalen Zustand hervorrufen. Ich glaube aber auch, dass sich Herz und Kopf in vollkommener Harmonie befinden müssen, damit dieser friedvolle emotionale Zustand sich einstellt. Erst dann kann ein tiefer Sinn von Frieden entstehen und Mitgefühl zum Vorschein kommen.

Ist es möglich, dass Mitgefühl uns befähigt, hinter den Schleier zu blicken? Manchmal habe ich den Eindruck, dass ich »Szenen« von Menschen aus weit entfernten Ländern sehen kann ... Ich kann ihre Schwierigkeiten erkennen, fühlen, was sie fühlen. Das ist wirklich seltsam. Sie scheinen in die Ferne zu schauen und sich zu fragen, ob wir ihnen helfen werden ... Ich fühle, dass sie die Hoffnung auf ein besseres Leben in ihren Herzen tragen.

Das ist eine wundervolle Frage! Wir haben Euch ja schon in der Vergangenheit gesagt, dass Mitgefühl die einzige Energie ist, die bewirken kann, dass sich die Schwingung des Planeten schnell ändert. Einige der Katastrophen und bedeutsamen Todesfälle, die sich in der letzten Zeit auf dem Planeten ereigneten, haben seit 2009 die Schwingung des ganzen Planeten stark verändert. Eine andere Energie, um den gesamten Planeten zu verändern, kann die Massenbevölkerung noch nicht entwickeln.

Erstmals wurde nun auch von Wissenschaftlern entdeckt, dass der Planet auf Ereignisse, die Mitgefühl auslösen, durchaus körperliche Reaktionen zeigt. Einige Messergebnisse, von denen man annimmt, dass sie eine rein geologische Ursache haben, werden nämlich durch die Menschheit beeinflusst. Die Menschen erkennen also zum ersten Mal, dass Gaia sogar physisch auf das menschliche Bewusstsein reagiert.

Mitgefühl ist in Wahrheit ein kurzer Blick auf die andere Seite des Schleiers, denn es ist die Energie der Liebe füreinander und umfasst all die Attribute der Liebe Gottes ... Näher könnt Ihr der Energie von der anderen Seite gar nicht kommen. Eine mit-fühlende Seele ist im Grunde eigentlich eine Seele, die sich auf das Akasha eingestimmt hat.

3

Frequenzen und Kodierungen

*I*ch glaube, dass jeder ein Quantenmensch ist, der sein energetisches Potenzial erweckt hat. Doch um das zu erreichen, müssen wir offen für unsere eigenen Energien sein. Ein Weg, dies zu bewirken, besteht in einem erweiterten Verständnis dafür, wie man mit Frequenzen arbeitet, die eine energetische Einstimmung innerhalb bestimmter Felder ermöglichen und mit ihnen in Schwingungsresonanz gehen.

Wir hören oft von den »Schlüsseln« und »Codes« oder »Kodierungen«, deren Zweck es ist, Informationen zu einem bestimmten Zeitpunkt zugänglich zu machen. Die Schlüssel »schalten« die Informationen zu bestimmten Zeitpunkten »frei«, und die Codes sind die Intelligenz hinter den Informationen.

Handelt es sich dabei um eine zutreffende Aussage über die Schlüssel und Codes von Schwingungen? Und wenn nicht, wie würde eine zutreffende Aussage über die in Informationen enthaltenen Codes und Schlüssel lauten?

Sei Dir gewiss, dass alles, was Du gesagt hast, wahrhaftig zutrifft. Es gibt Schlüssel und Codes von Schwingungen. Die Heilige Geometrie weist sie auf, ebenso wie einige Klangkombinationen und einige Symbole aus vergangenen Zeiten. Doch die *Große Veränderung* führt Euch langsam davon weg.

Nun fangt Ihr an, ein Bewusstsein für das Quantendenken zu entwickeln. Darin sind alle Schlüssel und Codes enthalten, und es ist die nächste Stufe in der Evolution der spirituellen Seele des Menschen.

Die Doppelhelix-Form der DNS enthält alle Schwingungen der Seele, aber kein Mensch auf diesem Planeten hat jemals alle zwölf Stränge aktiviert.* Es ist an der Zeit, damit aufzuhören, auf diese Weise über die DNS zu denken. Der Quantenanteil der DNS, der mehr als neunzig Prozent von ihr ausmacht, ist auf Eure Bemühungen, die Quantenebene zu erreichen, »eingestellt«. Fangt an zu begreifen, dass diese Quanten-Anweisungssätze die Kraft hinter dem drittdimensionalen Anteil der DNS sind, der die Gene erschafft.

Wenn Ihr auf die Welt kommt, sind ungefähr dreißig Prozent Eurer Quanten-DNS aktiviert. So entsteht ein Mensch, der selbst, wenn es um seinen bloßen Erhalt geht, nicht wirklich funktional ist. Ihr alle sterbt zu jung ... viel zu jung. Schon die Lebensspanne eines Menschen, dessen Quanten-DNS zu sechzig Prozent aktiviert ist, geht eigentlich auf die Jahrhunderte zu. Doch Eure Biologie funktioniert nicht besonders gut. Folgt für einen Moment meinen Gedanken: Euer Immunsystem lässt den Krebs monatelang in Euren Zellen gedeihen, ohne dass es Euch darüber informiert, dass er überhaupt da ist. Eure weißen Blutkörperchen befinden sich im Alarmzustand, der ganze Körper ist in Aufruhr, aber Ihr habt keine Ahnung davon. Ihr geht erst zum Arzt, wenn Ihr Schmerzen habt. Was bedeutet das in Bezug auf Kommunikation? Dass gar keine stattfindet!

Ergibt es einen Sinn, dass der Körper so beschaffen ist? Nein. Der Körper ist dazu geschaffen, sich zu verjüngen, schädliche Zellanomalien zu eliminieren, Schutz gegen Viren aller Art zu entwickeln und den Menschen, der die Verantwortung trägt,

---

* Ein Hilfsmittel zur Aktivierung der 12-Strang-DNS bietet die CD *Thoth – Meditation zur rechtsdrehenden DNS*, bei Amra Records erschienen. Sie enthält von Meister Thoth gegebene Klangkodierungen und gechannelte Anweisungen, die unter seiner liebevollen Obhut die spirituelle Entwicklung des Menschen fördern, indem sie den Impuls für die Umkehr der Drehrichtung der DNS setzen. – *Der Verlag*

darüber zu informieren, wenn Probleme auftauchen. Doch das tut er nicht. Ihr seht also, dass er nicht so funktioniert, wie er erschaffen wurde.

Die Funktionalität von nur dreißig Prozent ist das Ergebnis dessen, was die Menschheit in mehr als fünfzigtausend Jahren Leben auf der Erde erschaffen hat. Eure DNS reagiert direkt auf die Schwingungen des Planeten, und es ist Euer Bewusstsein, das diese Schwingungen steuert. Es handelt sich somit um einen Kreislauf, versteht Ihr?

Du hast die Aufgestiegenen Meister erwähnt ... Sie haben diesen Planeten mit einer Aktivierungsrate von fast einhundert Prozent erreicht. Das erklärt, warum sie tun konnten, was sie taten ... Materie erschaffen und eine verblüffende Kontrolle über die Biologie und das Leben haben. Sie glichen »Supermenschen«, und dabei hatten sie nichts weiter als eine richtig funktionierende DNS. Ihre gemeinsame Botschaft? Ihr könnt so sein wie sie! Das war die Botschaft! »*Hier sind wir. Seht, was wir alles können. Ihr könnt das auch.*« Diese Meister wurden im Laufe der Jahre mit derselben Botschaft zu allen bedeutenden Kulturen der Erde geschickt. Doch der Menschheit fiel nichts Besseres ein, als sie zu töten und danach anzubeten – dank der Neigung der Menschen zum linearen Denken. Aus diesem Grund gehen sie keine Bindung mit den Meistern ein, sondern würden ihnen lieber ihre persönliche menschliche Kraft übergeben.

Ihr könnt die DNS-Schichten nicht aktivieren. Die Schichten sind nur als drittdimensionale Form vorhanden, damit ihr ein Quantenereignis untersuchen könnt. Eigentlich gibt es überhaupt keine Schichten ... Wir geben ihnen nur diese lineare Form, damit Ihr sie studieren könnt. Doch die Menschen werden immer den Wunsch verspüren, beispielsweise »Schicht drei zu aktivieren«, was sie aber nicht können.

»*Ich sehe mir dieses wundervolle Kunstwerk an, und ich würde gerne nur mit der roten Farbe arbeiten.*« Huch! Tut mir leid, aber das Gemälde ist ein Gemälde, und die Pigmente der Grundfarben wurden vor langer Zeit angemischt und aufgetragen. Ihr könnt nicht einfach zurückgehen und die angemischten Farben wieder auseinandernehmen, denn das Gemälde ist vollständig. Versteht Ihr? Das Gemälde repräsentiert einen funktionierenden Menschen. Und die roten Pigmente, die in einer der verwendeten Farben enthalten sind, repräsentieren das Bild, das Ihr von den einzelnen DNS-Schichten habt.

Aber Ihr könntet Eure Zellstruktur auffordern, der DNS zu erlauben, »zu wissen, was Ihr braucht«. Seht ihr die konzeptuellen Unterschiede zur alten Energie? Ihr steigt auf vom linearen Denken der Form: »*Hier sind die Codes, Schlüssel und Frequenzen, mit denen ich arbeiten soll*«, hin zu einer konzeptuellen Vorstellung, die besagt: »*Ich bin bereit, die Quanten-DNS tun zu lassen, was nötig ist.*« Der eine Ansatz ist sehr spezifisch und begrenzt, der andere ist konzeptuell und unbegrenzt. Das Ergebnis wird eine langsam ansteigende Aktivierung des funktionierenden Prozentsatzes der DNS sein.

Wartet einige Jahre auf Körper, die ein deutlich besseres Selbstdiagnosesystem haben und durch Intuition statt durch Schmerz signalisieren, wie sie sich fühlen. Die Quantenmethode ist eine fortgeschrittene Methode, und genau darum geht es bei der *Großen Veränderung*. Seid Euch dessen gewiss: Ihr wart schon immer dazu geschaffen, zu einhundert Prozent zu funktionieren. Während durch Eure Arbeit die Schwingungen des Planeten verstärkt werden und das Mitgefühl der Menschheit steigt, wird sich auch Eure DNS verändern.

LICHTFREQUENZEN

Ich glaube, dass Lichtfrequenzen zu den mächtigsten Schwingungsformen zählen, die Menschen, die ihr Bewusstsein erweitern wollen, heute zur Verfügung stehen. Wie der Schall ist auch die Lichtfrequenz ein enormes Werkzeug. Meinem begrenzten Wissen nach hat sie keine Farbe, arbeitet aber mit Farbe, die ihr Kraft verleiht. In der Medizin wird ultra-

violettes Licht häufig bei Operationen eingesetzt, etwa bei kosmetischen Eingriffen und in der Zahnmedizin, doch vor allem scheint es verwendet zu werden, um beschädigtes Gewebe aufzulösen. In der Wissenschaft wird es durch Laser gebündelt, um punktgenau eingesetzt werden zu können. Aber wenn Licht beschädigtes Gewebe auflösen kann, könnte es dann nicht auch in der Lage sein, welches zu erschaffen?

Ich bin keine Wissenschaftlerin und verfüge über kein Fachwissen in Bezug auf Licht und Schall, aber mir ist absolut bewusst, dass bestimmte Klänge etwas in mir verändern ...

Beruht die Schöpferkraft von Licht wie die von Schall ... auf Wellen?

Ich nehme an, dass einige Heiler Lichtfrequenzen für die Heilung nutzen, dass es also schon längst geschieht, aber wieso wird das nicht häufiger praktiziert?

Licht ist interdimensional, aber nur sehr wenigen Menschen ist das bewusst. Lasst das für einen Moment auf Euch wirken, denn es bedeutet, dass Licht ein Quantenereignis ist. Wir haben Euch bereits gesagt, dass Farbe (Licht) und Schall heilende Eigenschaften haben und Schwingungsaufgaben erfüllen, doch lasst uns nun einen etwas genaueren Blick auf diese Sache werfen.

Da Licht interdimensional ist, kann es schneller zur DNS »sprechen« als einfache drittdimensionale Energien, wie lineare Stimmen oder ein Code. Außerdem kann Licht an zwei Orten zugleich sein, denkt etwa an das Doppelspaltexperiment aus der Physik.* Licht hat eine Eigenschaft, über die nur wenige Menschen nachdenken: Es »weiß«, wann es von einem anderen Bewusstsein

---

* Die abendländische Wissenschaft ging immer davon aus, dass es eine vom Beobachter unabhängige Realität gibt. Doch 1802 führte der englische Augenarzt und Physiker Thomas Young (1773-1829) erstmals das Doppelspaltexperiment durch. Es zeigt: Je nachdem, wohin wir unsere Aufmerksamkeit richten, formt sich daraus die Materie und somit unsere gesamte Welt. Dieses fundamentale Prinzip des Universums wurde bereits in den Mysterienschulen des alten Ägypten unterrichtet, und es ist sicher kein »Zufall«, dass Young auch bedeutende Beiträge zur Entzifferung der ägyptischen Hieroglyphen leistete. – *Der Verlag*

beobachtet wird. Manchmal nimmt es die Form eines Partikels, manchmal die einer Welle an. Eigentlich ist es beides, und es entscheidet selbst, wann es das eine oder das andere werden möchte. Ist Euch all dies über Licht bewusst? Mit der Lichtgeschwindigkeit verhält es sich je nach Quantenumgebung. Experimentell konnte Licht bereits verlangsamt und sogar angehalten werden. In einem »verwobenen« Zustand kennen Photonen keine Geschwindigkeitsbegrenzung, und wissenschaftlich konnten sie sogar bei einem Zehntausendfachen der normalen »Lichtgeschwindigkeit« gemessen werden. All dies verrät Euch: Hier liegt eine Anwendung von Quantenkommunikation vor. Und genauso ist es auch.

Was könnte also besser mit der DNS kommunizieren als Licht? Wenn Ihr es stärker fokussiert und einige andere Quantentechnologien mit anwendet, könnte daraus sogar etwas ganz Unerwartetes hervorgehen: ein Heilungssystem, das DNS und Zellstruktur in eine Lage versetzt, in der sie besser geheilt werden können. Es aktiviert die DNS und teilt ihr eine Quantenbotschaft mit, um die Art der Zellteilung und die Vorgehensweise der Zellen gegen Krankheiten zu verändern. Genau dies geschieht im Augenblick auf dem Planeten.

Eine der interessantesten Informationen über diese Art der Verwendung von Licht ist eine unerwartete Eigenschaft: Bei der Anwendung einer interdimensionalen Kraft auf die Biologie wird eine Kraft erschaffen, die größer ist als die Summe ihrer einzelnen Teile. Mit anderen Worten: Licht scheint die Quantenfunktionalität innerhalb der Zellstruktur zu steigern, so dass die Struktur selbst mitzuarbeiten beginnt, indem sie mehr gibt, als sie erhalten hat. Analog würde in einem dunklen Raum, in dem man eine Zwanzig-Watt-Glühbirne einschaltet, ein achtzig Watt starkes Licht aufleuchten! Irgendwie wurde der Raum dazu angeregt, mehr zu erschaffen, als ihm gegeben wurde. Auf diese Weise arbeitet Quantenenergie mit Quantenenergie.

LICHT, FARBE UND GEOMETRISCHE FIGUREN

Mir scheint, dass die Formation von Licht, Farbe und geometrischen Strukturen eine der kraftvollsten Kombinationen überhaupt ist. Ich habe gelesen, dass solche Formationen den Schlüssel zum Geheimnis des Zeitreisens enthalten!

Licht, Farbe (die ein Attribut des Lichts ist), Schall und geometrische Figuren sind in der Tat eine kraftvolle Kombination. Doch Ihr solltet Euch der Quanteneigenschaften dieser drei auf eine für Euch möglicherweise völlig neue Art bewusst werden: (1) Licht bewegt sich auf der Quantenebene. (2) Schall ebenfalls! Es gibt keine linearen Grenzen für die Anzahl der Instrumente, die Ihr gleichzeitig hören könnt und die eine synchrone Stimme erschaffen, die mit der Seele spricht. Würdet Ihr dasselbe mit der menschlichen Sprache versuchen, würde ein einziges Chaos entstehen, denn Ihr könnt immer nur eine Botschaft auf einmal hören. Somit ist Schall zur Hälfte ein Quantenereignis. Musik kommuniziert direkt mit der Seele! Aber das wusstet Ihr schon lange, nicht wahr? Ein Redner vermag dies nicht. (3) Die Macht der geometrischen Formen ist die Macht des Betrachters dieser Formen. Tatsächlich sind die Formen selbst, obwohl heilig, nur dann heilig, wenn sie von einer anderen heiligen Energie betrachtet werden ... dem Menschen.

Dieses Rätsel ähnelt dem vom umfallenden Baum im Wald. Macht er ein Geräusch, wenn niemand da ist, der es hören kann? Im Fall der heiligen Form: Ist sie heilig, wenn kein Mensch da ist, der sie wahrnehmen kann? Die Antwort lautet, dass es unbedingt eines Menschen bedarf, damit die Form wirkt. Sie mag vielleicht auch von sich aus über etwas Energie verfügen, aber das ist nichts im Vergleich zu dem, was geschieht, wenn ein Mensch involviert ist! Die zwei zusammen erschaffen also ein Quantenereignis. Die Form ist drittdimensional, aber die menschliche Wahrnehmung hebt sie auf die Quantenebene.

Gemeinsam und manchmal auch getrennt voneinander können Licht, Farbe, Schall und Formen Heilung, Offenbarungen und heiliges Verständnis bewirken. Sie können den menschlichen Verstand *aufschließen*. Das ist es, worüber wir schon seit langer Zeit sprechen. Aber sie müssen gemeinsam mit dem Bewusstsein als Werkzeuge genutzt werden, nicht als Mittel an sich. Das Gesamtereignis ist notwendig ... Erst Menschen zusammen mit Licht, Schall und Form erzielen eine Wirkung. Die zusätzliche Zutat ist das Bewusstsein ... der Schöpferanteil.

4

Die Quantenbibliothek der Akasha-Chronik

K *ryon, letztes Jahr sprachen wir über die Akasha-Aufzeichnungen und darüber, wie wir die Aufzeichnungen nutzen können, um unser Leben zu verändern, unseren Körper zu heilen. Heute würde ich gern über die »Hüter« der Akasha-Aufzeichnungen sprechen oder jene, die mit den Akasha-Aufzeichnungen arbeiten. Wie für alles andere im Universum auch scheint es Räte des Lichts für jeden Aspekt der Expansion zu geben.*

Gibt es einen Rat für die Akasha-Aufzeichnungen, oder handelt es sich dabei eher um ein »multidimensionales Bewusstsein«, das von den in den Aufzeichnungen enthaltenen Informationen erschaffen wird?

Auch hier prallen lineares und Quantendenken wieder aufeinander. All dies wird Euch durch Metaphern gebracht, damit Ihr es in 3-D verwenden könnt. Dem menschlichen Denken ist ein Verständnis des Quantenzustands nicht gegeben. Im Laufe der Jahre sehen sich diejenigen, die die Brücke zur Quantenseite des Schleiers überschreiten, mit Chaos konfrontiert, ohne irgendeine Erklärung für die Systeme oder dafür, wie all das für sie arbeitet. Deshalb gibt Spirit ihnen Metaphern, um ihnen zu helfen, ihre Erfahrungen zu linearisieren.

Gibt es einen »Rat der Akasha-Chroniken«? Nein. Jedenfalls nicht im Sinne eines irdischen Rats. Dennoch ist da ein Rat!

Er ist ein Teil des Gottessystems, das der Schöpfer in Euch ist. Könnt Ihr zu dem Rat sprechen? Ja! Aber Ihr sprecht nicht zu *verantwortlichen Entitäten* oder zu einem einzelnen Bewusstsein. Ihr sprecht zu einer Gruppe, die mit dem Schöpfersystem arbeitet, und diese Gruppe ist Euch näher, als Ihr denkt. In jeder Zelle befindet sich ein »Verbindungsfaden«, erinnert Ihr Euch? Der Rat mag also scheinbar und auch tatsächlich vom »zweiten Stern zur Linken« stammen, doch kommt er zu Euch durch den Faden, der mit jeder Zelle verbunden ist. Begreift Ihr, was ich meine? In Wahrheit tragt Ihr alles in Euch, aber im Quantenzustand erstreckt es sich über das gesamte Universum!

Du liegst also richtig, wenn Du fragst, ob es sich um »multidimensionales Bewusstsein« handelt. Wir sehen allerdings, dass dieser Umstand für den Menschen einige Kommunikationen entpersönlicht, denn die Menschen wollen Singularität und lineare Gedanken. Sie wünschen sich eine Person oder Gruppe, die »die Verantwortung trägt«. Deshalb also die Metapher, die in der drittdimensionalen Wahrnehmung so real zu sein scheint. Sie dient dazu, dass Ihr versteht, was der Rat sagt, und ihm, wenn Ihr wollt, auch einen Namen geben und ihn mit nach Hause nehmen könnt. [Kryon-Lächeln]

Diese Räte sind anders, als Ihr glaubt, doch im Reich der Interdimensionalität sind sie sehr real. Wenn alles von Potenzialen geleitet wird, dann ist da auch ein System! Aber das System ist nicht linear.

Gesegnet sind alle, welche die Botschaften dieser Räte übertragen, denn sie übermitteln wichtige persönliche Informationen über das Mächtigste, was man sich vorstellen kann: den Gott in Euch. Sie werden Sprecher von vielen und Anführer für viele. Lasst die Menschheit sie sehen, wie auch immer sie will, denn die Liebe und die Informationen verändern sich nicht, egal, wie sie wahrgenommen werden.

Die Hüter der Aufzeichnungen sind keine Gruppe gelehrter Mönche, die sich über ihre Schreibtische beugen. Sie repräsentieren die Energien der Akasha-Aufzeichnungen. Die Vorstellung einer Gruppe, die eine Arbeit verrichtet, ist metaphorisch zu verstehen und vermittelt den Menschen ein drittdimensionales Ziel, auf das sie ihre Überlegungen richten können. In Wahrheit gibt es so etwas wie eine Gruppe von Hütern der Aufzeichnungen nicht. In Wahrheit geht es um den Quantenaspekt all dessen. Jeder Mensch kann auf sein Akasha zugreifen, ohne dass ein Rat zustimmen müsste. Die Grundvoraussetzung für einen umfassenden Zugriff ist jedoch, dass er persönlich und mit voller Absicht erfolgt. Erinnert Ihr Euch an meine Worte in Bezug auf den »Faden der Angebundenheit« und den »Rat in Euch«? Folglich aktiviert ein Mensch, der heilige Energie hervorbringt, um Zugang zu seinem Akasha zu erhalten, auch den Rat des Lichts in seinem Körper. Lasst Euch davon nicht verwirren, versucht einfach, es Euch nicht als linear vorzustellen, sondern als etwas, das viel größer ist, als Ihr denkt. Es ist wunderschön und nichts, worüber man sich den Kopf zerbrechen sollte.

Kein Rückführungsspezialist kann die Akasha-Attribute eines anderen erfahren ... Er kann nur darüber erzählen. Voller Zugang bedeutet also, sie selbst zu erfahren, und das ist jedem Menschen möglich, der innerhalb des heiligen Prozesses, den wir beschrieben haben, willens ist, die unverfälschte Absicht dazu zu zeigen.

In dieser Hinsicht gibt es keine Hindernisse.

Kryon, Du hast darüber gesprochen, wie Lee in die Akasha-Aufzeichnungen ging und Zugang zu den Informationen über das Leben erhielt, in dem er ein Redner war. Offenkundig hat das recht gut funktioniert, denn ich finde, dass Lee derzeit einer der interessantesten Sprecher unter den spirituellen Lehrern ist.

Aber wenn man erst einmal Zugang zu den Informationen erhalten hat, warum braucht es dann noch Jahre, bis man damit zurechtkommt und dorthin gelangt, wo man hinwill und einst schon gewesen ist? Wenn man Zugang erhält, sollte dieser nicht unmittelbar erfolgen? Ich hätte gedacht,

*dass diese multidimensionalen Informationen den Prozess stark beschleu-
nigen, weil es sich dabei um etwas handelt, das bereits in uns ist.*
*Lag es an Lee, der nicht daran glaubte, dass er es schaffen könnte,
oder ist das einfach eine sehr schwierige Angelegenheit?*

Die Erklärung dafür ist sehr einfach, doch tiefgreifend in ihrer
Umsetzung. Mit anderen Worten – Ihr solltet Euer Augenmerk
auf Folgendes richten: Ihr befindet Euch auf einer drittdimensionalen Ebene. Ganz gleich, was geschieht, Ihr seid immer auf
einer drittdimensionalen Ebene. Zwar bewegt Ihr Euch langsam
auf eine interdimensionalere Ebene zu, und die Veränderung,
die Euch bevorsteht, erfordert das auch. Aber ganz gleich, wie
interdimensional Ihr werdet, ihr werdet es in 3-D.

Selbst die Meister, die auf Erden wandelten, vollbrachten ihre
Wunder in 3-D, und sie bewiesen ihre Meisterschaft in 3-D, direkt an Eurer Seite. Wenn Ihr, auf welche Weise auch immer,
anfangt, in Regionen vorzudringen, in denen Ihr Euch auf einer
Quantenebene bewegt, steht ihr im Grunde vor der Herausforderung, eine Brücke zu überqueren.

Als Lee den »Redner« benötigte, war er kein öffentlicher Redner.
Und mehr noch, wenn er vor Menschen auf der Bühne stand,
war er nervös. Erinnert Ihr Euch an die Zutat, die ich vorhin erwähnte, an das menschliche Bewusstsein, das als hauptsächliches
Instrument in dem gesamten Prozess den eigentlichen Unterschied
macht? Es ist das lineare menschliche Denken, das glaubt, irgendein Schalter würde umgelegt werden und dann sei alles anders.
Aber wie fast alle Prozesse erfordert auch dieser Übung.

Als er sein Talent benötigte, besaß er es bereits, denn einige
seiner früheren Leben beinhalteten jahrelanges Reden in der
Öffentlichkeit, und in einem war er Schauspieler gewesen. In
diesem Leben war er ein Eremit. Die Grundvoraussetzungen waren gegeben, und er hatte sich das Talent »verdient«, das er in
seinem aktuellen Leben anwenden wollte. Doch was nun? Sein
fester Vorsatz, dieses Talent über die Quantenbrücke zu bringen,

war erforderlich. Das ist eine Aufgabe des menschlichen Bewusstseins, und er musste den festen Glauben haben, dass dies nicht nur möglich ist, sondern auch geschehen wird, dass er dieses Talent »besitzt«. So fing er an.

Er begann ganz langsam, indem er nur vor ein paar Menschen, nicht mehr als zehn, lehrte. Anfangs fiel es ihm schwer, und er stellte sich auf seinem Weg immer wieder dieselbe Frage: »Wenn ich ein Redner ›bin‹, warum fühle ich mich dann nicht entsprechend und habe das Talent nicht sofort gehabt?« Die Antwort lautet, dass es erst von der Drittdimensionalität seiner momentanen Verkörperung (Lebenszeit) assimiliert werde musste. Die Zellen mussten das Talent langsam absorbieren, sich dann teilen und neue Zellen erschaffen, in denen es in drittdimensionaler Form enthalten war. Obwohl sich die »Bibliothek« also in einem Quantenzustand befindet, erfolgt die Anwendung immer noch in 3-D, und es ist ein Wachstumsprozess.

Dies gilt auch für jeden anderen Prozess, in dem die Akasha-Chronik angezapft wird. Ihr beginnt mit dem absoluten Wissen, dass Ihr es »besitzt«, und fangt dann an, es zu extrahieren (Denken auf drittdimensionaler Ebene). Indem Lee es immer und immer wieder tat, fiel es ihm nicht nur leichter, sondern fing sogar an, Spaß zu machen. Keine Menschenmenge konnte ihn mehr einschüchtern, und binnen kurzem wurde er sogar geübter, als er es jemals zuvor in einem seiner vergangenen Leben gewesen war.

Betrachtet die Logik hinter alledem: *Wenn Euer Körper anfängt, etwas zu »besitzen« und zu üben, »erinnert« er sich daran, was er früher getan hat, und beginnt, mit dem Bewusstsein des Menschen, der die Arbeit verrichtet, zu kooperieren. Auf der drittdimensionalen Ebene fördern die Zellen bei ihrer Teilung das erlernte Akasha, und mehr und mehr Zellen mit dem benötigten Attribut werden erschaffen.*

Kann das Jahre dauern? Vielleicht. Ihr findet das inakzeptabel? Wenn Ihr Arzt werden möchtet, erwartet Ihr dann, dass das über Nacht geschieht? Die Ironie dieser Aussage liegt darin, dass viele Ärzte zuvor schon Ärzte waren! Das sind diejenigen, die sich im Studium besonders leicht tun, weil sie sich »erinnern«, wie es war, ein Arzt zu sein. Ohne sich dessen bewusst zu sein, zapfen sie ihr Akasha sozusagen auf andere Art an.

Je nachdem, was Ihr erreichen möchtet, ist die Zeit, die Ihr dafür benötigt, abhängig davon, wie sehr Ihr und Euer drittdimensionaler Körper dazu bereit seid, zu kooperieren. Es gibt jedoch noch weitere komplexe Konsequenzen und Attribute. In Lees Fall war beispielsweise der Redner ein Aspekt und seine Nervosität ein ganz anderer. Deshalb stand er vor zwei vollkommen unterschiedlichen Aufgaben, und es hat länger gedauert.

Auch hinsichtlich eines anderen Konzepts, dessen Ihr Euch immer gewärtig sein solltet, möchten wir absolut deutlich sein. Die gesamte Vorstellung davon, wie man an dieses Akasha-Werkzeug herangeht: Erinnert Ihr Euch, was wir Euch über Eure DNS erzählt haben und über die Attribute der Effizienzsteigerung? Ihr habt die DNS angesprochen, und sie »wusste«, was zu tun ist. Ihr seid nicht von heute auf morgen Quantenchemiker geworden und habt die gewünschte Chemie ausgesucht und aktiviert.

Mit dem Anzapfen des Akashas ist es genau dasselbe. Ihr befasst Euch mit einem multidimensionalen Höheren Selbst, das sich in Eurer DNS befindet. In Eurer DNS befindet sich ein Quanten-Akasha, was bedeutet, dass diese heiligen Elemente alle miteinander verbunden sind und Ihr sie nicht trennen könnt. Doch fast jeder tut es ... Auch dies liegt wieder daran, dass die Menschen alles in Schubladen stecken wollen.

Die beste Methode, das Akasha anzuzapfen, und der einzige Weg, Ergebnisse zu erzielen, bestehen darin, dass Ihr Euch buchstäblich vor den heiligsten Bestandteil Eures Selbst setzt und sagt: »*Liebes Höheres Selbst ... und liebe Ahnen vergangener Zeiten ... Erzeugt all das, was ich brauche, um mein Licht auf Erden heller strahlen zu lassen und um meine Schwingungen zu erhöhen. Zeigt mir, was zu tun ist, und schenkt mir Einsicht, in welche Richtung ich mich wenden soll. Ich verspreche, diese zu ehren und dafür zu arbeiten, sie in meine augenblickliche drittdimensionale Realität zu übertragen.*«

Lee bat nicht darum, ein Redner oder Schriftsteller zu werden. Er bat sein Höheres Selbst, ihm zu zeigen, woran er arbeiten sollte, und sein rhetorisches Talent manifestierte sich daraufhin direkt aus seiner Quantenbibliothek heraus. Erkennt Ihr den Unterschied? Er wusste, was die DNS tat, weil ihn die Synchronizität seines Lebens in eine Position befördert hat, in der er vor Menschen auftreten muss.

Noch immer gibt es jene, die bei dieser Information vor Freude in die Hände klatschen und sagen: »*Wenn ich das Akasha anzapfen und meine Attribute aus vergangenen Leben zum Vorschein holen kann, dann ... will ich der Schlanke sein! Oder der, der singen kann!*« Dieses Individuum hat die Lehre vollkommen falsch verstanden.

Jeder Einzelne verfolgt auf diesem Planeten einen multidimensionalen Zweck oder Plan, der das Höchste Bewusstsein reflektiert. Aber nur wenige scheinen ihre Bestimmung im Leben zu finden. Wenn das stimmt, wäre es dann nicht wichtiger, in den Akasha-Aufzeichnungen Zugang zu dem gesamten Plan zu erhalten und nicht nur zu einem einzelnen Aspekt? Und wenn der Plan dort gespeichert ist, muss er doch irgendwo gelebt werden ... wenn nicht in dieser Dimension, dann vielleicht in einer höheren Dimension?

Und schließlich: Betreten wir diese holographische Umgebung, die auf Schwingungen und unserem Vorsatz beruht, nicht so, als würden wir uns »einstellen«?

Nein. Die Akasha-Aufzeichnungen sind eine Quantenbibliothek, keine Abfolge von Plänen. Die Bestimmung des menschlichen Lebens, oder die Lebenslektion, wird zusammen mit dem karmischen Abdruck und innerhalb der drittdimensionalen Verkörperung (Leben) des aktuellen Lebens entwickelt. Sie ist dynamisch und damit immer im Übergang begriffen.

Wieder stoßen wir auf die Neigung des Menschen, alles für statisch zu halten. Menschen betrachten den »Plan« als ein Stück Papier, das sie von Geburt an in ihren Händen halten. Aber so ist es nicht! Alles, was Ihr tut, verändert den Plan.

Lass uns einen Blick auf Dein Leben werfen, Martine. Ich möchte Dir eine Frage stellen: Denkst Du, dass Du, als Du gemeinsam mit Deinem Bruder in Kanada einen eigenen Verlag gegründet hast, damit den »Originalplan« verändertest, mit dem Du auf die Welt gekommen bist? Ist auf Deinem Weg zuvor etwas geschehen, das eine Veränderung in Deiner spirituellen Ausrichtung bedeutet haben könnte? Ich weiß, was es war, und Du weißt es auch. Was hat Dich zu der Selbstreflexion angeregt, die Du nun als Fragen in diesem Buch präsentierst, das Tausende lesen werden? Hast Du so Dein Leben begonnen? War das der anfängliche Plan, oder hast Du ihn auf dem Weg erschaffen?

Die Antwort lautet, dass Du Deinen Plan wieder und wieder verändert hast. Dies zieht eine weitere Frage nach sich: Wozu ist der Plan überhaupt gut, wenn er sich ständig ändert? Die folgende Antwort zeigt Euch die Quantenbezogenheit des Ganzen! Es gibt keinen drittdimensionalen Plan! Doch da ist eine karmische Veranlagung, die Euch in Energien versetzt, die Lebensgefühle hervorbringen – wie ein Mann, der unbedingt in die Armee will, oder eine Frau, die sich nur als Mutter sieht ... Das sind starke, karmisch motivierte Einflüsse, die den Menschen in bestimmte Richtungen drängen. Bei einer früheren Frage haben wir darüber gesprochen, wie das Karma Euch mit schwierigen Menschen zusammenbringt, damit Ihr Probleme aufarbeiten könnt. Aber schon 1989 sagten wir Euch, dass Ihr als Erstes diese karmischen Energien fallen lassen solltet, denn sie stellen ein altes Paradigma dar und sind überflüssig. Letztlich stehen sie Euren mitschöpferischen Fähigkeiten im Weg.

Hier ist also Martine mit ihrem Karma. Doch auf ihrem Weg geschah etwas, und als sie zu begreifen begann, dass sie ihre eigene Realität erschaffen sollte, ließ sie es fallen. Daraufhin gründete sie einen Verlag. Plötzlich änderte sich der »Plan«! Nun berührte sie mit ihrer Auswahl von Autoren und ihrem Veröffentlichungskonzept, das Lesern auf der ganzen Welt das Licht zeigt, Zehntausende von Menschen! Ändert sich der Plan gerade ein weiteres Mal? Sieht sie nun, dass vielleicht auch eine Schriftstellerin in ihr schlummert? [Kryon-Zwinkern] Tatsächlich verwandelt sich der Plan schon wieder.

Lasst mich Euch einen Denkanstoß geben. Wenn Ihr Lichtarbeiter seid, die ihr Schicksal und ihre Realität selbst in Händen halten, dann erschafft Ihr an jedem Tag Eures Lebens einen neuen Plan. Deshalb lautet der »wahre« Plan wie folgt: *»Jeden Tag die Welt zu verbessern, indem Ihr Licht an dunklen Orten erschafft und dadurch die Schwingung der Erde verändert.«* Der wahre Plan ist, »zu sein«, nicht »zu tun«.

Deshalb habt Ihr überhaupt keinen Zugriff auf einen Plan. Vielmehr tretet Ihr ein in die Liebe Gottes und erschafft Licht, wo immer Ihr seid, was immer Ihr tut. Das heißt es, den »multidimensionalen Zweck« zu erfüllen. Das macht Euch aus, auf der Erde, als erleuchtete Wesen.

5

Ein machtvoller Traum und
eine wunderbare Synchronizität

*E*iner der Augenblicke in meinem Leben, die ich als sehr folgenreich in Erinnerung habe, war der Tod von »John-John« Kennedy im Juli 1999. Sein Tod war in vieler Hinsicht ein globales Ereignis. Ich weiß noch, wie in den Medien die Rede davon war, dass damit nicht zu rechnen gewesen war und der ganze Planet davon betroffen wäre. Doch aus irgendeinem Grund hatte es auf mich eine besonders tiefgehende Wirkung, es deprimierte mich spirituell. Ich war verwirrt und begann, den gesamten Prozess der Spiritualität anzuzweifeln ... warum wir hier sind, warum er hatte gehen müssen ... Für mich hatte er Hoffnung repräsentiert, die Hoffnung auf eine neue Generation ... Wieder war einer von den »Guten« gegangen, doch darüber hinaus konnte ich nicht verstehen, warum sein Tod mich derart traf. Dann, eines Nachts, hatte ich diesen Traum, der sich weniger wie ein Traum anfühlte als wie ein bewusstes Treffen in einer anderen Dimension ... Hier ist er:

Ich sehe, wie ich den Tagungsort betrete, an dem ich normalerweise meine Veranstaltungen abhalte, ich öffne die Tür des Auditoriums und sehe jemanden an einem runden Tisch auf der Bühne sitzen. Diese Person blickt mich an und signalisiert mir, dass ich näher kommen soll. Während ich durch den Gang auf die Bühne zugehe, sehe ich, dass es John Kennedy jr. ist. Als ich ankomme, bittet er mich, mich zu setzen, und dann haben wir ein ganz wundervolles Gespräch darüber, was sich ereignet hat. Er beginnt mit den Worten:

»Du von allen Menschen solltest wissen, wie es läuft. Mein Tod ist genauso gekommen, wie ich es geplant habe. Alles verlief nach Plan. Schau, wie viel Mitgefühl er auf der ganzen Welt bewirkt hat. Das war meine wahre Mission. Es gibt keine Fehler, Martine, keine Fehler. Es geht mir gut, alles ist perfekt, und du weißt das. Also lass bitte deine Traurigkeit los, denn es gibt keine Fehler.« Dann stand er auf, lächelte mir zu und sagte: »Ich muss noch so viele Orte besuchen.« Und als er geendet hatte, war all meine Traurigkeit wie weggewischt, und ich empfand niemals mehr etwas Ähnliches wegen dieser Ereignisse.

Geschah das, weil ich eine Erklärung wollte und Spirit mir die Antworten in einer Form gab, die ich annehmen konnte?

Meine Liebe, siehst Du es denn nicht? Es ist geschehen, damit Du diese Frage im vorliegenden Buch stellen konntest! Nun können Tausende dieses zusätzliche Attribut erkennen, das wir seit unserer Ankunft gelehrt haben!

Als ich das Buch *Die Reise nach Hause* channelte, kreierte ich für meinen Partner eine bestimmte Art sich auszudrücken und bat ihn, seinem Lektor zu sagen, dass er dies niemals ändern soll. In der Geschichte von Michael Thomas sterben seine Mutter und sein Vater auf tragische Weise. In dieser Parabel gelangt Michael schließlich an einen heiligen Ort und kann mit seinem Vater sprechen, der ihm erklärt, was geschehen ist.

Du findest die Erklärung auch im fünften Kryon-Buch: »*Ich spielte meine Rolle im menschlichen Leben genau so, wie ich es mit Deiner Mutter und Dir geplant hatte, bevor wir auf die Erde kamen. Alles, was geschah, war angemessen. Wir gingen so früh von Euch, damit wir in anderen spirituellen Bereichen noch viel mehr erreichen konnten.*«[*]

---

[*] Kryon spricht hier von zwei Büchern, die auf Deutsch im Koha Verlag vorliegen: *Die Reise nach Hause – Die Geschichte von Michael Thomas und den sieben Engelwesen*, Burgrain 2000, sowie *Briefe von Zuhause – Liebende Botschaften von der Familie*, Burgrain 2007; beide wurden gechannelt von Lee Carroll, Letzteres ist Band 5 der Kryon-Edition. – *Der Verlag*

Das Leben des »John-John« Kennedy

John F. Kennedy jr., der in der Öffentlichkeit allgemein »John-John« genannt wurde, war der einzige Sohn des am 22. November 1963 erschossenen US-Präsidenten John F. Kennedy, genannt »Jack«, und dessen Frau Jacqueline Lee Bouvier, genannt »Jackie«. Seine Eltern, die sich im Mai 1952 auf einer Dinnerparty kennen gelernt hatten, kamen aus reichen Familien, denen eines Investment-Unternehmers und eines New Yorker Bankiers, wobei »John-Johns« Mutter nach dem Studium der Geschichte und Sprachen als Journalistin gearbeitet hatte. Am 12. September 1953 heirateten seine Eltern. Ihr Kinderwunsch brachte zunächst große Prüfungen. 1956 kam ein Mädchen tot zur Welt, ein Junge starb am 7. August 1963 zwei Tage nach der Geburt, und vermutlich hatte es schon vorher mindestens eine Fehlgeburt gegeben. Die Ursache für diese Probleme war eine nicht erkannte Chlamydien-Infektion, die John F. Kennedy auf seine Frau übertragen hatte, eine der häufigsten sexuell übertragenen Erkrankungen.

Am 25. November 1960 wurde John F. Kennedy jr. geboren, im selben Jahr, in dem seine Mutter zur bestgekleideten Frau der Welt gewählt wurde (auch dank des einst mit Grace Kelly verlobten Hollywood-Designers Oleg Cassini). Wie »John-Johns« am 27. November 1957 geborene Schwester Caroline (die 2008 den ersten schwarzen US-Präsidenten Barack Obama bei dessen Kandidatur unterstützen sollte) und seine Mutter hat ihn die Presse ein Leben lang verfolgt. Es begann an seinem dritten Geburtstag, drei Tage nach dem Attentat auf seinen Vater, als dieser beigesetzt wurde.

Weltbekannt ist das Bild, auf dem er vor dem Sarg seines Vaters salutiert.

Mit zweiundzwanzig schloss »John-John« im dritten Anlauf sein Jurastudium ab und war bis 1992 Staatsanwalt in New York. Jahrelang war er mit der Schauspielerin Daryl Hannah (*Blade Runner, Wall Street, Kill Bill*) liiert – gegen den Willen seiner Mutter, die 1968 in zweiter Ehe den griechischen Reeder und Milliardär Aristoteles Onassis geheiratet hatte und nach dessen Tod 1975 als Verlagslektorin arbeitete.

Am 19. Mai 1994 starb »Jackie O«, wie die Medien sie nur noch genannt hatten. »John-John«, der 1988 zum »Sexiest Man Alive" gewählt worden war, gründete im September 1995 das sechs Jahre laufende Hochglanzmagazin *George*, eine Mischung aus Politik und Lifestyle, das nach einem spektakulären Start wegen seiner zu dünnen thematischen Vorgabe nur noch wenig Akzeptanz erfuhr. Er heiratete am 21. September 1996 Carolyn Bessette, die PR-Beraterin des Modedesigners Calvin Klein.

Am 16. Juli 1999 stürzte das von »John-John« gesteuerte Flugzeug mit seiner Frau und deren Schwester Lauren Bessette auf dem Weg zur Hochzeit seiner Cousine Rory Kennedy vor der Küste von Massachusetts ab. Es heißt, er sei über dem offenen Meer bei schlechter Sicht mit der Führung des Flugzeugs überfordert gewesen. Allerdings war die Sicht ausgezeichnet gewesen und er hatte kurz vorher bekannt gegeben, in die Politik gehen zu wollen. Die Öffentlichkeit, die 36 Jahre nach der Ermordung seines Vaters in ihm einen zweiten John F. Kennedy sah, hatte am 26. Juli in einem großen *Newsweek*-Artikel über seine politischen Pläne informiert werden sollen. Die komplette Ausgabe der Zeitschrift wurde aus dem Handel genommen.

Wenn Du die Kryon-Parabel liest, wirst du feststellen, dass die Worte in ihrer Struktur denen von John stark ähneln. Denn Wahrheit ist Wahrheit, und wenn Ihr sie auch noch wortgetreu in der anderen Veröffentlichung wiederfindet, die von derselben Lehre handelt, dann erfahrt Ihr eine Bestätigung. In der Parabel habe ich mich dieser Redeweise bedient, um eine Geschichte zu erzählen. John erfüllte sein Karma. Er wollte unbedingt Pilot werden, und so wurde er einer. Allerdings kein sehr guter, denn seine Lebenslektion enthielt auch »Berechtigung«, also arbeitete er bewusst niemals zu hart, um etwas zu erreichen. Das ist es, was ihn umgebracht hat. Ohne den karmischen »Stoß« wäre er immer noch bei Euch. Sein Ableben wurde zum Katalysator für das Mitgefühl, das die Schwingungen des Planeten veränderte.

Viele fragen: »*Kommen eigentlich auch einige auf den Planeten, um zu sterben ... um durch ihren Tod anderen zu helfen?*« Die Antwortet lautet: Ja, ständig. »*Das erscheint mir aber nicht fair*«, werden nun manche sagen. Doch ruft euch einmal in Erinnerung, dass die Lebenszeit eines Menschen nur ein Ausschnitt ist, ein Akt in dem riesigen Theaterstück der Zivilisation. Viele sind bereit, wieder und wieder zurückzukommen, um dem Planeten und anderen zu helfen. Manchmal besteht diese Hilfe darin, ein kurzes Leben zu haben, so wie beim Tod eines Kindes. Einige sind bereit, mit einer Neigung zu emotionalem Ungleichgewicht zu leben, und begehen schon in jungen Jahren Selbstmord, um ihre Familienmitglieder dazu zu bringen, sich zu schämen und Dinge zu tun, die sie sonst niemals getan hätten ... wie dieses Buch zur Hand zu nehmen. Versteht Ihr?

In Deiner Frage hast Du mehr über »Pläne« wissen wollen. Viele folgen ihren karmischen Energien, was einem Plan recht nahe zu kommen scheint. Dabei ist das etwas vollkommen anderes. Es ist nur der Anfang des karmischen Abdrucks, den sie niemals verändert haben. Der Großteil des Planeten handelt so, doch die sehr alten Seelen haben ihr Karma fallen gelassen und angefangen, neue Richtungen zu kreieren.

Höre ich da Deinen Einwand: »*Warte mal kurz, Kryon, ich denke, John F. Kennedy jr. war eine alte Seele, und ich glaube, John Lennon war auch eine! Wie sieht es damit aus?*« Jetzt fängst Du an, die dynamische Komplexität hinter dem Versuch zu sehen, Quantenenergien in Deine 3-D-Schubladen zu stecken. Ja, sie waren beide alte Seelen, sehr alte sogar. Also betrachte sie als »*alte Seelen, die ein Karma erschaffen hatten, das Ruhm hervorbringen würde, wodurch sie in ihrem Karma festgehalten wurden und zielgenau auf einen frühen Tod zusteuerten, um dem Planeten dabei zu helfen, höher zu schwingen*«. Erinnert Ihr Euch, womit wir das letzte Kapitel abschlossen? Wir definierten den Quantenplan: »*Jeden Tag die Welt zu verbessern, indem Ihr Licht an dunklen Orten erschafft und dadurch die Schwingung der Erde verändert.*« Haben »John-John« und John Lennon das getan? Ja. Ihr seht also, dass es auf der Erde alte Seelen gibt, die zu tun bereit sind, was immer sie müssen, um einem höheren Zweck zu dienen. Einige erwachen, andere nicht. Gesegnet sei die alte Seele, die so viel für die Erde gibt, das so vielen zugutekommt.

EINE UNGLAUBLICHE SYNCHRONIZITÄT, DIE MEIN LEBEN VERÄNDERTE

Du hast mein Leben als Beispiel genommen, Kryon. Ich möchte hier eine weitere Begebenheit hinzufügen, die zeigt, wie wir voneinander lernen können und unsere Pläne sich entfalten – und auch, wie und mit welcher Geschwindigkeit Synchronizität funktionieren kann.

Im Jahre 2009 gründete ich, weil ich von einer mutigen Frau inspiriert wurde, die Stiftung Passion for Compassion (www.passioncompassion.org). Aber alles hatte eigentlich zwei Jahre vorher begonnen, als ich einen Artikel im Magazin Glamour las, in dem es um die Tausende von Frauen ging, die im Kongo vergewaltigt worden waren. Von den vielen Frauen, die ihre Geschichte erzählten, blieb mir eine besonders im Gedächtnis: Alphonsine. Sie erzählte von ihrer Vergewaltigung, davon, wie sie nachher brutal angeschossen wurde und wie es ihr erst nach sechs Monaten Pflege wieder besser ging. Der Arzt sagte, dass er noch niemals so viel Verwüstung in einer einzigen Frau gesehen hatte. Ihre Überlebensgeschichte war unglaublich, aber was mich an Alphonsine am meisten erstaunte, war, dass ich nicht einen Funken Traurigkeit in ihr entdecken konnte, keine Rachegelüste. Im Gegenteil hatte sie Ambitionen, sie wollte Krankenschwester werden und sagte: »Ich bin jetzt jemand, denn ich habe überlebt, und ich kann etwas für mein Volk bewirken. Die Frauen müssen die Führung übernehmen, weil sie den Weg kennen.«

Ich bewunderte sie maßlos für ihren Mut, ihre Würde, ihre Barmherzigkeit angesichts einer so schrecklichen Situation. Nach allem, was sie durchgemacht hatte, glaubte sie noch immer an ihr Land und seine Zukunft!

In diesem Moment beschloss ich: Wenn sie nach allem, was sie durchgestanden hat, noch immer an ihr Land glaubt, dann werde ich ihr helfen ... aber wie? Ich kannte sie nicht und war niemals im Kongo gewesen ... Wie konnte ich diese Frauen unterstützen? Dann fiel mir meine Freundin Fété ein, eine wundervolle Kongolesin, die heute in Ontario lebt ... Ich rief sie an, und sie erklärte sich bereit, für mich auf diese Mission zu gehen: Sie würde sich die Situation dieser Frauen selbst ansehen und herausfinden, wie wir ihnen helfen konnten. Zu diesem Zeitpunkt hatte ich keine Ahnung, was dabei herauskommen würde. Außerdem machte ich mir Sorgen wegen Fété und der Gefahren, die dort auf sie warteten ... Würde sie in Sicherheit sein? Würde sie beschützt sein? Aber tief in meinem Herzen spürte ich, dass es so sein sollte und dass es ihr gut ergehen würde.

Kurz vor ihrer Abreise bat ich sie noch um etwas anderes. »Fété«, sagte ich. »Ich möchte, dass du versuchst, Alphonsine zu finden. Das ist zwar nicht deine Hauptmission, aber wenn du am Ende noch etwas Zeit hast, versuch es bitte.« Sie entgegnete: »Martine, es gibt im Kongo achtundsechzig Millionen Menschen, wie soll ich sie anhand eines zwei Jahre alten kleinen Fotos und ohne ihren wahren Namen zu kennen finden? Vielleicht ist sie längst tot, vielleicht hat sie das Land verlassen. Bei dem

Krieg und all den Problemen ... Bitte mach Dir keine Hoffnungen!« Ich sagte zu ihr: »Mag sein, Fété, aber wenn es so sein soll, werden wir sie finden. Und dann sag ihr bitte, dass Hilfe unterwegs ist.«

Da ist nun also Fété, diese bemerkenswerte Frau, die auf ihrer Mission Hunderte von Frauen in schwierigen Lebensumständen trifft, um zu versuchen, ihnen zu helfen. Dann fängt sie während der letzten zwei oder drei Tage an, das kleine Bild, das ich von Alphonsine habe, herumzuzeigen. Anfangs scheint niemand sie zu erkennen. Doch dann sagt jemand: »Ich glaube, das ist Berthe.« Und diese Person hat sogar ihre Telefonnummer und weiß, wo sie wohnt! Also zieht die wundervolle Fété los, um Berthe aufzusuchen und herauszufinden, ob sie es wirklich ist ... Sie ist es ... Da war sie, meine Inspiration, mitten auf der Straße mit einem Schild, auf dem stand: »SCHLUSS MIT DEN VERGEWALTIGUNGEN!« Sie war es, und Fété hatte sie innerhalb von nur zwei oder drei Tagen gefunden! Sie rief mich an und sagte ganz aufgeregt: »Martine, ich habe sie gefunden, ich habe sie gefunden, sie lebt, es geht ihr gut, und ich habe ihr gesagt, dass Hilfe unterwegs ist!«

Was für ein großartiger Augenblick in meinem Leben. Heute arbeiten wir alle zusammen, um fünf kleine Unternehmen (Mikrokredit-Projekte) für Vergewaltigungsopfer auf die Beine zu stellen, damit die Frauen ihre Kraft und Würde zurückgewinnen können. Und wer repräsentiert uns da drüben? Berthe/Alphonsine! Das ist ein Anfang, und es hat mir große Entschlossenheit geschenkt, weiterzumachen. Auch wenn ich nicht weiß, wie ich es anstellen werde – ich werde es schaffen. Anfangs hatte ich mich noch gefragt, ob ich das Richtige tue und ob es überhaupt einen Unterschied macht, wenn ich diesen Frauen im Kongo helfe ... nun, Alphonsine/Berthe war der Beweis, den ich gebraucht habe.

Kryon, wie konnte sich so eine Synchronizität ereignen? Ist dies ein Beispiel dafür, wie Menschen und Vorsatz zusammenkommen? Es zeigt auch, wie Menschen, die einander nicht kennen, sich begegnen, um eine Veränderung zu bewirken. Ich halte diese Geschichte für absolut unglaublich ... dass ich diese Person in so kurzer Zeit finden und ihr Leben verändern konnte, aber vor allem, dass mein Leben dadurch auf so vielfältige Weise verändert wurde.

Auch diese Geschichte hat sich ereignet, damit Du sie mit Tausenden teilen kannst, die dadurch ein größeres Verständnis dafür erreichen, wie all das funktioniert. *Dies* ist das Werkzeug, von dem wir so oft gesprochen haben, und der Prozess des Miterschaffens, der im Augenblick so dringend gebraucht wird.

Menschen wollen anderen Menschen helfen, und sie versuchen es mit allen möglichen Plänen und Zielsetzungen. Doch viel zu oft scheitern sie. Dies liegt fast ausschließlich in der menschlichen Neigung zum drittdimensionalen Denken begründet. Erstens verstehen sie nicht, dass die »intuitive Botschaft Gottes« zeitlos ist. Will sagen, dass die Botschaft über ein Potenzial in ihrem Leben ein in sie eingepflanzter Same dessen ist, was sie tun *könnten*, kein Auftrag, jetzt sofort zu handeln! Aber ein Mensch, der eine profunde Vision davon hat, wie er ein Heilzentrum errichtet, wird erwachen und sofort versuchen, die Vision umzusetzen! Oft endet das in Versagen und Enttäuschung und folgt der Neigung des Menschen, die Ereignisse nach dem Motto »War schon dort, hab's getan« abzuschreiben. Und wenn der richtige Zeitpunkt gekommen ist, wird dieser liebe Mensch es nicht wieder versuchen, denn nun hat er das Vorurteil, dass es niemals funktionieren wird, nur weil er es vorher schon einmal versucht hat, bloß zum falschen Zeitpunkt! Erkennt Ihr die Tragik darin?

Die wahre Botschaft hinter alledem lautet, das mitgeteilte Wissen über das, was möglich ist, zu bewahren und dann die Synchronizität zu erschaffen, die dafür sorgt, dass andere Menschen sich finden, die gebraucht werden, um diese Möglichkeit umzusetzen. Dazu gehört auch ein intuitives Gefühl für den zeitlichen Ablauf des Ganzen. Wir sprechen nun darüber, seine Antennen auf die quantenorientierteste Art überhaupt zu verwenden: ohne Ungeduld – und nur dann zu handeln, wenn es sich richtig anfühlt. Diese Antennen nicht nur zu benutzen, damit sie Euch zeigen, wohin Ihr den Blick lenken sollt, sondern auch, damit sie Euch dorthin führen, wo Ihr um Unterstützung bitten könnt – und nicht, um etwas zu »erzwingen«, nur weil Gott Euch darüber eine Botschaft hat zukommen lassen. In der Suppe des Systems befinden sich die Potenziale allen Denkens und allen Handelns. Gott kennt die Zukunft nicht, aber Gott kennt die Potenziale dessen, was jeder Mensch tun könnte. Einige dieser Potenziale sind stärker als andere, weshalb Medien und Rückführungsspezialisten auch auf die andere Seite des Schleiers gehen und Potenziale für die Zukunft erkennen können. Dies ist gleichzeitig die Art, auf die Ihr miterschafft. Denn Ihr benutzt die fein abgestimmte Antenne, worin ihr mit zunehmender Übung immer besser werdet, und erschafft wahrhaftig Synchronizität ... *indem Ihr im richtigen Augenblick die richtige Situation oder Person findet, um das richtige Ergebnis zu erschaffen.*

Also macht Euch auf unglaubliche »Zufälle« gefasst! Wie viele müsst Ihr noch erleben, bis Ihr versteht, dass ein System dahintersteckt? Aber das System ist nicht drittdimensional, weshalb man Euch einfach als »Glückspilze« bezeichnen wird. [Kryon-Lächeln]

6

Die Quantenebene
erreichen

L iebe Leser, darf ich Euch eine Frage stellen? Versteht Ihr besser, wie die Magnetik des Planeten Euer Leben beeinflusst? Seit Jahren habt Ihr darüber gehört und gelesen. Ergibt es nicht Sinn, dass wir auf der anderen Seite des Schleiers auch davon wissen? Ergibt es nicht Sinn, dass all dies synchronisiert ist, dass das Physikalische, das Fraktale, das Bewusstseinsbezogene mit dem Grund, aus dem Ihr hier seid, in Beziehung stehen? Vielleicht seid Ihr hier, um die spirituelle Komponente der Entscheidungspunkte zu unterstützen.

Lasst uns dies für eine Weile zu einem Rückblick machen. Wenn Ihr wolltet, könntet Ihr es bereits in meinen ersten Botschaften von 1989 finden. Ich sagte Euch Folgendes: Dass eine Zeit kommen würde, in der an den Orten, an denen Ihr Getreide anbaut, kein Getreide mehr wachsen wird. Wir sagten auch, dass es an Orten, an denen es niemals wuchs, wachsen wird. Ich sagte Euch, dass Euch eine einschneidende Veränderung bezüglich des Wetters bevorstehen wird. Ich habe Euch all das gesagt. Und nun seid Ihr mittendrin!

Ich sprach von einer Bewusstseinsveränderung, und hier ist sie, und denen unter Euch, die sich noch immer fragen, wann sie stattfindet, sage ich: Ihr habt sie bisher übersehen! Sie ist überall um Euch herum. Sie ist das, was seit Ende der achtziger Jahre geschehen ist, und sie ist das, was in diesem Jahr geschehen ist. Sie ist überall um Euch herum. Sie ist ein *Punkt der Entscheidung* ... ein Punkt, an dem sich das menschliche Bewusstsein entscheidet, die Fraktale wiederkehrender Energien auf dem Planeten zu leeren.

Wir sagten Euch, dass die Erderwärmung zyklisch verlaufe und dass Ihr sie nicht verursacht habt. Glaubt Ihr es nun? Es wurde gechannelt, wisst Ihr, doch nun zeigt es auch die Wissenschaft. In den letzten Jahren haben wir Euch deutlich mitgeteilt, dass diese Erwärmung kurzlebig sein und in eine Kälteperiode führen wird. Jetzt wird diese Tatsache vielerorts publiziert, und nun spricht auch die Wissenschaft davor. Glaubt Ihr es nun?

Es gibt jene unter Euch, deren Intellekt mit dem Emotionalen zu verschmelzen beginnt. Ihr fangt an, die Botschaft zu verstehen. *»Vielleicht ist es ganz in Ordnung, keinen flauschigen Engel zu haben«*, sagt Ihr heute. Vielleicht ist es auch ganz in Ordnung, wenn jemand von zu Hause, der Euch liebt, Euch diese Wahrheit bringt. Vielleicht ist es ganz in Ordnung, wenn ein Meister vom Magnetischen Dienst zu Euch spricht.

Habt Ihr Euch jemals gefragt, weshalb Euch diese Nachrichten auf diese Art – durch Channeling – und schon vor so langer Zeit mitgeteilt wurden? War das vielleicht ein weiterer Zufall? Ihr fangt an zurückzudenken und fragt: *»Wann hat das alles angefangen? Wann hat sich mein Partner auf seine Reise begeben? Wann in Eurem Leben haben sich einige Eurer Offenbarungen ereignet?«* Manche Heiler unter den Lesern hatten ebenfalls zu dieser Zeit ihre Enthüllungen. Wann hatte die spirituelle Lehrerin Peggy ihre erste Offenbarungsphase?[*] Das meiste davon könnt Ihr zurückverfolgen bis zu einem Zeitpunkt vor etwa zwanzig Jahren, genau

---

[*] Gemeint ist Peggy Phoenix Dubro, die gemeinsam mit David P. Lapierre das Buch *Potenziale der inneren Kraft, Entwicklung des Bewusstseins* schrieb, in dem durch physikalische Gesetzmäßigkeit die Energiearbeit erklärt wird, erschienen im Koha Verlag, Burgrain 2002. – *Der Verlag*

damals, als die Veränderung einsetzte ... genau damals, als die Ausrichtung stattfand. Zu viel des Zufalls? Vielleicht. Dies ist eine Zusammenfassung von Botschaften aus den letzten anderthalb Jahren. In diesem Zeitraum habe ich Euch Informationen darüber gegeben, was mit *Euch* geschehen wird. Und heute erhaltet Ihr Informationen, die einen Unterschied machen, was den *Punkt der Entscheidung* angeht.

Es gibt jene unter Euch, die behaupten, dass es für den Menschen keinen Grund gibt, in diesem kritischen Augenblick etwas an seinem Verhalten zu ändern. Es gibt Menschen, die sagen, dass Ihr geschaffen seid, um zu scheitern. Jeder Zyklus, jede Zivilisation wird scheitern, sobald bestimmte Ereignisse und Zivilisationsattribute auftreten. Sie sagen, dass sich die menschliche Natur niemals wandeln, sich niemals verändern wird und dass sich die Zyklen wiederholen und wiederholen und wiederholen werden. Doch hier sitze ich und sage Euch, dass dieser Zyklus etwas anderes ist. Ihr habt nun einen Punkt erreicht, an dem Ihr anfangt, Euch zu verändern und Euch auf der Quantenebene fortzuentwickeln. Nicht einmal ein halbes Prozent der Menschen auf diesem Planeten muss diese Wahl treffen, damit sich der ganze Planet verändern kann.

MAGNETISMUS

Wie vereinbart Ihr das mit den Lehren Kryons? Ich habe Euch auf wissenschaftliche Weise, durch Induktion, Informationen über den Prozess gegeben, wie das Sonnensystem den Gravitationsabdruck seiner selbst nutzt und ihn buchstäblich in die Heliosphäre der Sonne aussendet ... eine Quantenkommunikation durch den Solarwind. Der Solarwind trifft auf Euer magnetisches Gitternetz und verbindet und überschneidet sich mit diesem, während sich das Gitternetz wiederum mit dem Feld überschneidet, das durch Eure DNS kreiert wird.

Deshalb erhaltet Ihr dieselben Botschaften, die auch das Sonnensystem erhält. Entsprechend ist dies die *magnetische Couch*, auf der Ihr sitzt. Eure DNS ist magnetisch, was eine wissenschaftliche Tatsache ist, die nun endlich auch erkannt wurde. Jetzt beeinflusst das Kleine das Große und das Große das Kleine. Auch das habt Ihr inzwischen gehört, oder? Wenn genug Menschen anders zu denken beginnen, wenn genug Menschen Mitgefühl zeigen, dann wird in großen Mengen eine Emotion hervorgebracht, die wissenschaftliche Instrumente messen können. Die ganze Schwingung des Planeten ist betroffen! Ergibt es nun einen Zusammenhang, dass das, was Ihr denkt, und das, was Ihr tut, einen Unterschied macht? Wenn Ihr es nicht diesem seltsamen Typen [gemeint ist Lee] geglaubt habt, werdet Ihr es dann vielleicht der Wissenschaft glauben? Und vielleicht, nur vielleicht, sagen sie ja beide die Wahrheit? Wie wäre es damit?

Es ist Zeit, die Quantenebene zu erreichen

Die Quantenebene zu erreichen ist das Thema dieser Tage. Es ist schwer, da es erfordert, dass Ihr umdenkt. Liebe Menschen, Ihr entfaltet Euch im Augenblick. Es ist eine Entfaltung, die dadurch entsteht, dass der Magnetismus zur DNS spricht, und das verleiht den Gedanken die Möglichkeit, auf interdimensionaler Ebene eine Bewusstseinsveränderung zu kreieren. Es ist das Schwierigste, das wir jemals lehren werden.

Vor vier Jahren sagte ich meinem Partner, dass er das Unlehrbare lehren würde, und heute sitzt er auf einem Stuhl und tut genau das. Es gibt jene, die es verstehen, und jene, die es nicht verstehen. Wenn Ihr Euch mit dem Quantenzustand befasst habt, werdet Ihr Euch bestimmter Attribute gewärtig sein, und heute werden wir nur über eines davon sprechen. Eines nur, aber es wird dazu neigen, einige Attribute Eures Lebens zu delinearisieren. Ich werde Euch zeigen, was es für Euch bedeuten kann, die Quantenebene zu erreichen. Menschen sind emotional, und das ist auch gut so, denn Emotionen sind quantenbezogen. Sie sind, wie Ihr wisst, unkontrollierbar in beide Richtungen: unkontrollierbarer Hass, unkontrollierbare Liebe ... Sie fügen sich in kein Muster, nicht wahr? Ihr braucht den Intellekt, um eine Schublade für die Emotionen zu bauen, und das nennt Ihr dann Ausgeglichenheit. Also beginnt Ihr schon zu begreifen, dass der menschliche Verstand ein Quantenattribut ist. Seiner eigentlichen Natur nach gehört Bewusstsein der Quantenwelt an. Das menschliche Gehirn wurde *entworfen, um quantenbezogen zu denken.* Nur durch Logik und intellektuelle Ausgeglichenheit werden biologische Synapsen linear. *»Kryon, wir verstehen nicht, wovon Du redest.«*

Stellt Euch einen Menschen mit Autismus vor. Da ist jemand, der ein Attribut aufweist, bei dem scheinbar etwas fehlt. Vielleicht habt Ihr bestimmte Arten dieser autistischen Bewusstseinsebene in Eurem Umfeld bereits erlebt? Dann wisst Ihr, was es ist, das ihnen fehlt. Es ist das Konstrukt der Linearität. Eine autistische Seele ist eine, die Linearität nicht versteht und die ganze Zeit versucht, Ordnung und Symmetrie zu erfassen. Sie versucht verzweifelt, ein Konstrukt um ihr Bewusstsein zu errichten, damit sie der Welt Sinn verleihen kann. Die Wahrheit ist, dass ein solcher Mensch sich viel näher an einem Quantenzustand befindet als Ihr!*

Habt Ihr jemals darüber nachgedacht? Die Quantenebene befindet sich schon in Eurer Reichweite. Ihr müsst nur noch herausfinden, wie man die verschiedenen Synapsen öffnet und schließt, um die Art von Mensch zu kreieren, der der Beginn der Aufgestiegenen ist. Wird der *Punkt der Entscheidung* erreicht

---

* Hier dürfen wir Sie auf ein im Amra Verlag erschienenes Buch hinweisen, das neue Erkenntnisse über die hohe Spiritualität von Menschen mit Autismus bekannt macht: *Autismus und die Verbundenheit mit Gott,* verfasst von William Stillman, Hanau 2009. Es ist das erste Buch überhaupt, das Autismus und Spiritualität im Zusammenhang betrachtet. – *Der Verlag*

werden und wird als Ergebnis *alles seinen gewohnten Lauf nehmen?* Wird der Mensch plötzlich erleuchtet, trifft eine Entscheidung und kehrt dann zurück in seinen unerleuchteten Zustand? Die Antwort lautet Nein, und das wisst Ihr. Nein, stattdessen *verändert* Ihr Euch, und Ihr bleibt *verändert.* Und das kreiert einen Neuanfang, nicht wahr? Das ist der Joker, den es bisher noch nie gab und der im aktuellen Zyklus erstmals aufgetreten ist. Das ist der Grund, aus dem Kryon 1989 zu Euch kam, und das ist der Grund, aus dem ich hier bin. Diese Veränderung steht Euch bevor. Ihr befindet Euch mittendrin.

SCHLAF – EIN INTERDIMENSIONALES ATTRIBUT

Hier ist ein weiterer Quantenaspekt. Auch ihn zeige ich Euch, damit Ihr begreift, wie verwirrend die Quantenebene sein kann, aber da sie schon in Eurem Gehirn angelegt ist, weiß ich, dass Ihr sie letzten Endes verstehen könnt.

Was geschieht, wenn Ihr Euch in jenen Zustand zurückzieht, den Ihr Schlaf nennt, vielleicht auch, wenn Ihr Euch in dem Zustand befindet, den Ihr als Alphazustand bezeichnet, dieser halbbewusste Zustand, der ohne echte Ordnung ist? Habt Ihr jemals einen Traum gehabt, in dem nichts einen Sinn ergab? Aus Zeit und Raum herausgerissen, konnten sich die Menschen in Eurem Traum aufgrund der linearen Zeit nicht einmal kennen. Vielleicht wart ihr an verschiedenen Orten und in verschiedenen Zeiten, was im realen Leben keinen Sinn ergibt, aber in Eurem Traum ergab es vollkommenen Sinn, richtig? Nun werde ich Euch erzählen, warum: weil Ihr Euch in diesem Zustand auf der Quantenebene befindet! Alphaträumen ist Teil der Quantenwelt! Das Gehirn befindet sich in einem nicht vom Intellekt kontrollierten Zustand. Also begibt es sich in einen Quantenzustand, frei von Struktur. Damit befindet es sich außerhalb der Linearität. Will sagen, dass es nicht mehr von einem Zeitkonstrukt beherrscht wird. Alles geschieht dann gleichzeitig, und wenn Ihr Euch in diesem Zustand befindet, ist das für Euch überhaupt kein Problem. In Eurem Traum rauft Ihr Euch nicht etwa vor lauter Verwirrung die Haare, oder? Ihr habt einfach Eure Freude daran. Der Quantenzustand ist ein natürlicher Zustand.

Man könnte sogar sagen, dass das intellektuelle Konstrukt, das Euer Bewusstsein beherrscht, sich zu verändern beginnt und dadurch vielleicht ein tieferes Verständnis für das, was ich jetzt lehre, erlaubt. *»Kryon, ich verstehe noch immer nicht.«*

Das weiß ich, und deshalb werde ich anfangen, es auf einfachere Begriffe zu bringen, die Ihr verstehen werdet. Werft einen Blick in die Schublade, in der Ihr Euch in der sogenannten Zeit befindet. Ihr könnt nicht nach links oder nach rechts abbiegen, der Weg führt nur geradeaus in die Zukunft. Die Uhr geht nur in eine Richtung ... vorwärts. So etwas wie eine Uhr, die hinauf und hinunter, nach rechts und nach links geht, gibt es nicht, oder? Sie geht nur vorwärts. Oh, wie linear! Und genauso denkt Ihr. Ihr wendet Eure lineare Neigung auf alles an. Alle Gedanken, alles Urteilsvermögen, alle Logik, alle Spiritualität wird von Eurer Neigung zur Linearität geprägt. Ihr sagt: »Wir sind linear, und deshalb muss Gott es auch sein.« Aber das ist Gott nicht. Und in Wahrheit seid Ihr es auch nicht!

Einige unter Euch werden schon bald aus dieser Denkweise heraustreten und ein tieferes Verständnis dafür haben, was in Eurem Leben vor sich geht, Ihr Lieben. Aber im Augenblick ist vieles davon für Euch nur Kauderwelsch.

DIE FRUSTRIERENDE ZEIT – EURE MACHTVOLLSTE NEIGUNG

Lasst uns diese Lehre noch vertiefen. All dies sind Zusammenfassungen, einiges habt Ihr vielleicht schon vorher gehört, aber dass Ihr als Leser dieses Buches eine Gruppe bildet, die energetisch miteinander verbunden ist, wird Euch helfen, diesmal mehr zu verstehen. Ich spreche von einer Gruppe kluger Individuen, von denen sich viele selbst als Lichtarbeiter bezeichnen. Ihr könnt das definieren, wie Ihr wollt. Es ist Bewusstsein, ein Bewusstsein für die Dinge jenseits der Linearität. In Wahrheit ist es der Glaube daran, dass Ihr ein Stück von Gott seid. In diesem Bewusstsein gibt es Kommunikation mit der anderen Seite des Schleiers. Ich werde also einen der Trugschlüsse, eine der Frustrationen, die mit dieser Reise auf die andere Seite der Linearität verbunden sind, genau darstellen und erklären.

Liebe Menschen, wie viele von Euch haben schon lebensverändernde Botschaften erhalten? Vielleicht befandet Ihr Euch in einem meditativen Zustand, vielleicht in dem Traumzustand, von dem ich soeben gesprochen habe? Und da war es: ein Gedanke, vielleicht sogar eine Anweisung? Vielleicht hattet Ihr eine Vision? Beispielsweise könnte sie so ausgesehen haben: *Folgendes musst Du tun. Folgendes Buch wirst Du schreiben. So und so wird Deine Zukunft sich entwickeln. Folgende Heilmethode wirst Du lehren. Du hast den Auftrag, jemandem zu begegnen. Du wirst etwas tun.*

Das versetzt Euch ganz schön in Aufregung, nicht wahr? Vielleicht kehrt Ihr aus Eurer Vision zurück und erzählt einem Freund: »*Es war so real! Das ist genau das, was ich tun muss! Damit werde ich anfangen. Ist das nicht aufregend?*« Und was tut Ihr dann? Ihr fangt an, das Ganze umzusetzen. Oh, wie linear von Euch! Ist das die Botschaft, die Ihr erhalten habt? Hat Gott Euch in Eurem Quantenzustand gesagt, dass Ihr zurückkehren und das alles sofort umsetzen sollt? Die Antwort lautet Nein. Aber Ihr glaubt es, denn Eure Uhr geht nur in eine Richtung. Also kehrt Ihr zurück in die lineare Tretmühle der Zeit und fangt an umzusetzen, was man Euch gesagt hat. Das ist ein großer Fehler, aber das ist Euch nicht bewusst.

Lasst uns ansehen, was als Nächstes geschieht, Ihr Linearen. Was auch immer Euch gezeigt wurde, in den meisten Fällen wird es ... scheitern. Enttäuschung macht sich breit: »*Ich sollte dieses*

Buch schreiben und habe es versucht, und dann war es fertig ... und nichts ist passiert. Kein Verleger wollte es, niemandem hat es wirklich gefallen. Ich muss mich geirrt haben. Ich hatte diese großartigen Ideen und habe sie auch umgesetzt, aber nichts ist passiert«, sagt Ihr.

Ihr müsst wissen, Ihr Lieben, dass ich genau weiß, wer dies liest, und im Moment spreche ich einige von Euch direkt an, und Ihr wisst auch, dass dies so ist. Selbst wenn Ihr niemandem davon erzählt habt: So ist das Scheitern. Das menschliche Gehirn weigert sich, es einfach auszusprechen und zu sagen: *»Ich weiß nicht, weshalb ich keine gute Kommunikation zu Spirit hatte. Ich habe die Nachricht erhalten, ich kam zurück, ich versuchte es und nichts geschah.«* Oh, wie linear von Euch! Was habt Ihr dann getan? Diese Idee, diese Schönheit, dieser Gedanke, die Handlungen, die Ihr geplant habt, die Dinge, die Euch gezeigt wurden, all das gehörte Euch ... Und was habt Ihr damit angestellt, nachdem Ihr es versucht habt und gescheitert seid? Ihr räumt all das in den Küchenschrank und macht die Tür zu. Es ist vorbei!

Vielleicht sagten Eure Freunde irgendwann: *»Da war doch diese Sache, die Du vor ein paar Jahren ausprobieren wolltest. Warum versuchst Du es nicht noch mal?«* Und was habt Ihr ihnen an diesem Punkt geantwortet? *»Nein, ich habe es schon versucht und bin gescheitert.«* Was? Oh, wie linear! Versteht Ihr, worauf ich hinaus will? Gott hat nicht gesagt, dass Ihr es jetzt tun sollt. Doch durch Eure Neigung, die Zeit als linear zu betrachten, habt Ihr beschlossen, *wann und wo* Ihr es umsetzen sollt, und gegen alles rationale Quantendenken habt Ihr Euer Vorhaben aussortiert, nachdem Ihr es einmal versucht habt! Ihr werdet es nicht wieder hervorholen und es erneut versuchen, nicht wahr? Oh, wie linear! Was für eine Neigung zu singulären Zeitlinien Ihr habt!

Folgendes würde ein Quantendenker tun: Er erhält eine Botschaft, kehrt aus seiner Vision zurück und zelebriert die Botschaft! Er hält eine Fahrkarte in Händen, die besagt, *dass ein Zug kommen wird.* Ein genauer Blick auf die Fahrkarte verrät ihm, dass keine Zeit darauf steht. Sie verrät nicht, wann es so weit ist, richtig?

Doch trotzdem hat er die Fahrkarte. Einem Quantenverstand genügt das!

Er wird die Fahrkarte zelebrieren und sich dann zurücklehnen, um eine innere Haltung des Wartens auf die Synchronizität zu entwickeln. Will sagen, dass er sich in seinen Quantenanteil einklinkt und die auftretende Synchronizität beobachtet, damit er es bemerkt, wenn der Zug kommt. Versteht Ihr? Gesegnet ist der Mensch, der jetzt hier sitzt und begreift, wovon ich rede. In Eurem Küchenschrank warten Dinge, die Ihr weggeschlossen habt und die jetzt bereit sind! Jetzt ist die Zeit! Es ist der Punkt der Entscheidung! Jetzt ist der Zeitpunkt gekommen, zu dem Ihr es immer schon tun solltet! Vorher hat es nicht geklappt, weil es nicht klappen sollte! Weder die nötige Synchronizität noch die Energie noch der Quantenzustand waren vorhanden, aber jetzt sind sie es!

Was aber bedeutet das für Euch? Betretet gemeinsam mit mir für einen Augenblick die Quantenebene. Welche Bedeutung hat das Eurer Meinung nach? Welche Entscheidungen würdet Ihr gern überdenken? Dies ist die Einladung. Es geht um die Zeit, nicht wahr? Ihr denkt linear, und deshalb wart Ihr linear beeinflusst, und dies unterbricht den Fluss Eures spirituellen Kontextes in Eurer Kommunikation mit Gott. Aber weil es so normal ist, seid Ihr Euch dessen noch nicht einmal bewusst. Und wisst Ihr, was daraus entsteht? Frustration und manchmal sogar Wut. Manchmal werdet Ihr Euch sogar von Spirit abwenden und sagen: »*Es hat nicht funktioniert. Ich schätze, ich sollte etwas anderes ausprobieren.*« Oder: »*Es hat nicht funktioniert. Ich werde nicht so sehr geliebt, wie ich dachte.*« Das ist die Neigung des Menschen zum linearen Denken, und es steht nicht für die Wahrheit.

AUF ANWEISUNGEN WARTEN

Und noch ein verwirrendes Thema. Viele von Euch Lichtarbeitern warten noch immer darauf, dass sie herausfinden, *was sie tun sollen.* Erkennt Ihr Euch wieder? Hm? Ihr wisst, dass ich recht habe. Hat das einen wunden Punkt getroffen? Anders als im letzten Abschnitt geht es jetzt nicht darum, dass Ihr besorgt seid wegen einer Aufgabe, sondern darum, dass Ihr wartet und wartet, um herauszufinden, wer Ihr seid und aus welchem Grund Ihr hier seid. Das ist etwas ganz anderes, denn es hat nichts damit zu tun, was Euch in einer Vision mitgeteilt wurde, sondern damit, was Ihr auf der Akasha-Ebene verspürt. Wofür seid Ihr hier? Wann werdet Ihr es erfahren?

In Euch ist dieser Funken von Bewusstsein, und Ihr wisst vom Göttlichen. Ihr wisst, was sich in Eurer DNS befindet, und Ihr beginnt, all das zu entdecken, und Ihr fühlt, dass da noch mehr ist. Ihr wisst nicht, was, aber Ihr sagt: *»Eines Tages wird es da sein.«* Ihr sagt: *»Eines Tages werde ich wissen, wofür ich hier bin.«* Ihr befindet Euch da auf verrosteten, linearen Gleisen, weil Ihr diese Dinge schon seit langer Zeit fühlt und sagt. In Eurer Linearität ruft es Euch immer wieder dieselben Worte zu. *»Du bist noch nicht angekommen«*, sagt es zu Euch. Manchmal sagt es auch: *»Es ist an Dir vorbeigezogen, und Du hast es nicht erkannt.«* Dann fangt Ihr an, Euch Sorgen zu machen, und werdet traurig.

Liebe Leser, ich möchte Euch die Wahrheit schenken und Eure Herzen öffnen, denn ich spreche hier zu all jenen, die diese Dinge präzise, emotional und wahrhaftig hören müssen. Wenn Ihr Euch angesprochen fühlt, dann möchte ich nicht, dass Ihr die Hände erhebt, sondern dass Ihr genau über Euren Köpfen ein unsichtbares, metaphysisches Licht entzündet. Genau jetzt. Ich sehe mir diese Lichter jetzt an, und dann werde ich Euch Euren Lehrplan vermitteln. Ich werde Euch den Plan dessen geben, wofür Ihr hier seid. Ich werde Euch erzählen, weshalb Ihr so fühlt, wie Ihr fühlt, und ich werde Euch Anweisungen geben, die Euch befähigen, mit dem Wissen, wer Ihr seid und warum Ihr gekommen seid, weiterzumachen. Einigen von Euch wird das nicht gefallen, andere werden es lieben. Das hängt ganz von Eurer Neigung zur Linearität ab. Ich hoffe, dass das Licht, das Ihr über Euren Köpfen entzündet, auf das Licht abgestimmt ist, das in diesem Augenblick von meinem Partner ausgeht, der diese Worte hier festhält, denn dies ist die Wahrheit.

Hört mir zu, Lichtarbeiter. Euer ganzes Leben lang habt Ihr auf das gewartet, was nun folgen wird. Ihr wartet darauf, herauszufinden, wohin Euer Weg Euch führen soll und was Ihr tun sollt. Lasst mich Euch eines sagen: Gesegnet ist der Mensch, der Bewusstsein entwickelt, denn Ihr tut nichts anderes als *ein Bewusstsein für das Bewusstsein zu entwickeln, und das tut Ihr für den Planeten.* Das ist die Aufgabe, die Euch bevorsteht. Bleibt aufmerksam. Sorgt dafür, dass das Licht auch weiterhin brennt. Geht in Euren Familien, bei Eurer Arbeit, von Ort zu Ort. Erhaltet Euch dieses Bewusstsein. Das ist der *Punkt der Entscheidung,* denn Bewusstsein verändert das Gitternetz.

Es geht nicht darum, was Ihr tun werdet, es geht darum, worüber Ihr Tag für Tag nachdenkt. Auf der Quantenebene gibt es keine Uhr. Könnt Ihr diese Energie bis zum Tag Eures Todes erhalten? Wenn Ihr es könnt, dann wird jeder Einzelne von Euch, der in diesem Augenblick dieses Licht hochhält, wissen, dass das der Grund ist, aus dem Ihr hier seid. Wartet nicht auf etwas anderes, denn in diesem Augenblick tut Ihr das, wofür Ihr in einem Quantenzustand hierhergekommen seid. Jeder Einzelne von Euch, der sich bewusst ist, tut es! Das ist es. Ihr seid hier, um Euch bewusst zu sein! Wenn Ihr Euch des Gottes in Euch bewusst seid, dann habt Ihr Eure Aufgabe völlig erfüllt. Völlig! Verlasst diesen Ort in Zufriedenheit darüber, was Ihr für den Planeten getan habt. Bleibt Euch bewusst. Gebt nicht auf! Nehmt eine Quantensicht ein ... zufrieden im Jetzt!

Wenn Ihr alles, auch Eure spirituelle Arbeit, auf einer Zeitlinie einordnet, dann werdet Ihr scheitern, denn das, was Euch die Uhr in Euch bringt, ist nicht das, was das Herz Euch bringen wird. Das Herz – und damit meinen wir das Mitgefühl – befindet sich in einem Quantenzustand. Lernt, ohne Zukunft zu leben. Damit wird die lineare Denkweise durchbrochen, die besagt, dass Vollendung der Maßstab für Erfolg ist. In einem linearen Zeitbewusstsein stimmt das. Aber im Quantenbewusstsein sind Euer Frieden und Eure Freude am »Sein« der Maßstab. Erkennt Ihr Euch wieder?

DAS GESCHENK, DIE AKASHA-AUFZEICHNUNGEN ZU AKTIVIEREN

Seit drei Jahren haben wir die Tür zur Quantenveränderung der Zellen geöffnet, und wir haben angefangen, Euch einfach unglaubliche Informationen zu geben. In Eurer DNS befindet sich eine Akasha-Aufzeichnung. All die Leben, die Ihr auf diesem Planeten gelebt habt, sind dort gespeichert. Das Höhere Selbst bestand in jedem Eurer Leben aus derselben Seelenenergie. Also habt Ihr einen Freund, der an ihnen allen teilgenommen hat! Bis jetzt wurden all diese Informationen über die vergangenen Leben wie in einem Eisbohrkern gestapelt – einem linearen, röhrenförmigen Eisbohrkern, der die Geschichte gespeichert hat, wie die Wissenschaft an den Polen hat messen können. Ihr könnt anhand der linearen Markierungen erkennen, wer Ihr wart, vielleicht auch, welche Energien Euch beeinflusst haben und was geschehen ist. Ihr alle dachtet, diese Leben wären unerreichbar und lägen in der Vergangenheit, so als ob man einen Blick in eine veraltete Zeitung wirft.

Doch das ist kein Quantengedanke. Das Quantenbewusstsein sieht alles genau jetzt geschehen. Aus diesem Grund haben wir Euch wieder und wieder gesagt, dass alles, was jetzt geschieht, auch jetzt für Euch zugänglich ist. Wie würde es Euch gefallen, in diese scheinbar lineare, unerreichbare Geschichte einzutreten und die Hilfe zu holen, wegen der Ihr gekommen seid? Einige von Euch werden in dieser Lebenszeit nicht geheilt werden. Ich spreche nun zu einigen bestimmten Menschen unter den Lesern: Hört auf, zu versuchen, Euch selbst zu heilen! Euer biologisches Selbst, dieses augenblickliche Leben, wird nicht reagieren. Er wird nicht geheilt werden. Aber das letzte, das Ihr hattet, war rein! Los, geht und holt es! Warum holt Ihr nicht dieses Leben und macht es zu »*demjenigen, das sich gerade zuoberst befindet*« für Euer lineares Denken. Na, wie wäre das? Eben das tut ein Quantenindividuum. Aber wenn Ihr das tut, was genau habt Ihr dann getan? Habt Ihr Euch selbst geheilt, oder habt Ihr die Akasha-Chronik angezapft? Begreift Ihr, weshalb die Krankheit nie mehr zurückkommen wird? Weil Ihr sie auf der Quantenebene niemals hattet! Wenn Ihr die Energie früherer Leben nutzen könnt, werdet Ihr dort DNS finden, die rein ist und das Problem, das Ihr jetzt habt, niemals hatte. Lasst mich Euch fragen, wie das möglich ist. Gibt es jemanden auf diesem Planeten, den Ihr liebt? Wenn die Antwort Ja lautet, dann lasst mich Euch fragen: Wie ist das möglich? Seht Ihr, manche Dinge müssen auf einer nichtlinearen Ebene geschehen, unabhängig von den Listen, mit denen die Menschen so gern arbeiten. Listen sind genau das Richtige, um die Grundlagen zu lernen, aber auf die fortgeschrittenen Quantenenergien, die Ihr zu absorbieren und selbst zu werden versucht, sind sie nicht anwendbar.

Versteht Ihr, was ich sage? Was würdet Ihr gern tun können? Was steht Euch im Weg? Welche Anteile von Euch glaubt Ihr nicht verändern zu können? Ihr seid auch in der Akasha-Chronik, sogar viele von Euch! Warum betretet Ihr sie nicht und ersetzt Euer derzeitiges Selbst durch ein früheres Selbst? Das bedeutet es, *die Akasha-Chronik anzuzapfen.* Das bedeutet es, ein Quantenmensch zu sein, und es geht weit über den Zweck der Energien vergangener Leben hinaus, den man Euch genannt hat. Euch wurde gesagt, sie würden dem karmischen Austausch dienen. Die Vorstellung, dass sich Erfahrungen aus vergangenen Leben in Eurer DNS aufschichten und Euch stören und *Sand in Eurer Auster werden* und dass Ihr deshalb etwas Bestimmtes tun müsst, um sie zu überwinden, ist veraltet. Diese Information ist sehr alt, und Ihr könnt nun weit über sie hinausgehen.

Was, wenn die Akasha-Aufzeichnungen dem genauen Gegenteil dienen? Was, wenn sie eine Goldmine sind, auf denen Euer Name steht? Ihr habt all diese Leben gelebt. Denkt darüber nach. Es handelt sich um Lebenserfahrung. Es handelt sich um Weisheit, Schamanen. Los, zapft sie an. Das ist es, was ein Quantenmensch tut. Er kreiert Meisterschaft. Denkt darüber nach.

7

Wiederaufgreifen des inneren Kindes

Ich werde Euch nun das Geheimnis des inneren Kindes verraten. Es ist ein Quantenthema und dies schon immer gewesen! Warum ist das innere Kind so wichtig? Ihr hört es seit Jahren, und dennoch laufen viele davor davon. *»Ich will kein Kind sein«*, sagt Ihr. *»Ich bin erwachsen geworden und muss keine Verbindung dazu aufnehmen. Ich werde darüber hinweggehen.«* Aber vielleicht ist es anders, als Ihr denkt?

Lasst mich Euch sagen, was der Quantenanteil von alledem ist. Hört mir jetzt zu und öffnet für einen Moment Eure Herzen. Es geht um die Zeit, nicht wahr? Ihr alle seid keine Kinder mehr, doch Ihr wart einmal welche. Also lasst uns für einen Moment gemeinsam etwas tun: Setzt die Uhr außer Kraft und tut so, als ob alles, was Ihr auf diesem Planeten, in dieser Lebenszeit jemals erlebt habt, in diesem Augenblick vor Euch steht. Wie Gefäße, aus denen Ihr Euch bedienen könnt, steht all das vor Euch. Es ist weniger etwas Vergangenes als ein Quantenzustand, den Ihr als etwas Augenblickliches betrachten könnt.

Denkt darüber nach: Ich möchte, dass Ihr Euch einige dieser Gefäße anseht – als Ihr acht wart, als Ihr sieben wart, als Ihr sechs wart, als Ihr fünf wart. Seht! Ihr hattet keine Sorgen. Wie viele von Euch haben sich, als sie sechs waren, wegen der Hypothek Sorgen gemacht? Wie sieht es mit der Haushaltskasse aus, mit der Anschaffung eines Autos oder damit, ob Ihr es reparieren lassen solltet? Habt Ihr Euch darüber Sorgen gemacht? Keiner von Euch! Die größte Sorge, die Ihr hattet, bestand darin, wie lange Ihr zum Spielen draußen bleiben dürft! Denkt darüber nach ... so waren die meisten von Euch. Dies ist die Kinderseele ... rein, unkompliziert und frei von Sorgen.

Nun möchte ich Euch bitten, diesen Gedanken einen Moment lang weiterzuspinnen. Tut so, als könntet Ihr für einen Augenblick wieder in diese Rolle schlüpfen, in das Kind, das Ihr seid. Es trägt Euren Namen, und es hat gelebt. Nehmt es aus dem Gefäß heraus und schlüpft hinein. Keine Sorgen. Kein Drama. Kein Morgen im eigentlichen Sinne. Das Kind denkt nicht ans Morgen, außer wenn morgen Weihnachten ist, dann empfindet es Freude und Aufregung. Wie lange ist es her, dass Ihr Euch so gefühlt habt, Ihr Menschen?

Warum spreche ich über dieses Thema? Weil die Liebe Gottes Euch zu genau diesem Attribut einlädt! Euer Vorbild ist das Kind. Holt es Euch zurück als ein Modell dessen, auf welche Art wir Euch lieben und für die Liebe und den Frieden sorgen, die Ihr braucht, um in diese neue Energie fortzuschreiten! Dies ist der Quantenmensch, der zurückgehen und solche Attribute auf sein Leben anwenden kann! Ihr könnt sie erkennen, denn sie strahlen! Sie verleugnen nicht. Sie befinden sich auf der Quantenebene.

Auf diesem Planeten wandelte eine Reihe von Meistern, die Euch in vielen Religionen wohlbekannt waren. Ich werde Euch verraten, was sie alle gemeinsam hatten: Sie befanden sich auf der Quantenebene! Als Ihr ihnen ins Gesicht saht, habt Ihr da erkannt, wie sie strahlen? Könnt Ihr mir dorthin folgen? Könnt Ihr nur für einen Augenblick Eurem Lieblingsmeister folgen? Könnt Ihr für einen Augenblick an seiner Seite stehen? Und wenn ja, welche Energie spürt Ihr dort? Es ist Frieden, habe ich recht? Sorgt er sich um seine Hypothek? Sorgt er sich um die Rechnungen? Welche Dramen spielen sich in seinem Leben ab?

Es mag viele geben, aber Ihr merkt ihm nichts davon an. Aus irgendeinem Grund wissen sie gar nichts davon, und Ihr fühlt Euch von diesem Frieden angezogen, nicht wahr? Vielleicht sagt Ihr Euch sogar: »*Oh, wenn ich doch auch so sein könnte. Das würde mir gefallen.*« Nun ja, das könnt Ihr, Ihr Lieben, man nennt es: Die Essenz des inneren Kindes erfassen. Es ist nicht Unschuld, es ist nicht Ignoranz, es ist absolute, vollkommene Quantenweisheit. Es handelt sich um die Fähigkeit, all dem, was Euch in der Linearität Sorgen bereitet, einen Platz zuzuweisen, an dem es Euch nicht mehr betrifft.

Was geschieht mit einem Bewusstsein, das keine Furcht mehr kennt? Ich will es Euch sagen: Es steigt auf! Habt Ihr das erwartet? Am inneren Kind zu arbeiten heißt, Quantenarbeit zu leisten. All das, was wir in den letzten Jahren gelehrt haben, bittet den Menschen, die Quantenebene zu erreichen.

DIE UNGLAUBLICHE MACHT DER LIEBE

Nichts ist so wichtig wie dies. Nichts. Ich habe schon viele Male darüber gesprochen. Lest es sorgfältig: Selbst in der spirituellen Arbeit gibt es jene, die behaupten, dass Gefühlsbetontheit falsch sei. Sie behaupten, dass ihr nicht rational seid, wenn Ihr emotional werdet. Wenn Ihr weint, solltet Ihr nicht hier sein. Sie sagen, dass es der Intellekt ist, der herausfinden wird, wie es läuft. Dort befinden sich Eure Logik und Euer Urteilsvermögen. Aus diesem Grund wollt Ihr einen Zustand erreichen, in dem Ihr all Eure Emotionen wegwerft und mit Eurem gottgegebenen logischen Verstand herausfinden könnt, wie es läuft.

Hört mir zu, Ihr Lieben, dieses Denken ist absolut linear! Es gibt nicht einen Menschen auf der Welt, der mit dem Intellekt einen Quantenzustand erreichen wird, weil dies nicht der Zustand ist, in dem Ihr geboren wurdet, und weil dies nicht der Zustand ist, in dem Ihr lebt. Was Ihr braucht, ist ein Gleichgewicht zwischen Intellekt und Herz. Emotionen werden durch den Schleier gereicht, und das geschieht aus einem sehr wichtigen Grund.

Ich werde Euch sagen, worin die wahre Kraft besteht, die Ursache für Mitgefühl und die unglaubliche Kraft der Liebe ... Ich werde Euch die quantenbezogenste Energie aus diesem Planeten schenken, und ich hoffe, dass Ihr sie versteht. Ich tue dies jetzt zum dritten Mal, und ich möchte, dass Ihr mir ganz genau zuhört.

Es gibt eine Kraft hinter allen Kräften, und sie stammt direkt aus dem emotionalen Zustand. Seid Ihr überrascht? Ich werde dieses Bild wieder genauso malen, wie ich es bereits getan habe. Oh, unter denen, die dies lesen, befinden sich Mütter. Viele. Ihr Mütter, geht mit mir in eine Zeit zurück, die wir miteinander teilten, bitte. Kehrt zu dem Augenblick zurück, in dem Euer Erstgeborenes seinen ersten Atemzug tat und das Leben begann. Es repräsentierte einen Teil Eurer DNS, einen Teil Eurer Abstammungslinie, einen Teil Eurer Akasha-Chronik, man könnte sagen: ein *Saatereignis*. Und nun werde ich Euch eine Frage stellen: Habt Ihr die Engel singen hören? Sie standen nämlich um Euer Bett herum. Was habt Ihr gefühlt, als Ihr dem Kind zum ersten Mal in die Augen saht? Ist Euch nicht das Herz weich geworden? Hat es sich in dem Augenblick nicht ins gesamte Universum ergossen? Habt Ihr bemerkt, dass die Arzthelfer im Raum ebenfalls weinten? Was verursachte all das?

Vielleicht denkt Ihr, dass diese besondere Kraft aus Eurer Seele und Eurem Herzen kam? Nun, so war es nicht! Diese Energie, die weit jenseits von allem ist, was ein Mensch allein erschaffen könnte, ergoss sich in den Raum, weil dort heilige Freude war. Für einen kurzen Augenblick habt Ihr ein interdimensionales Portal dorthin geöffnet, wo das Leben begann, und alle weinten vor Freude darüber. Das Kind sah Euch an, und Ihr saht das Kind an. Nichts würde jemals wieder so sein wie zuvor. Erinnerst Du Dich, Mom? Erinnerst Du Dich an diesen Tag? Erinnerst Du

Dich an jenen Moment? Das ist eine Energie, die weit jenseits ist von allem, was Euer Herz allein bewirken könnte. Ihr hattet Unterstützung, und all Eure Gefühle wurden durch die göttliche Energie in Euch verstärkt. Ich spreche von dem emotionalen Kleber, der das Bewusstsein zusammenhält. Ich spreche von der Liebe Gottes. Dies war vom ersten Tag an, seit ich Euch Informationen zukommen lasse, die Botschaft. Mein Partner hat vier Jahre gebraucht, um sein Herz so weit zu öffnen, dass er vor jedem, der diese Kraft besitzt, weinen konnte. Sie übersteigt bei weitem alles, was er selbst erschaffen könnte. Sie ist Quantenenergie ... zeitlos ... kein Ereignis, das in der Zukunft stattfinden wird ... erfüllt von einem Gefühl, dass jedes liebende Wesen, das es jemals gab, in Euch ergießt. Es ist reine Natur, Eure eigene Lebensenergie und die Weisheit der Zeitalter! Mom, erinnerst Du Dich?

Menschen verlieben sich. Sie werden ein wenig seltsam. Das ist schon manchem von Euch so ergangen, habe ich recht? Vielleicht erinnert Ihr Euch, wie oft Ihr einander seufzend in die Augen gesehen habt. Psychologen behaupten, es sei ein Zustand vorübergehender Verrücktheit. [Gelächter] Ihr erinnert Euch doch, nicht wahr? Vielleicht sind einige von Euch gerade jetzt in diesem Zustand? Erzählt mir davon, liebe Menschen. Habt Ihr diesen Zustand selbst verursacht? War es Euer Gegenüber? Oder glaubt Ihr, etwas ganz anderes ging vor sich? Glaubt Ihr, dass Ihr zu etwas gehört habt, mit dem Ihr ganz allein wart? Liebende werden sagen, dass Engel anwesend sind, wenn Menschen aufeinandertreffen, wenn der Funken überspringt, und dass da weit mehr geschieht, als sie selbst jemals bewirken könnten. Einige von ihnen können sogar den Gesang hören! Ist das nur der Traum der Liebenden? Nein, denn sie haben recht ... Es gehört zu der Erfahrung, die der Mensch macht, wenn zwei Menschen zusammenkommen und eine Energie erzeugen, die viel größer ist als die Summe der einzelnen Teile. Und das liegt daran, dass Gott mit im Spiel ist!

Die Engel lächeln. So läuft das. Es ist ein Quantenereignis. Es geht um reine Kraft. *»Warum erzählst du uns das, Kryon?«* Ich werde Euch den Grund verraten: Ich erzähle es Euch, weil unter Euch jene sind, die bereit sind, sich in das Erstgeborene eines Saatbewusstseins zu verlieben, bei dem es sich um den *Punkt der Entscheidung* handelt. Es geht darum, dass Ihr Euch in Euch selbst verliebt, in den Gott in Euch, die Natur oder einfach in den gesamten kreativen Prozess. Es geht darum, auf diesem Planeten eine Energie zu erschaffen, die der Geburt eines Kindes gleicht. Sie ist größer als die Summe der einzelnen Teile, weil ihr quantenorientiert genug seid, um so etwas zu bewirken. Verwirrt Euch das, oder erscheint es Euch ganz natürlich? Dass es verwirrend erscheinen mag, ist Teil Eurer Lernkurve.

Ist Euch bewusst, dass es nichts gibt, dem Ihr beitreten müsstet? Nein, ist es nicht. Akzeptiert andere in Eurem Umfeld, die die Erde lieben. Ist Euch bewusst, dass Ihr in genau dem Ausmaß teilhaben könnt, das Ihr wünscht? Sein Herz zu öffnen kreiert eine Energie oberhalb und jenseits von allem, das Ihr jemals allein bewirken könntet, und doch scheint es sich um eine individuelle Entscheidung zu handeln. Dies ist eine Einladung, die Quantenebene zu erreichen. Nennt es, wie immer Ihr wollt. Ihr wollt es Gott nennen? Ihr wollt es Spirit nennen? Ihr wollt es Eure eigene Göttlichkeit nennen? Es spielt keine Rolle. Aber ihr werdet es *fühlen.* Viele von Euch haben es bereits gefühlt, doch Ihr wusstet nicht, worum es sich handelte. Die Liebe ist so. Sie ist rein. Sie verfolgt kein Ziel. Sie bauscht sich nicht auf. Sie ist bedingungslos. Das ist der Gott in Euch. Das ist die Botschaft.

So sieht also die Arbeit aus, die Euch bevorsteht. Nun könnt Ihr etwas besser verstehen, auf welche Weise Spirit mit Euch zusammenarbeitet. Vielleicht habt Ihr etwas Trost gefunden bezüglich der Frage, wer Ihr seid und wohin Ihr geht. Vielleicht wurden auf diesen Seiten manche von Euch von dem Gefühl befreit, versagt zu haben oder nicht erreicht zu haben, wofür sie gekommen sind. Ich sage Euch, Ihr *habt* es erreicht! Das habt Ihr.

Liebt Ihr Gott? Dann habt Ihr es erreicht. Liebt Ihr Euch selbst? Dann habt Ihr es erreicht. Seid Ihr friedvoll? Könnt Ihr das Drama um Dinge, die Ihr nicht kontrollieren könnt, einfach aufheben? Wenn Ihr Euch zu jenen zählt, dann habt Ihr es erreicht. Deshalb seid Ihr gekommen. Und deshalb sagen wir Euch in diesen Zeiten, dass wir jeden von Euch beim Namen kennen. Was werdet Ihr mit dieser Information anfangen? Handelt es sich einfach nur um eine Information, oder ist es die Wahrheit? Die Entscheidung liegt bei Euch.

8

Gegen alle Wahrscheinlichkeit

Zu erwachen ist eine sehr persönliche Erfahrung, und jeder, der dies liest, jede alte Seele, wird geehrt. Nun lasst mich gemeinsam mit Euch die Wunder der letzten zwanzig Jahre durchschreiten und Euch zeigen, was Ihr bereits erreicht habt.

DER ANFANG DER GROSSEN VERÄNDERUNG

Die Harmonische Konvergenz von 1987 arrangierte die neue Energie und bereitete die Erde auf die Veränderung vor, und ihr habt euch genau hineinbewegt. Die Ereignisse überschlugen sich. 1989 gewährte mein Partner mir Einlass und erlaubte mir, mit dem Channeling anzufangen. Die ersten Informationen, die ich channelte, wurden 1993 veröffentlicht. Ich sagte, dass sich das magnetische Gitternetz des Planeten verändern würde – und zwar stark. Und wirklich geschah dies zu Euren Lebzeiten, obwohl während der Lebzeiten Eurer Eltern und Großeltern niemals etwas Derartiges geschehen war. Ich erzählte Euch, dass Ihr gegen alle Wahrscheinlichkeit würdet beobachten können, dass es sich stark verschiebt – dass es sich innerhalb von zehn Jahren stärker verschieben würde als in einhundert Jahren zuvor. Es sollte zu Euren Lebzeiten geschehen – gegen alle Wahrscheinlichkeit.

Und es geschah. Heute ist die Verschiebung gut messbar. Mit einem Kompass lässt sie sich leicht nachvollziehen. *Gegen alle Wahrscheinlichkeit* verschob es sich, und auch Eure Wissenschaft bemerkte es. Es ist eine wissenschaftliche Tatsache, dass sich die Heliosphäre der Sonne ebenfalls stark verändert hat. Sie hat abgenommen. In Euer Sonnensystem tritt eine magnetische Ressource ein, die Teil der Galaktischen Ausrichtung ist, die Ihr gerade erfahrt. All das geschieht rechtzeitig, plangemäß und in vollkommener Angemessenheit, meine lieben Menschen.

All das befindet sich in Übereinstimmung mit dem, was die Maya Euch erzählt haben: dass durch diese Veränderung eine der höchsten Schwingungen entstehen wird, die die Erde jemals erlebt hat. Aber es wird NICHT 2012 geschehen. Es ist 1998 geschehen! Ihr steckt mittendrin in der Veränderung. Die einzige Explosion, die es 2012 geben wird, wird die Explosion der Mythologie der westlichen Welt sein, die versucht, Euch Angst vor einem Datum zu machen! Ihr steckt gerade mittendrin in der Veränderung, und das magnetische Gitternetz ist ein Teil davon, alles ist ein Teil davon. Ich habe Euch dies vor zwanzig Jahren bereits erzählt, und nun ist es eingetreten. *Gegen alle Wahrscheinlichkeit* habt Ihr sie erlebt.

Es gibt jene, die dazu sagen würden: »*Na ja, es wäre in jedem Fall so gekommen. Mich beeindruckt das wenig, weil es sich um ein astronomisches Ereignis handelt.*« Die Menschen handeln so. Selbst wenn etwas ganz Besonderes passiert ist, behaupten sie, dass es in jedem Fall so gekommen wäre.

Es ist wahr. Die Galaktische Ausrichtung hätte so oder so stattgefunden, selbst wenn die Menschen nicht auf der Erde wären, um sich daran zu erfreuen. Aber die esoterische Schwingungsveränderung, die mit ihr einhergeht, ist etwas Angenehmes, und Ihr könnt sie überall erkennen. Vielleicht braucht Ihr noch ein paar Ereignisse mehr, die »*gegen alle Wahrscheinlichkeit*« eingetreten sind, ehe Ihr anfangt zu verstehen, dass dies für Euch alle eine einzigartige Zeit der Veränderung ist. Sie ist anders. Ihr seht

Dinge, die selbst Eure Urväter niemals zu Gesicht bekommen haben. Es ist eine Zeit der Veränderung.

In denselben Botschaften im Jahr 1993 sagte ich Euch, dass sich das Wetterverhalten stark verändern würde. Ich sagte Euch, dass Ihr innerhalb von zwanzig Jahren eine dramatische Wende würdet beobachten können. Sehr Ihr sie? Sie ist eingetreten. Ihr werdet auch bemerken, dass bestimmte Schlüsselbegriffe nicht genannt wurden. Ich erwähnte niemals den Begriff *Erwärmung*, nicht wahr? Eure Erwärmung ist ein natürliches zyklisches Ereignis, das der folgenden Abkühlung vorausgeht! Es hat mit dem Wasserzyklus des Planeten zu tun, und es hat sich geologisch beschleunigt. Zeit ist relativ, das haben inzwischen sogar Eure hervorragendsten Wissenschaftler bestätigt. Im Zuge einer Schwingungsveränderung des Planeten hat sich auch die Zeit beschleunigt – weder die Zeit auf Euren mechanischen Uhren noch die Zeit, die sich anhand der Freisetzung eurer radioaktiven Isotope messen lässt ... nicht diese Art von Zeit. Es handelt sich um die Interdimensionalität der Zeit ... etwas, das von einer interdimensionalen Veränderung bewirkt wurde. Ihr habt sie beschleunigt. Sie bewegt sich jetzt viel schneller, und Eure Körper wissen das auch. Ihr spürt es. Ihr wisst, dass sie schneller verläuft, nicht wahr? Und die Erde weiß es auch.

Die Geologie beschleunigt sich. Dinge finden statt, mit denen die Geologen für die nächsten einhundert Jahre nicht gerechnet hatten. Das liegt daran, dass sich der Wasserzyklus verändert, was wiederum das Wetter beeinflusst. Ich habe Euch all das gesagt, und nun befindet Ihr Euch mittendrin. Ist es nicht unglaublich? Das Wetter hat sich verändert! Weder zu Lebzeiten Eurer Eltern noch Eurer Großeltern hat es das getan. *Gegen alle Wahrscheinlichkeit* seid Ihr hier, um all das zu beobachten.

Es gibt Menschen, die sagen werden: »*Na ja, es wäre in jedem Fall so gekommen. Das beweist gar nichts, Kryon. Du wirst mir schon mehr bieten müssen als das.*« Gut, dann werde ich das. Wenn ich geendet habe, möchte ich, dass Ihr alles ganz klar seht. An dieser *Großen Veränderung* sind zu viele Zufälle beteiligt, und die Tatsache, dass wir

Euch von vielen schon Jahre, bevor sie stattfanden, erzählt haben, macht es noch ungewöhnlicher, findet Ihr nicht? Also, wenn Ihr gern intellektuell vorgehen möchtet, dann tut das. Aber ab einem gewissen Punkt muss sich der Intellekt den Tatsachen beugen. Die Prophezeiungen der Alten weissagten alle ein Weltuntergangsszenario. Es sollte ungefähr zur Jahrtausendwende geschehen. Ein Zusammenfluss von Energien sollte auf zwei große Supermächte dieses Planeten treffen, die sich gerade gegenseitig mit Atombomben bewarfen. Es wäre das Ende der Welt gewesen ... oder zumindest der Welt, wie Ihr sie kanntet. Viele Propheten haben Euch dies vorhergesagt. Kryon hat es nicht für diese Diskussion erfunden, und das wisst Ihr auch. In den Schriften Eurer Religionen ist es nachzulesen. In den Vierzeilern des Nostradamus ist es nachzulesen. Selbst in den Schriften der Ureinwohner über die Potenziale der Zukunft steht es geschrieben.

Dann, gegen alle Wahrscheinlichkeit, ist etwas geschehen ... etwas, das von einem logischen oder intellektuellen Standpunkt aus nicht geschehen konnte, aber trotzdem geschah. Über Nacht stürzte einer der Giganten im politischen System der Erde. Die Sowjetunion hörte auf zu existieren. Wenn Ihr Eure Eltern gefragt hättet, hätten sie gesagt:»Unmöglich.« Wenn Ihr vor zwanzig Jahren das Pentagon gefragt hättet, ob das möglich ist, hätte man geantwortet:»Unmöglich.« Und wenn Ihr den Kreml gefragt hättet, hätte man Euch geantwortet:»Lächerlich.« Dennoch ist es geschehen. Es ist Teil der Großen Veränderung. Es ist Teil des neuen energetischen Zeitalters, das Euch bevorsteht. Die Auslöschung einer der Supermächte musste erreicht werden. Nicht eine Schlacht wurde ausgetragen. Das Bewusstsein hat es bewirkt, falls es Euch aufgefallen ist.

Was denkt Ihr darüber, Ihr Menschen? Darüber, eine Supermacht nur durch das Bewusstsein zu Fall zu bringen? Das ist der dritte Punkt auf meiner Liste, also wie viele Ereignisse werdet Ihr noch benötigen, damit Ihr zu sehen beginnt, dass etwas *gegen alle Wahrscheinlichkeit* stattfindet?

Vor drei Jahren gab ich Euch eine Prophezeiung, die gar keine Prophezeiung war, kein Attribut der Wahrsagerei, sondern der Bericht über eines der stärksten Potenziale, die in Eurer Realität existierten. Es handelt sich dabei um Ereignisse, die wir haben kommen sehen, weil Ihr sie langsam kreiertet. Wir haben im Gegensatz zu Euch die Fähigkeit, die Potenziale dessen, was Ihr kreiert, zu erkennen, und ich erkannte es, und ich erzählte Euch davon. Es ging darum, dass ein riesiges Land – die USA – die Stabilität eines seiner größten Unternehmen verlieren würde, dass die Bastionen der Finanzwelt fallen würden. Ich sagte, dass es mit den Versicherungen anfangen würde, und so kam es.

Seht Euch diese Unternehmen an, die Teil der Vereinigten Staaten waren und die Verkörperung des amerikanischen Traums, die für die ganze Welt das Automobil erfanden ... Heute sind sie nicht mehr im *»Tagesgeschäft«*. Und zwar *gegen alle Wahrscheinlichkeit*. Wenn Ihr einen Geschäftsführer aus der Automobilbranche vor zwanzig Jahren gefragt hättet, ob das möglich ist, hätte er gesagt: *»Nein. Wir sind stark. Nichts könnte so etwas bewirken.«* Aber es ist geschehen. Und es ist wichtig, dass Ihr versteht, warum. Ihr Lieben, dies hat nichts mit Bestrafung zu tun. Diese Unternehmen sind nicht gestürzt, weil sie korrupt waren. Sie sind nicht gestürzt, weil sie etwas falsch gemacht haben. So läuft das nicht. Wenn es auf Erden so liefe, wäre vieles schon vor langer Zeit gestürzt, nicht wahr? So läuft es nicht. Stattdessen zeigten sich Euch im Finanz- und Bankenwesen, das immer von Integrität sprach, die frühen Samen der Veränderung. Das Massenbewusstsein beschloss, die Art und Weise, in der Bankiers ihre Banken leiten und wie Versicherungsunternehmen mit ihrem Geld umgehen, neu zu erfinden. Die Regeln mussten sich ändern, und das tun sie nun! Viele fragen sich noch immer, was eigentlich geschehen ist. Auf dem Planeten findet eine finanzielle Beschneidung statt, die in Nordamerika begann, und davon erzählten wir Euch schon vor Jahren. *Gegen alle Wahrscheinlichkeit* trat das ein, wovon wir erzählt hatten.

Aber was werdet Ihr mit dieser Information anfangen? Dies ist das vierte von insgesamt sechs Ereignissen, die ich Euch nennen werde. Gegen alle Wahrscheinlichkeit sind sie eingetreten. Fangt Ihr an, das große Ganze zu sehen? Wie viele von Euch haben den Mut, die Reife, die Einsicht, die Rezession zu feiern? Wie viele von Euch können sagen: »*Danke, Gott, dass wir in diesen Dingen, von denen wir dachten, dass sie unseren Untergang bedeuten könnten, nun mit etwas mehr Integrität voranschreiten*«? Die Verschwörungstheoretiker werden behaupten, dass dies und jenes geschehen wird und dass Ihr alle verdammt seid. Und ironischerweise ist ihr Beweis die Rezession! Sie verstehen nach wie vor nicht, dass das, was Ihr tut, ein Beschneiden des Systems ist, um mehr Integrität zu erschaffen.

Lasst mich Euch noch etwas über die Vereinigten Staaten erzählen. Gegen alle Wahrscheinlichkeit ... *gegen alle Wahrscheinlichkeit* ... haben sie heute einen farbigen Präsidenten. Es hieß, in den kommenden beiden Generationen sei so etwas nicht möglich! Befragt einen Soziologen dazu, denn sie führen Studien über Potenziale durch. Es gab einfach zu viel Hass, zu viel Voreingenommenheit, zu viele Streitpunkte und zu viele Probleme zwischen den Rassen, als dass dieses Ereignis möglich gewesen wäre. Und doch ist es geschehen. Vielleicht habt Ihr Euch gefragt, wie man angesichts all der Rassenkonflikte das Rassenproblem jemals lösen konnte? Sie haben einen farbigen Mann gewählt. Ich möchte Euch sagen, dass dies nur durch eine Bewusstseinsveränderung möglich ist. Es geschah lange, bevor es laut denen, die sich mit diesen Dingen befassen, an der Zeit dafür war.

Dies sind keine esoterischen Ereignisse. Es sind Ereignisse, die Euch im wahren Leben begegnen, und es gibt einen Grund dafür, dass ich Euch das zu bedenken gebe. Ich habe sie ausgewählt, weil sie greifbar und sichtbar sind, denn wenn Ihr Nummer sieben erhaltet, werden Ihr Euren ganzen Glauben aufbieten müssen, da es vollkommen unmöglich klingen wird. Dies war Nummer fünf.

Nummer sechs fängt gerade erst an, sich zu ereignen, und den Beweis dafür habe ich Euch in dem Buch *2012 – Das Bewusstsein der Neuen Zeit* genannt, im zweiten Band dieser von Martine Vallée zusammengestellten Reihe.* Wieder nannte ich Euch ein Potenzial, keine prophetische Wahrsagung über die Zukunft, sondern das Potenzial eines Vorgangs, das Ihr nicht sehen konntet. Ich sagte Euch, dass im Iran eine Revolution stattfinden würde. Sie fand statt, und nun möchte ich Euch den Rest der Geschichte erzählen. Habt Ihr es beobachtet? Es begann im Jahr 2009. Die Samen für eine große iranische Revolution wurden gesät. Oh, es wird dagegengehalten … oder etwa nicht? Aber noch während Ihr das hier lest, gedeiht sie weiter. Nur eine Handvoll Menschen kontrolliert das ganze Land, das als Reich des Bösen bezeichnet wurde. Ist das nicht merkwürdig? So nannte man auch die Sowjetunion, und seht, was geschehen ist.

Lasst die Geschichte zeigen, was sich ereignen wird, denn dies sind die Potenziale, von denen ich Euch erzählen werde. Ich rede jetzt von Nummer sechs. Die Revolution im Iran wird »Die Große Revolution« genannt werden. Die Mullahs werden abgesetzt werden. Wenn die Potenziale so stark bleiben, wie sie es heute sind, dann werdet Ihr es erleben. Und mit dem Absetzen der Mullahs wird eine junge iranische Zivilisation mit einem reifen Glauben entstehen, die weiß, was sie will und für Stabilität sorgen wird. Der Iran könnte sogar dermaßen stabil werden – seid Ihr bereit für diese Äußerung? –, dass seine Stabilität schließlich zur Stabilisierung des ganzen Mittleren Osten führt. Der iranische Einfluss könnte das bewirken, was wir Euch als Nummer sieben erzählen werden (die folgen wird), denn die Iraner könnten den Frieden nach Israel bringen.

---

* Siehe Kapitel 14 (»Der Iran«) des genannten Buches, Amra Verlag, Hanau 2010. Es enthält Beiträge von Lee Carroll, Pepper Lewis und Patricia Cori, die Kryon, Mutter Erde und den Hohen Rat vom Sirius channeln. Kryons Botschaft stammte aus dem Jahr 2009. – *Der Verlag*

Hier ist der volle Zyklus: »Wie es den Juden ergeht, so ergeht es der Erde«, sagte ich Euch bereits vor zwanzig Jahren – und ich sagte Euch auch, dass Ihr auf eine Lösung wartet, die nicht aus Nordamerika kommen wird, wie viele es dachten. Sie sagten: *»Die Nordamerikaner sind die Einzigen, die das wieder in Ordnung bringen können. Die Vereinten Nationen sind die Einzigen, die das in Ordnung bringen können.«* Und nun seht, wie es in Ordnung gebracht wird! Es werden Menschen aus dem Mittleren Osten sein, gemeinsam mit anderen Menschen aus dem Mittleren Osten. Wie gesagt, wird ein reifer, stabiler Iran Frieden mit denen in seiner Umgebung schaffen, und mit ihren Ressourcen und ihrer finanziellen Reife werden sie begreifen, dass eine Ein-Staat-Lösung in Israel möglich ist. Sie werden sich wünschen, in ihrer Region Frieden zu schaffen, weil es ihrer eigenen Stabilität zugutekommt.

Fängt das nicht langsam an, mehr Sinn zu ergeben? Oh, aber Ihr habt Nummer sieben noch nicht gehört. Ich zögere beinahe ... zu unglaublich hört es sich an. Gib acht, mein Partner: Mag sein, dass es nicht mehr zu Deinen Lebzeiten geschieht, aber Ihr werdet dabei sein. Für einige von Euch wird dies Bedeutung haben, und andere werden sich am Kopf kratzen und sagen: *»Ich kapier's nicht.«* Hört zu: Der endgültige Wiederaufbau von Salomons Tempel in Jerusalem wird mit Hilfe islamischer Mittel voranschreiten, zusammen mit Mitteln von den Unterstützern Israels. [Pause] *»Jetzt bist du zu weit gegangen, Kryon. Das ist gegen alle Wahrscheinlichkeit und eine sehr naive Aussage. Sie ist ignorant und auch ein bisschen beleidigend für die Juden.«* Wirklich?

So weit hergeholt ist es nun auch wieder nicht. Lasst mich erklären, wie die Situation zurzeit aussieht. In Jerusalem herrscht eine Art statischer Frieden, denn es gibt dort drei wichtige religiöse Kräfte, die sich jeweils an den entgegengesetzten Enden der Hass-skala befinden und sich das Heiligste teilen müssen, Boden, der für sie alle heilig ist. Und zufällig handelt es sich dabei für alle um das gleiche Stück Erde. An diesem Ort, an dem der Tempel wiederaufgebaut wird, fand die astrale Himmelfahrt von Mohammed, dem Propheten des Islam, statt. Es ist der Tempelberg, und er ist auch den Juden und den Christen heilig. Die Juden argumentieren damit, dass Isaak, der Sohn Abrahams, dort beinahe geopfert worden wäre. In diesem Punkt lässt ihre Geschichte keinen Zweifel. Selbst die Christen glauben daran. Und in der islamischen Welt war es Ismael, der andere Sohn Abrahams, der auf diesem Berg das Gleiche erlebte. Also teilen sie sich denselben heiligen Ort, und sie koexistieren in einem Notwendigkeitsfrieden. Ist Euch Folgendes aufgefallen? Es ist nicht der Ort, an dem in Israel die meisten Probleme vorliegen. Überall drumherum gibt es Probleme, doch den Tempelberg halten sie in Ehren. Denn faktisch teilen sie sich diesen Ort schon seit zwei Generationen, versteht Ihr?

Nun lasst mich die neue Energie mit ins Spiel bringen. Was ich Euch jetzt erzähle, beginnt bereits, und obwohl es weit hergeholt erscheint, dass die Juden und die Araber gemeinsam den Wiederaufbau von Salomons Tempel finanzieren sollen, ist der Samen für diese Ereignisse bereits gelegt worden. Denkt einen Augenblick lang über die unglaublichen Ressourcen der beiden Gruppen nach!

Dies würde der dritte jüdische Tempel sein, und in seiner Mitte würde sich ein Mahnmal befinden, das an die Großartigkeit des islamischen Tempels auf dem Berg erinnert. Sie würden gemeinsam etwas bauen, das sie teilen und immer weiter teilen könnten, und es dabei größer machen, als es jemals zuvor gewesen ist ... vielleicht größer als alles, das jemals errichtet wurde! Gemeinsam würden sie sich Möglichkeiten einfallen lassen, wie sie ihre jeweiligen Bereiche getrennt voneinander besuchen könnten, und die Palästinenser könnten zum ersten Mal ganz frei und offen ihren Teil besuchen. Selbst jene, die nicht islamisch sind, hätten erstmals die Möglichkeit, den Tempel zu betreten und die Schönheit dieses heiligen Ortes zu erfahren, ohne dass da Bewaffnete für den Notfall stehen.

Mithilfe des Irans würden gegen alle Wahrscheinlichkeit und zum ersten Mal in der Geschichte die jüdische Nation und der

Islam in einer neutralen Zone und mit ihrem eigenen Einverständnis zusammenkommen. Schließlich würde Stabilität entstehen. Und wer wäre der wahre Wohltäter? Der Iran, die größte und stabilste Nation im Mittleren Osten.

Es wird ein Tag kommen, mein Partner, an dem der Mittlere Osten und die dortigen Probleme nicht mehr als eine entfernte Erinnerung sein werden. Welche Erinnerungen habt Ihr an Irland und seine Probleme? Welche an Deutschland, Japan oder Russland? Länder, die ein halbes Jahrhundert lang verfeindet waren, verbinden nun ein freier Handel und miteinander im Austausch stehende Ökonomien. Es ist an der Zeit, dieses Attribut auch im Mittleren Osten zu sehen. Unmöglich? *Gegen alle Wahrscheinlichkeit?*

»Wie es den Juden ergeht, so ergeht es der Erde«, sagte ich Euch. Wenn Ihr den Samen dieses Potenzials in Israel erkennt, werdet Ihr begreifen, dass Ihr auf Frieden auf Erden zusteuert. In diesem potenziellen Attribut könnt ihr den Anfang dessen sehen, was auf dem Planeten geschehen wird. Jahrtausendealte Feinde können dann einander in die Augen sehen und sagen: *»Wir mögen einander nicht, aber lasst uns zusammenarbeiten und gemeinsam etwas Besonderes aufbauen. Lasst es uns zu etwas Einzigartigem machen, damit wir uns beide daran erfreuen können. Lasst uns einen Weg finden. Wir sind nicht derselben Meinung und hatten unsere Kriege, aber dieser heilige Ort ist zu schön, um ihn weiterhin mit so viel Hass zu tränken.«* Macht Euch gefasst auf eine Zeit der klaren Köpfe, denn die Energie verändert sich, gegen alle Wahrscheinlichkeit. Das ist Nummer sieben.

Doch da ist auch noch das Potenzial, dass es in diesen Regionen ein weiteres Auflodern geben wird, bevor all das eintritt ... so funktioniert die alte Energie, und so handeln jene, die den Planeten auf energetischer Ebene zurückbewegen wollen. Es gibt Menschen, die willentlich sterben, um die Erde wieder in Dunkelheit und in ein Bewusstsein zu stürzen, das elementar, fundamental und unerleuchtet ist, und sie werden noch eine Weile bleiben. Aber ich habe Euch einen Blick auf die Zukunft geschenkt ... Sie mag entfernt sein, aber nahe genug, um für Euch real zu sein.

Was werdet Ihr mit all diesen Informationen anfangen? Viele werden lachen, auf die Probleme und den derzeitigen Hass deuten und Euch sagen, dass dieses Szenario einfach absolut unwahrscheinlich ist. Doch Ihr könnt darüber lächeln, denn genau darum geht es. *Gegen alle Wahrscheinlichkeit* ist die Energie nämlich genau jetzt da. Sie ist unter Euch, erfüllt Euch alle – und sie repräsentiert Veränderung.

Welche Ereignisse in Eurem persönlichen Leben sind gegen alle Wahrscheinlichkeit? Ich weiß, wer dies liest. Haben die Ereignisse mit Eurer Familie zu tun? Mit Eurer Gesundheit? Worüber habt Ihr gesagt: *»Das kann ich nicht«*? Was habt Ihr dem Unmöglichen zugeschrieben? Es ist Teil der drittdimensionalen Liste des Machbaren und Nichtmachbaren, die Ihr Menschen angelegt habt. Die Menschen behandeln sie, als wären sie Naturgesetze! Ich möchte Euch bitten, Euch mit mir auf die interdimensionale Ebene zu begeben, weil ich sehe, wer Ihr seid, und weil ich die Herrlichkeit aller sehe, die meine Worte lesen. Ich sehe Eure kreativen Fähigkeiten. Werft die Listen des Unmachbaren weg. Wenn es auf der Liste eine Nummer acht gibt, dann seid IHR es! Was erachtet Ihr als nicht machbar, weil es gegen alle Wahrscheinlichkeit wäre? Ihr könnt diese Heilung erfahren. Vielleicht handelt es sich dabei um die *Heilung der Liebe* ... und Ihr wisst, zu wem ich gerade spreche!

Mit welchem Teil Eurer Familie sprecht Ihr nicht mehr? Vielleicht haben diese Menschen sich verändert. Vielleicht habt ja auch Ihr Euch verändert? Wisst Ihr, was die Liebe auf diesem Planeten bewirkt? Sie ist die Schöpferin des Friedens. Stellt Verbindungen wieder her, die Ihr für verloren haltet. Unmöglich? Gegen alle Wahrscheinlichkeit?

9

Aktuelle Ereignisse

Haiti – über das Desaster hinausgehen

Die mitfühlende menschliche Seele kann nicht verstehen, wie und warum diese Dinge geschehen, denn keine Erklärung der Welt, die besagt, dass ein mitfühlender Gott ein Erdbeben erschafft, das Tausende tötet und Leid hervorruft, wird sie befriedigen.

Stellt Euch stattdessen die folgende Frage: Ist es möglich, dass dort die karmische Energie von Gaias Einverständnis und Tausende von Seelen zu einer Energie zusammengeflossen sind? Ist es möglich, dass jene, die gestorben sind, nun auf Euch blicken und sagen: »Wir haben unseren Beitrag geleistet, leistet nun Euren«? Ist es möglich, dass das Mitgefühl so tief geht, dass jeder daran beteiligt war und Gott niemandem etwas angetan hat? Ist es möglich, dass es gar keine Opfer gab, sondern dass vielmehr ein »Theaterstück auf der Quantenebene außerhalb der Reichweite des menschlichen Verstandes« stattgefunden hat?

Es ist keine Anklageschrift gegen die Armut, denn selbst jene, die in Armut lieben, sind oft voller Liebe und Freude. Armut wird Euch noch lange begleiten, bis Eure Regierungen verantwortungsbewusster werden. Aber Armut ist einfach nur ein Aspekt der Lektion des Menschseins. Sie ist kein Reinigungsprozess, denn Reinigungen finden für jeden Menschen, der den Schöpfer in sich findet, auf individueller Ebene statt. Sie ist ein Prozess des Mitgefühls, des einen Attributs, das den Planeten wahrhaft verändern kann, ganz plötzlich, indem sich Millionen von Seelen auf ein Ereignis konzentrieren. Und es wird auch weiterhin geschehen.

DIE MINI-EISZEIT – VOM SONNENGÜRTEL ZUM SCHNEEGÜRTEL

Kryon, Du sprichst davon, dass wir in einer Mini-Eiszeit leben werden – aber wie es scheint, befinden wir uns schon mittendrin. Das Jahr 2010 bezeugt das. Die Vereinigten Staaten haben Schneesturm um Schneesturm erlebt. In Kanada ereignete sich letztes Jahr das Gleiche. Was als Sonnengürtel bezeichnet wurde, ist nun ein Schneegürtel. Auch Europa wurde von eisigen Temperaturen gebeutelt. Im Januar konnte man auf Satellitenbildern sehen, dass Großbritannien vom einen Ende bis zum anderen eisbedeckt war.

Ist dies der Anfang oder das Ende der Mini-Eiszeit?

Wie ich schon oft sagte, ist der Wasserzyklus gleichbleibend, und das Eis ist auf diesem Planeten schon viele Male gekommen und gegangen. Zuletzt geschah dies im vierzehnten Jahrhundert, und alle haben es überlebt. Der Nordpol war schon oft vom Eis befreit und ebenso oft von Eis bedeckt. Ihr befindet Euch nun wieder am Anfang eines solchen kurzen Zyklus.

Allerdings ist er dieses Mal um einige hundert Jahre zu früh dran. Das liegt an der höheren Schwingung der Erde, durch die die Zeit beschleunigt wird. So seltsam es klingen mag: Schwingung weist ein Geschwindigkeitsattribut auf. Euer lineares Denken besagt, dass etwas einer geraden Linie folgen muss, um schnell zu gehen. Doch wenn etwas einer geraden Linie folgt, dann anhält und wieder zurückgeht, und dieser Prozess wird ständig wiederholt, beginnt es zu oszillieren. Auch das ist »Schwingung«. Aber es weist noch immer Geschwindigkeit auf. Wenn die Erde schneller schwingt, hat sich ihre Geschwindigkeit erhöht. Fügt Ihr nun das Quantenrätsel hinzu, das ein multidimensionelles Attribut erschafft, dann kommt heraus, dass Eure gesamte Realität die Geschwindigkeit der Zeit auf Eurem Planeten gesteigert hat, und Gaia reagiert darauf.

Aber ... musste ich Euch wirklich sagen, dass sich die Zeit beschleunigt hat? Fühlt Ihr es denn nicht?

Wenn es kälter wird, werdet Ihr effizientere Wege finden müssen, um Wärme zu produzieren. Wir haben kürzlich gechannelt, dass geothermische Systeme die Lösung sind und dass sie saubere Energie produzieren, ohne dass ihr fünf Meter weit oder tiefer bohren müsst. Wir gaben Euch Hinweise, wir Ihr dasselbe Resultat mit nur zwei Meter tiefen Bohrungen erreichen könnt. Findet diese Informationen, denn sie sind wahr und präzise. Die Errichtung dieser Kraftwerke ist viel billiger als die von Atomkraftwerken, und sie bringen keine gefährlichen Nebenprodukte mit sich.

CHIPS

Wir hören mehr und mehr darüber, dass möglicherweise mehr und mehr Menschen Chips in ihren Körpern tragen werden. Ich habe von Chips gehört, auf denen unsere Krankenakten gespeichert sind (diese existieren bereits), und von Chips über unsere Finanzen, und kürzlich habe ich gehört, dass wir uns möglicherweise unseren Pass implantieren lassen müssen, so dass wir nur reisen können, wenn wir einen bestimmten Chip in uns tragen.

Wie sieht es in Wahrheit damit aus? Werden Chips auf eine positive Art verwendet werden, beispielsweise um unseren medizinischen Zustand zu stabilisieren oder um Vitamine im Körper freizusetzen?

Ich werde Euch das zukünftige Potenzial beschreiben, und es besteht nicht in Chips im eigentlichen Sinne. Es besteht in Nanorobotern. Aber jeder Roboter ist mit einem Chip ausgestattet. Wieder konzentriert sich der menschliche Verstand auf die Angst, auf Verschwörung und Unangemessenheit, wo Ihr doch eigentlich vor einer neuen Technologie steht, die Euch geschenkt wurde, um Euer Leben zu verlängern.

Ist Euch klar, dass Technologie an sich nichts Böses ist? Das Problem ist nur, was die Menschen häufig mit ihr anstellen. Glaubt Ihr denn daran, dass sich das menschliche Bewusstsein verändert? Oder denkt Ihr, dass alles immer beim Alten bleiben wird? Irgendwann werdet Ihr anfangen müssen, etwas stärker darauf zu vertrauen, dass die Veränderung auf diesem Planeten auch verändern wird, wie die Menschheit mit ihren Erfindungen umgeht. Sie nutzt sie nicht immer zum Negativen, und deshalb werden Euch immer wieder neue eingegeben.

Wissenschaft ist einfach »*das Studium der Funktionsweise der Energie des Schöpfers*«. Ist Euch klar, dass Euch das Internet geschenkt wurde, damit die alten Paradigmen und Gruppen immer weniger Möglichkeiten haben, die Zivilisation zu kontrollieren? Genau so war es! Stellt Euch Folgendes vor: Wenn jeder alle anderen ganz klar sehen kann, dann sind keine geheimen Verschwörungen mehr möglich. Ist Euch aufgefallen, wie schnell die »Geheimnisse« der Regierung heutzutage ans Licht kommen?

Euch werden also viele Erfindungen zum Wohl der Menschheit geschenkt, doch sind sie von zahlreichen Ängsten umrankt. Noch immer gibt es Gemeinschaften, die nicht mit ihnen in Berührung kommen wollen, die selbst ihre Kinder ohne eine Behandlung mit einer dieser modernen Erfindungen sterben lassen, weil sie Angst haben, dass sie des Teufels sind. Dies ist die menschliche Neigung zur Linearität, die nicht zulässt, dass sie sich mit dem zusammenschließen, was der Schöpfer Euch gibt, da es nicht das ist, was sie erwartet haben. Aber Gott ist in allen Dingen, inklusive der neuesten Technologie, die Euch bevorsteht ... Nanorobotern.

Stellt Euch vor, dass Tausende von heilsamen, zellengroßen Maschinen in Eurem Blutkreislauf freigesetzt werden, die Krankheiten abtöten können. Stellt sie Euch als verbesserte weiße Blutkörperchen vor, die zu Eurem Nutzen arbeiten. Einige werden davor zurückschrecken und sagen: »*Nicht in meinem Körper! Nein!*« Doch so läuft es, und es wird kommen. Erinnert Ihr Euch noch, wie die erste Herztransplantation durchgeführt wurde? Viele spirituelle Menschen waren dagegen und bezeichneten es als Teufelswerk! Sie protestierten, es kam zu Drohungen gegen Ärzte. Heute sind Herztransplantationen etwas ganz Normales und verlängern jährlich das Leben von Tausenden. Was heute noch »des Teufels« ist, ist oft das moderne lebensrettende System von morgen.

Würdet Ihr eine Nierentransplantation verweigern, wenn sie euch das Leben retten würde? Wenn Ihr zu einer fremden Niere Ja sagt, warum dann nicht zu einem unechten Blutkörperchen? Es ist alles eine Frage der Abstufungen und Eurer Fähigkeit, außerhalb des Paradigmas der alten Energie zu denken, die behauptet, dass alles, was die Wissenschaft in Euren Körper transplantieren kann, automatisch etwas Schlechtes ist oder einer Verschwörung dient.

Dies sind die »Chips« der Zukunft, nicht jene Orwell'schen Attribute des »unter ständiger Beobachtung Stehens«, die die Angst unserer Tage zu sein scheinen.

Es wird auch die Möglichkeit geben, sich freiwillig seinen Ausweis als Chip implantieren zu lassen, aber mit einer Verschwörung hat das nichts zu tun. Vielmehr wird es Krankenhäusern verraten, was sie tun können, um Euer Leben zu retten, wohin man Euch bringen soll, wenn Ihr bewusstlos werdet, auf was Ihr allergisch seid und welches Familienmitglied sie informieren sollen. Doch die Menschen werden die Dinge immer als grenzwertig wahrnehmen und die Angst schüren, dass eine große Verschwörung dahintersteckt und Ihr unter ständiger Beobachtung steht.

Werden diese Techniken unangemessen verwendet werden? Einige werden es versuchen, aber die Menschen haben mittlerweile die Wahl, diese Dinge in großen Gruppen zu akzeptieren oder abzulehnen. In Euren Regierungssystemen habt Ihr heute eine viel lautere Stimme, als Euch bewusst ist, und während sich die Technologie weiterentwickelt, wird es auch dazu kommen, dass Eure Stimme *immer* gehört wird. Ist Euch nicht aufgefallen, wie schnell sich alles entsprechend der öffentlichen Meinung wandelt? Das ist etwas Neues!

Werdet Ihr ständig beobachtet? Ja, das werdet Ihr! Denn das Universum der Engelsgeschöpfe und der Hohen Räte des Lichts beobachten Euch die ganze Zeit! Wir sehen Euch zu und ehren und lieben Euch für Eure Arbeit auf diesem Planeten!

Es ist falsch zu vergleichen

Um die Natur der Dinge zu verstehen, stellen wir oft Vergleiche an. Wir vergleichen Männer und Frauen, Religionen, Länder, Musik und dergleichen mehr. Aber wir können nichts und niemanden jemals wirklich kennenlernen, indem wir Vergleiche anstellen. Es scheint mir ein so großer Irrtum zu sein. Es scheint mehr als alles andere eine intellektuelle Übung zu sein.

Hält uns das Vergleichen nicht davon ab, uns eine eigene Meinung über etwas zu bilden und es in seinem wahren Licht zu sehen?

Ja. Es repräsentiert die stärkste Neigung des Menschen überhaupt. Die singuläre Neigung des Menschen, alles als drittdimensional anzusehen, erschafft eine Situation, in der alles als singulär angesehen wird. Quanteneffekte werden nicht gesehen. Deshalb werden Individuen nicht als Teile einer ausbalancierten Maschine wahrgenommen, sondern als »Dinge in Schubladen, die untersucht werden müssen«. Dies führt dazu, dass Ihr vergleicht statt zu zelebrieren, wie gut sie alle zusammenpassen. Im Licht dieser

Neigung ist die Zeit singulär, die Menschen sind singulär, und für alles gibt es nur EINEN WEG. Die gesamte Realität verläuft in eine Richtung, weshalb es kein Vor- oder Nachleben gibt. Auch die Zeit hat nur eine Richtung, und das menschliche Denken besagt, dass eine Seele zwar in der Zukunft unendlich fortbestehen kann, aber nicht in der Vergangenheit existiert. Es gibt nur ein Leben, und die Vorstellung vergangener Leben ist albern. Wenn man sich das so ansieht, ist diese Neigung sehr lustig, aber sie ist vorhanden. Alle laufen singulär herum, statt als etwas Gemeinsames wahrgenommen zu werden.

Mein Partner begriff dies vor Jahren und brach das Paradigma des scheinbaren Wettstreits zwischen den Channelmedien. Ich ermutigte ihn wieder und wieder, viele Channelmedien gemeinsam auf eine Bühne zu holen, so dass sie sich gemeinsam erfreuen konnten an der Quantenenergie der Botschaften, die ihnen allen in unterschiedlicher Weise, aber mit derselben Energie der Liebe vermittelt wurden. Er setzte es um, doch auch heute noch werden Vergleiche gezogen, statt dass das Zusammensein zelebriert wird.

Die tragischsten aller Vergleiche sind die von spirituellen Systemen. Denn sie stecken das Mitgefühl Gottes in die Schubladen der menschlichen Neigung zur Drittdimensionalität. Menschen erschaffen menschliche Regeln für Gott. Ausgehend von ihren grundlegenden Attributen der Belohnung und Bestrafung wenden sie dieses System auch auf das Göttliche an. Aber es gibt auf der anderen Seite des Schleiers nichts Vergleichbares. Es ist ein rein menschliches, drittdimensionales Konzept.

Ihr wachst in Familien auf, in denen Belohnung und Bestrafung der Weg der Dinge sind. Dann geht Ihr zur Schule, wo es genauso läuft. Später geht Ihr arbeiten, wo es genauso läuft. Deshalb wendet Ihr dieses Denkmuster auch auf Gott an. Seht Ihr, wie sehr Ihr hier Euren Neigungen nachgebt?

Stellt Euch einen Moment lang gemeinsam mit mir etwas vor: Nach langen Lebenszeiten im Dienst des Planeten kehren zwei

Menschen heim. Was geschieht? Das menschliche Religionssystem würde sie mit dogmatischer Genauigkeit anhand menschlicher Regeln vergleichen. Sie werden Euch erzählen, dass ein wundervoller, liebender Schöpfer, der die Himmel und die Erde erschaffen hat und auch den Menschen nach seinem Ebenbild, sie beurteilen und an einen grauenerregenden, schrecklichen Ort schicken wird, falls diese wertvollen Seelen nicht im »korrekten« menschlichen Glaubenssystem über Gott bei ihm ankommen. Lasst mich Euch eine Frage stellen: Ist dies ein göttliches oder ein menschliches Attribut?

Die Menschen stecken Gott in die Schubladen der menschlichen Neigungen, in denen alles, was geschah, um Gott zu erschaffen, auf menschlicher drittdimensionaler Erfahrung beruht. Die Schöpfungsgeschichten, die gefallenen Engel, die heiligen Kriege der göttlichen Kreaturen, die Doktrinen ... alles bezieht sich auf den Menschen, obwohl Gott sich in einem Quantenzustand befindet. Es gibt einen Namen dafür, und man nennt es aus gutem Grund Mythologie, weil es »um einen Gott geht, der sich wie ein Mensch verhält, ganz der menschlichen Natur entsprechend, mit Belohnungen, Bestrafung, Eifersucht, Zorn und Rache«.

Dies hat die singuläre Neigung des Menschen hervorgebracht, laut der Gott die Menschen, wenn sie nicht in der richtigen Schublade stecken, nicht liebt. Es gibt Hunderte und Aberhunderte von Schubladen. Klingt das nach einem System des Schöpfers? Eines Tages werden einige von Euch, die dies lesen, alles zusammensetzen und begreifen, dass all das Aufheben um die spirituellen Glaubenssysteme auf dem Planeten nur eine Projektion der gewaltigen menschlichen Voreingenommenheit gegenüber Gott ist. Gott/Spirit/Der Schöpfer/Der innere Gott ist viel größer, als irgendein menschliches System jemals erfassen könnte. Vielleicht ist Gott sogar in Euch?

2011 – POTENZIALE UND MÖGLICHKEITEN

Liebe Lichtarbeiter, das vergangene Jahr war ein Jahr des Handelns, nicht der Lösungen. Es kamen größere Veränderungen auf Euch zu, als Euch lieb war, und einige der Potenziale haben dem Planeten mehr Mitgefühl geschenkt. Die Politiker der westlichen Welt erlebten einige Lektionen darüber, dass die alten Paradigmen einfach nicht mehr funktionierten und vielleicht eine neue Denkart notwendig sein wird. Es gab auch ein großes Potenzial für Enthüllungen.

Noch immer besteht die Möglichkeit einer Veränderung in Südamerika, obwohl die Potenziale für diesen Wandel in der späteren Zukunft am stärksten sind. Im Augenblick brauen sich die Energien für ein solches Ereignis zusammen.

Auch Israel ist beteiligt an der Veränderung im Mittleren Osten. Dort herrscht noch kein Frieden. Der Iran köchelt weiter wie ein großes, ungares Gericht vor sich hin, das nach einem neuen Koch verlangt.

Und wie sieht es mit 2011 aus? Lasst uns einfach sagen, dass 2011 keine anderen Potenziale aufweist, als 2010 zu manifestieren. Mit anderen Worten: Es gibt keine fundierte Prognose darüber. Ich kann Euch von den Potenzialen erzählen, die jetzt existieren, aber ich weiß auch, dass sie sich nicht auf diese Weise realisieren werden, da Ihr sie ständig verändert.

Also werde ich nicht mehr sagen, als dass die Energie dieses Jahres von Gaia stammt. Gaia kann für Euch, abgesehen von »Attribute der Mutter Erde«, viele Bedeutungen haben. Da Gaia die Akasha-Chronik des Planeten enthält (Beziehungen zwischen Menschen und Erde), kann das Jahr von tiefer spiritueller Bedeutung sein.

2011 weist auch die Energie der Struktur auf. Wenn Strukturen auftreten, stehen sie für das Potenzial des Miteinanders oder die Bildung eines Fundaments. Denn das Gegenteil davon wäre die Unstrukturiertheit, das Auseinanderfallen. Wendet also Eure eigenen Antworten auf die obenstehenden Fragen an, aber vergesst nicht, dass alles dynamisch ist und sich 2010 verändert hat, um die Potenziale von 2011 zu ermöglichen. Aus diesem Grund lässt sich sagen, dass 2011 ein Jahr der Fundamentschaffung ist, das zu 2012 führt.

Vergangen sind die Tage, in denen wir Euch von Potenzialen von Zeiten erzählten, die schon ein Jahr zurücklagen. Denn bei dieser Veränderung habt Ihr gezeigt, dass sich nichts so stark vollzieht wie der *Wandel*. Die Propheten von heute können Euch von den Potenzialen des Möglichen erzählen, aber viel mehr auch nicht. Der Beweis? Seht Euch all die Voraussagungen an. Anders als in vergangenen Zeiten treten viele von ihnen niemals ein. Ihr verändert sie zu schnell.

EINS ... SEIN ODER NICHT SEIN

Eine der vielen Lektionen, die wir auf dieser Erde lernen, besteht darin, dass, was auch immer wir anderen wünschen, wir selbst erhalten. Genauso absorbieren wir das, was wir an anderen tolerieren oder schätzen. Wünschen wir allen auf dieser Erde, sich zu dem Besten, das sie sein können, fortzuentwickeln?

Ist EINS zu werden die einzige Möglichkeit, etwas zu verändern?

Die Menschheit wird niemals eins sein. Das wäre langweilig. Die Menschheit beruht ganz und gar auf der Vielfalt. Das Potenzial, eines Tages für viele einen anhaltenden, ausgewogenen Frieden auf der Erde zu schaffen, liegt vielmehr im Einssein von wenigen. In diesem Prozess werdet Ihr vor allem einen Anstieg von Empathie und Mitgefühl erkennen. Die menschliche Natur verändert sich.

Der zeitliche Ablauf dieses Prozesses ist nicht bekannt, denn er bleibt dynamisch, voller Potenziale für Veränderung. Aber er liegt noch Generationen weit entfernt und ist ein Langzeitprojekt.

Allerdings hat es dieses Potenzial vor zwanzig Jahren noch gar nicht gegeben! Es ist der mitfühlende Geist Gottes, der das Einssein erhofft, denn das ist das Attribut von Gott selbst.

Könntest Du uns erklären, wie wir die tiefere und höhere Wahrheit dessen, wer wir wirklich sind, erkennen und uns darauf vorbereiten können, sie zu empfangen?

Dafür gibt es nur einen Weg ... den Weg, über den wir gesprochen haben, seit wir angekommen sind. Lasst mich Euch eine Frage stellen. Liebt Ihr Gott? Gebt mir eine ehrliche Antwort, Ihr Leser. Ich weiß, wer Ihr seid, und kann in Euer Herz sehen. Wenn Ihr meditiert und auch nur ansatzweise erkennt, wie viel um Euch herum existiert, das Euch liebt, und wenn Ihr überwältigt seid von dem Ausmaß all dessen – liebt Ihr dann Gott?

Wenn Ihr die Schöpfung selbst betrachtet und dass Ihr alle ein Teil davon wart und dass es tatsächlich ein System gibt, das es Euch erlaubt, »das Antlitz des Schöpfers zu berühren«, liebt Ihr dann Gott? Nehmt Ihr die Natur, die Tiere, andere Menschen mit Liebe wahr? Seht Ihr sie als einen Teil eines liebenden Systems an?

Könnt Ihr in allem unsere Liebe für Euch spüren, frei von Urteil, frei von Bedingungen, frei von allem Beiwerk des Glaubens? Könnt Ihr spüren, wie wir uns wünschen, gemeinsam mit Euch ein friedvolles und reichhaltiges Leben zu kreieren? Könnt Ihr die Liebe in alledem erkennen? Liebt Ihr Gott?

Begreift Ihr, dass wir mit ausgestreckten Händen darauf warten, dass Ihr uns die Euren in reiner Absicht reicht? Seht Ihr die Liebe in alledem?

Wenn Ihr das tut und Eure Antwort ein schallendes Ja ist, dann werde ich Euch erneut die Antwort auf die Frage geben, wie Ihr alles, was Ihr Euch nur vorstellen könnt, miterschaffen könnt: Denn der Schöpfer ist tatsächlich in Euch, und wenn Ihr Gott liebt, müsst Ihr deshalb Euch selbst lieben.

Diese Liebe zum Selbst hat nichts mit dem Ego zu tun, sondern ist vielmehr ein weises Verstehen des »ICH BIN« in Euch. Wenn Ihr einen aufrichtigen Blick in den Spiegel werfen und lieben könnt, was Ihr seht, in dem Wissen, dass Ihr ein Teil des gesamten universellen Plans seid, dann ist der Moment gekommen, in dem Ihr Euch darauf vorbereiten könnt, alles zu empfangen, das existiert.

Dies ist die Energie Kryons. Es ist eine feminine Energie, die Euch von einer männlichen Stimme vermittelt wird, aber das wisst Ihr schon längst, nicht wahr? Es ist eine Mutter-Vater-Energie. Dies ist der Grund, aus dem wir hier sind: um Euch zu helfen, zu erkennen, was in jedem von Euch vorhanden ist. Dies ist, was wir tun, um Euch daran zu erinnern, wer Ihr seid, und um Euch zu bitten, damit zu beginnen, Euch an all das zu erinnern.

ZWEI

HILDON,
CHANDRA
UND FLEX

Einführung von
Nathalie Chintanavitch

Auf unserem Weg durchs Leben wird uns immer bewusster, dass alles, was wir erleben, die Folge unserer Gedanken, Handlungen und Werke ist. In jeder Sekunde unseres Lebens erschaffen wir unsere eigene Welt. Jeden Tag entwickeln wir uns ein wenig mehr, indem wir an dem großen Plan teilhaben, der unsere Freude, unsere Traurigkeit und andere Gefühle umfasst. Deshalb ist es wichtiger als jemals zuvor, dass wir für unsere Gedanken und Handlungen Verantwortung übernehmen. Heute stehen uns dazu viele gute und wirksame Hilfsmittel zur Verfügung. Wir dürfen darüber aber nicht das letztendliche Ziel vergessen, unser volles Potenzial zu entwickeln und unsere ureigene Macht zu nutzen, um nicht weiterhin von irgendwelchen Hilfsmitteln oder äußeren Quellen abhängig zu bleiben. Daran sollten wir in den kommenden Monaten und Jahren arbeiten.

Genau dies erklären die kosmischen Wesen Chandra, Hildon und Flex, die in ihren Botschaften die Energie der Inka verkörpern. Sie kamen von einem fernen System her, um den Inka bei ihrem Aufstieg zu helfen. Heute weilen sie erneut unter uns, um uns beim Übergang zu helfen und uns die Sonnenkodierungen mitzuteilen, die wir für unseren Weg ins Licht brauchen.

Mit größter Freude habe ich deshalb die Einladung angenommen, zu Martines Buch *Spirituelles Erwachen* beizutragen. Salim vom Stern Wega wird zusammen mit Chandra, Hildon und Flex die Hauptkonzepte erklären, die sich 2011 und später enthüllen werden.

Salims Kenntnisse und die kosmischen Informationen, die er uns hier mitteilt, bilden übrigens die Grundlage für eine Buchreihe auf Französisch, die ich mit ihm zusammen schreibe. Er hat mich schon vor mehreren Jahren gebeten, gemeinsam etwas zu verfassen, aber ich musste bis zu diesem Augenblick warten, ohne dass mir der Grund für diese Verzögerung klar war. Heute begreife ich, dass der damalige Zeitpunkt für seine Botschaft nicht angemessen war, denn wir mussten erst eine bestimmte Anzahl von Kodierungen in uns selbst aktivieren, damit die Information in vollem Bewusstsein empfangen und verstanden werden konnte. Das habe ich zumindest tief im Herzen so empfunden, und Salim hat es mir anschließend bestätigt.

Ich hoffe, ihr ehrt die Informationen, die ich euch nun mitteile.

Hildon, Chandra
und Flex sprechen

Wir freuen uns, zum ersten Mal unsere Botschaft auf Englisch und Deutsch vermitteln zu können. Wir Sternenwesen möchten so viele Informationen wie möglich weitergeben, um den Übergang zu ermöglichen.

Zu diesem Zeitpunkt sind wir Tausende von Lichtwesen, die mit euch arbeiten und euch neue Informationen geben wollen, die das allgemeine Bewusstsein weiter schärfen werden. Dies wird eure Entwicklung beschleunigen und der Menschheit auf Erden helfen, den großen Sprung vom körperlichen Bewusstsein zur verkörperten Göttlichkeit zu schaffen.

Ein besonderer Dank ergeht an Martine Vallée für ihre Buchreihe, die sie gemeinsam mit Kryon gestaltet – ein Werk, dessen Energie so rein und strahlend ist wie ein Kristall, so dass sie in jedem Herzen die Ewigkeit zum Schwingen bringt.

Liebe Freunde, ihr habt inzwischen einen hohen Wissensstand erreicht und zahlreiche Informationen gesammelt, die euch erlauben, alle vorhandenen Hilfsmittel zu nutzen. Die Lichtschlüssel wurden euch bereits übergeben, und nun müsst ihr voll Vertrauen die Türen öffnen, die sich euch darbieten, und annehmen, was sich darauf ereignen wird. Jenseits dieser Türen erwartet euch eine Zukunft, die so strahlend ist wie eure schönsten Träume – vielleicht sogar noch schöner. Träumt weiter, denn mit euren Gedanken und den Schwingungen, die ihr täglich während eures gesamten Lebens aussendet, tragt ihr zur Schöpfung eurer Welt bei und damit zum Zustand der künftigen Welt. Diese künftige Welt ist nichts weiter als die sublimierte Gegenwart. Sie wird so sein, wie ihr sie erschafft. *Daher müsst ihr in der Gegenwart handeln. Ihr müsst in der Gegenwart denken. Ihr müsst in der Gegenwart leben.* Die Gegenwart enthält das volle Potenzial. Das dürfen wir nie vergessen.

Wir von den Sternen betrachten voller Duldsamkeit und Mitgefühl alle Phasen, die ihr in jüngster Zeit durchlebt habt. Ob diese Veränderungen emotionaler, beruflicher, individueller oder kollektiver Natur sind, wir stehen euch bei und folgen eurem Ruf. Aber ihr wisst auch, dass wir uns niemals einmischen, denn ihr allein seid für die Wege verantwortlich, für die die Menschheit sich entscheidet und die sie im Zuge der evolutionären Reise weiter einschlagen wird. Wir beobachten euch stumm, und manches, was wir erblicken, bringt uns zum Lächeln.

Nichts ist vorherbestimmt, wie ihr ja wohl wisst. Daher träumt weiter, um zu leben und zu erschaffen. Unser schlichter Rat lautet: Geht voll Vertrauen voran.

Möge Gelassenheit die Verworfenheit besiegen
und Liebe über Hass triumphieren.
Möge die Menschheit von diesem Augenblick an
eine glückliche Zukunft erschaffen.

10

Türen öffnen sich in euch

Fangen wir mit der Feststellung an, dass die meisten Menschen, die sich in drittdimensionalen Sphären bewegen wie ihr, an irgendeinem Punkt ihres Weges an eine psychische Grenze stoßen, die den kreativen Entwicklungsprozess stört und die Realisierung ihres vollen Potenzials verhindert. Ihr besitzt den Schlüssel, um das Tor eures Potenzials zu öffnen. Dies ist weder kompliziert noch unerreichbar.

Der Schlüssel zu jener Tür liegt bereits in euren Händen, und viele haben schon erlebt, wie es ist, wenn man sich mit dem Tiefsten und Reinsten in einem selbst verbindet. Wir beobachten oft amüsiert, in welchem Ausmaß ihr euch damit begnügt, sogenannte »Probleme« dem »Ego« zuzuschreiben. Das Ego ist weder ein Feind, den es zu bekämpfen gilt, noch ein gefährlicher oder heimtückischer Teil in euch. Wenn man das Ego angemessen beherrscht – jawohl, ich sagte »beherrscht« –, es eingrenzt und angemessen ausrichtet, dann kann es zum Verbündeten werden, der zur Verwirklichung eurer schönsten geistigen Werke beiträgt. Man sollte es vermeiden, die verschiedenen Seinsaspekte entweder als gut oder schlecht zu bezeichnen, denn es geht doch nur ums SEIN. Viele Menschen fragen sich ständig, ob sie sich auf dem richtigen Weg befinden, was der Sinn ihres Lebens sei, wo sie ihren Seelengefährten finden oder sogar, warum sie überhaupt auf der Erde sind. Nun, wir sagen ihnen nun deutlich und klar, dass sie keine Antwort finden werden, solange sie nach dem Wie, Wo und Warum ihrer Existenz auf Erden oder dem Sinn des Lebens fragen.

Alles, was ihr tut, alles, was ihr seid, ist einfach bloß ein Teil der Evolution der Welten und des Universums. Konzentriert euch vor allem auf euer eigenes Glück und das der Menschen in eurer Nähe, statt um jeden Preis erfahren zu wollen, welche Mission ihr im Leben wohl habt. Diese Suche führt euch aus der Gegenwart heraus, die sämtliche Potenziale birgt.

Das schwierigste Konzept für die Menschheit ist, zu begreifen, dass die Zeit nicht existiert, nicht einmal für jene, die glauben, sich auf diesem Gebiet auszukennen. Wenn man entdeckt, warum Zeit und Raum so erschaffen wurden und einem die Illusion vermitteln, sich sowohl geistig als auch rein physikalisch von einem Punkt zum anderen zu bewegen, dann gehört man nicht länger dieser Welt an, denn man hat seine eigene Realität transzendiert. Wir fügen dem hinzu, dass das, was ihr euren »Lebenssinn« nennt, sich nicht allein auf das bezieht, was ihr gerade in diesem Moment erreicht, sondern auch auf das, zu dem ihr werdet, indem ihr allmählich den Prozess der eigenen Evolution durchlebt. Was ihr vielleicht euren »Auftrag« nennt, ist überhaupt kein Auftrag.

Ihr seid hier, um euch weiterzuentwickeln, und das Gleiche trifft auf die euch umgebende Schöpfung zu. Die Schöpfung hat kein anderes Ziel als bloße Existenz. Fangen wir mit dem Prinzip an, dass ihr nur aus diesem einzigen Grund hier seid, und eure Wahrnehmung von der Welt wird sich in Sekundenschnelle verändern. Ihr werdet endlich offen für den Moment der Gegenwart. Lebt einfach, besteht nicht darauf, andere um jeden Preis zu verändern, denn die wahre Transformation beginnt in einem selbst. Und diese Verwandlung habt ihr nicht einmal halbwegs erreicht.

Sehr viele von euch glauben, dass sie einen Grad an Spiritualiät erreicht haben, der sie auf eine Ebene mit »hochentwickelten«

Menschen versetzt. Aber da täuscht ihr euch: Dies ist eine Lüge und eine Illusion. Ihr seid bloß vom Weg des Wesentlichen abgewichen. Werft einen Blick auf die Welt ringsum. Betrachtet eure Nachbarn und die Passanten auf der Straße. Was versucht ihr, für Menschen zu tun, die es schwer haben? Helft ihr denjenigen, die euch nahestehen, oder konzentriert Ihr euch auf euch selbst? Ehe ihr versucht, das Modell eines sogenannten »spirituellen« Lebens für euch und andere zu ersinnen, betrachtet eure wahren Motive. Ein spirituelles Dasein, das alle Lebewesen respektiert, geht weit über alle Meditationstechniken hinaus. Es reicht auch nicht, ausschließlich Bio-Nahrungsmittel zu sich zu nehmen oder morgens, mittags und abends energetisierende Übungen abzuhalten. Diese Dinge sind sicherlich gut für die eigene Entwicklung, aber wir haben mit tiefstem Bedauern festgestellt, dass diese Elemente und Konzepte viele von dem wirklich Wesentlichen abhalten. In einer illusionären Zwangsjacke zu leben, die einen in selbsterfundene pseudo-spirituelle Überzeugungen zwängt und einengt, ist kein guter Zustand.

Offensichtlich haben bestimmte Menschengruppen begriffen, wie häufig dieser Fehler ist, der zur Benommenheit und Versklavung eines Großteils der Menschheit geführt hat. Ihr seid manipuliert und eingelullt worden, aber nicht von Kräften, die über euer Verständnis hinausgehen, sondern von euren eigenen Brüdern und Schwestern, Menschen wie ihr selbst. Ihr seid in eine Art Schlaf gefallen, jawohl, IHR, die ihr euch für höchst spirituelle Wesen haltet. Dieser Weg ist nicht bloß eine individuelle Reise, sondern der Weg der Menschheit insgesamt.

Wir nehmen aber auch wahr, wie erwartungsvoll ihr der Ankunft der Sternenwesen harrt, die angeblich alle Probleme lösen. Manche von euch haben die bereits mitgeteilten Informationen missverstanden und seitdem vergessen, zu LEBEN. Ihr befasst euch mit Dingen, die so wenig mit eurer Alltagsrealität zu tun haben, dass diese Realität dann leicht von Mächtigen manipuliert werden kann, die diese Schwäche erkannt haben. Wacht auf! Ihr habt dies schon früher gehört. Wenn wir euch auffordern, aufzuwachen, schlagen wir gleichzeitig vor, dass ihr euer Herz und euren Willen zu handeln nutzt und die Augen weit dafür öffnet, was in eurer Welt vor sich geht. Falls dies nicht geschieht, werden einige nur schwer akzeptieren können dass man euch missbraucht habt und dass ihr so blind gewesen seid.

Seid in allen Handlungen wahrhaft und ehrlich. Versucht nicht, die Ereignisse zu kontrollieren, sondern wählt einen eigenen Weg. Seid euch gleichzeitig eures vollen schöpferischen Potenzials bewusst. Eure Wirklichkeit wird von euch selbst erschaffen. Alles ist eine Frage der ABSICHT. Und die euch innewohnende Absicht kann ALLES erreichen.

Entscheidet in diesem Augenblick, was ihr wirklich wollt und was ihr nicht wollt. Eure innere Kraft ist viel stärker als die Gefühlsmuster und Konditionierungen, die euch so unvermeidlich und schwer überwindbar erscheinen. Wenn ihr begreift, dass ihr viel stärker seid als alles andere, was eure Werte und eure Träume behindert, dann öffnen sich die Türen wie von selbst. Falls ein Geheimnis existiert – genau dies ist es!

Nehmt euch die Zeit, euch aufs Neue auf das zu konzentrieren, was für euch wesentlich ist. Erzeugt einen Zustand inneren Friedens im inneren Heiligtum eures Herzens und bewahrt ihn im Geist und im gesamten Körper. So könnt Ihr eure Reise mit sicherem Schritt beginnen. Versteift euch nicht darauf, drei Stunden täglich zu meditieren, wenn die Grundlagen eures inneren Seins noch nicht gefestigt sind. Ihr schuldet es euch, unerschütterliche Grundlagen zu haben, um euch, dank aller Instrumente und Werkzeuge, die euch gegeben wurden, wahrhaft und rasch zu entwickeln.

Die Schlüssel zum Fortschritt

Alle Lebensereignisse entfalten sich als Folge eurer Entscheidungen und Handlungen in euch selbst. Das wisst ihr zwar, beachtet es aber nicht genügend. Noch einmal: Eure Absicht und die Kraft eurer Gedanken sind die unentbehrlichen und unersetzlichen Werkzeuge zur Errichtung einer Energiestruktur, die in euch stabil, ausgewogen und ohne jeglichen ungesunden Einfluss existiert. Wenn wir sagen, dass euer Ego zum Verbündeten werden soll statt zum Feind, dann geben wir euch einen genau abgestimmten Schlüssel. Der erste Schritt wäre die Nutzung eurer schöpferischen Absicht oder eures Willens. Je mehr man sich gegen das Ego wehrt, umso mehr Macht verleiht man ihm. Je mehr man das Ego als einen nützlichen Teil des Seins betrachtet, der für einen schöpferischen Zweck eingesetzt werden kann, umso mehr wird man es integrieren können. Das Ego kann zum Werkzeug bei eurer spirituellen Evolution werden, denn es löst in jedem Menschen den immer stärker werdenden Wunsch aus, bei allen Unternehmungen Erfolg zu haben.

Hier ein paar hilfreiche Gedanken zu diesem Thema:

• *Nutzt eure Widerstände, indem ihr sie zu Verbündeten macht, statt sie als Feinde eurer positiven Evolution zu betrachten.*

Wir stimmen mit euch überein, dass dies leichter gesagt ist als getan. Aber ihr besitzt alle erdenklichen Hilfsmittel, um die existentiellen Widerstände abzubauen. Um die Transformation zu erreichen, muss man sich nur voll der Tatsache bewusst sein, dass die Wahrnehmung eurer täglichen Erfahrung und euer Seinszustand in jedem Augenblick Elemente sind, die ihr durchaus kontrollieren könnt.

Ihr fühlt doch, was ihr fühlen wollt. Ihr erlebt, was ihr zu erleben wünscht. Und sobald ihr ein inneres Unbehagen zu spüren beginnt, sei es emotionaler oder geistiger Natur, solltet ihr euch bewusst sein, dass ihr die Wahl habt, diese Störung einfach abzulehnen. Wenn wir »ablehnen« sagen, heißt das nicht, dass man diese Störung ignoriert oder verleugnet. Wir meinen vielmehr, dass man sie als einen Aspekt erkennen soll, der rein äußerlich ist und nicht Teil eures essentiellen Wesens. Wenn man das einmal erkannt hat, wenn man sich bewusst wird, dass das innere Energielicht nicht alles ist, was euren Alltag erfüllt, dann gelingt es sicher, diese »Widerstände« von Feinden zu Verbündeten zu machen.

• *Trefft eine Entscheidung und haltet euch daran.*

Haltet euch an eure Entscheidungen. Das ist der Schlüssel, wie man Hindernisse und Barrieren überwindet. Wir verstehen, dass es oft nicht leicht ist, eine Wahl zu treffen, denn es kostet eine Menge Zeit und Energie. Wenn es jedoch einmal geschehen ist, wenn man einmal entschieden hat, was man will oder nicht, dann ist es wichtig, rasch zu handeln, damit diese Entscheidungen zur Verwirklichung einer neuen Struktur führen, für die ihr euch entschieden habt, ob auf der emotionalen, der materiellen, der geistigen oder körperlichen Ebene.

• *Beherrscht eure Gedanken, sobald sie außer Kontrolle geraten.*

Der Sinn dieses Schrittes ist, das Ego zu schwächen und euren emotionalen Zustand zu regulieren, um Veränderungen zuzulassen. Viele von euch denken, dass ihr schon über diese Phase hinausgewachsen seid. Ihr freut euch an dem Gedanken, dass energetisierende Übungen und Meditationen ausreichen. Aber ihr werdet immer noch leicht zur Beute von sich wiederholenden Gedanken, von Plänen und allgemein geistiger Hyperaktivität. Das fällt uns oft bei euch auf.

Verschwendet keine Zeit damit, euch selbst Vorwürfe zu machen oder euch zu fragen, warum alles immer noch so ist, während ihr doch geglaubt habt, gute Fortschritte zu machen, dass ihr alle Energiemittel genutzt hättet, die wir euch gegeben haben und die ihr gelernt habt zu beherrschen. Ihr müsst bei diesen geistigen und seelischen Störungen einfach begreifen, dass alles einzig und allein von der Energie abhängt, die ihr für eure Entscheidungen und Wahlmöglichkeiten einsetzt. Es ist mit dem vergleichbar, was wir über die Bedeutung des WILLENS gesagt haben und darüber, wie man seine innigsten Wünsche realisiert und die schönsten Werke mit der gegenwärtigen Inkarnation integriert.

Übt tagtäglich, eure Gedanken zu beherrschen. Es ist eine überaus wichtige Angewohnheit, die einem erlaubt, das innere Licht auf der Reise zu den Sternen zu channeln.

* *Ablösung*

Hierzu raten wir nicht, geduldig abzuwarten und den Dingen freien Lauf zu lassen, sondern dass ihr zuversichtlich die Initiative ergreift. Die Kombination von Aktivität und Selbstbewusstsein ist hier der Schlüssel. Das ist die Bedeutung von Ablösung. Trefft Entscheidungen, nehmt eine Auswahl vor und geht voran in dem Vertrauen, dass das Ergebnis bereits gesichert ist.

Wenn man das erst einmal begriffen hat und, noch wichtiger, wenn es einem gelungen ist, diese Schlüsselsituationen in die Praxis umzusetzen, auch schon beim ersten Mal, dann hat man die Grundlagen für den Menschen der Zukunft gelegt, zu dem ihr alle werdet.

Nein, dies ist kein Rückschritt. Ihr entwickelt euch nicht rückwärts auf der spirituellen Reise, wie manche nun vielleicht denken. Ihr befindet euch bloß in einem permanenten Prozess des Verstehens. Auch wenn man vielleicht ein paar Schritte dabei überspringen wollte, muss man doch zunächst die Grundlagen festigen. Dies ist essentiell bei dem Bau eurer Lichtburg, damit sie nicht genauso hinweggespült wird wie eine Sandburg bei Flut.

11

Nutzt die Lichtenergie von anderen Ebenen

In diesen Zeiten ist es für alle wichtig, deutlich zu unterscheiden zwischen einerseits echter Kommunikation des eigenen innersten Wesens mit der Lichtenergie auf anderen Ebenen und andererseits der Illusion des eigenen, menschlich-seelischen Deliriums. Letzteres trifft oft zu. Es scheint wichtig zu sein, an dieser Stelle auf diesen Punkt einzugehen. Man braucht keine besonderen Techniken, Lehren oder Methoden, um mit dem reinsten Teil des Selbst oder den Lichtenergien jener zu kommunizieren, die uns umgeben und begleiten. Es stimmt uns traurig, wenn wir sehen, wie bestimmte Menschen Methoden lehren, die eigentlich keine sind, und andere auffordern, zum »Channel« zu werden, wie sie es ausdrücken. Man kann zwar Ratschläge geben, die einem beim eigenen Prozess helfen, aber unter keinen Umständen kann ein Mensch sich für den Lichtchannel eines anderen öffnen. Vergesst das nie. Immer mehr Menschen benutzen die Spiritualität, um andere, denen es nicht so gut geht, zu täuschen.

Wir sagen euch nun, dass ihr, solange ihr euch an diese Idee klammert, die psychischen Öffnungen, die ihr vermeintlich geschaffen habt, nichts weiter sind als Täuschungen eures eigenen Verstandes, die euch vorgaukeln, Botschaften von euren Führern, euren Brüdern von den Sternen oder intraterrestrischen Freunden erhalten zu haben.

• *Nur die Worte, die aus dem Herzen fließen, öffnen tatsächlich Türen in einem selbst – für euch und von euch.*

Es gibt viele verschiedene Formen der Kommunikation, und sie findet oft durch Zeichen statt, auf die man vielleicht nicht achtet. Diese Zeichen sind oft der Ausgangspunkt für Öffnungen, durch die Kommunikation und der Austausch von Informationen regelmäßig und ungehindert fließen kann. So wissen viele von euch, dass ihr jede Nacht eurer Lichtfamilie begegnet. Gemeinsam reist ihr in die solaren und kristallinen Lebenssphären. Gemeinsam erhaltet ihr die Schlüssel und die verschiedenen Elemente, die euch helfen, auf dem eigenen Pfad weiterzuwandeln. Gemeinsam zeichnet ihr auf einer Energieebene die großen Linien der Erfahrungen auf, für die ihr euch körperlich in eurem Leben entscheidet. In Wahrheit seid ihr niemals voneinander getrennt. Das Gefühl von Alleinsein ist nichts weiter als Illusion – die größte aller Illusionen. Aber da man Isoliertheit täglich erlebt, existiert sie auf einer bestimmten Ebene, und wir stimmen zu, dass dies manchmal sehr schmerzlich sein kann.

Die Nacht ist eine jener besonderen Phasen, die für solche herz- und seelenverbindenden Begegnungen sehr günstig sind. Das wisst ihr alle. Eure Träume bilden die Brücke zwischen der körperlichen Welt und der unsichtbaren Welt, die euch umgibt, und unter dem Deckmantel der Nacht erlauben sie letzterer Welt, auf kurze Dauer fassbar zu werden. Dann kann die Herzensmelodie frei und ungehindert emporschweben und euch ermöglichen, höchst erhebende Begegnungen zu genießen.

Wenn wir von der »Herzensmelodie« reden, meinen wir tatsächlich ein Lied, das aus den Tiefen des körperlichen Herzens strömt. Dieses Lied kann man hören, wenn man voll mit sich im Reinen ist, wenn eure Lebensenergie glatt und regelmäßig durch alle Körperzellen fließt und innere Ruhe und Gelassenheit herbeiführt. Dies begünstigt, dass die Herzensmelodie in die höheren Lichtsphären aufsteigen kann. Das Lied stellt eine Verbindung dar, eine Brücke aus Licht direkt aus dem Herzen, zwischen eurem inkarnierten Wesen und den Lichtwesen, die für die Erde wirken. Das Band wird mit jedem Tag stärker. Außerdem werden die Schleier, die uns von euch trennen, zu solchen Zeiten viel durchlässiger.

Die Worte, die eurem Herzen entströmen, sind viel machtvoller, als ihr euch vorstellen könnt. Sie berühren uns direkt, und wir hören euren Ruf deutlich. Viele Menschen, die noch nie etwas von Spiritualität gehört und auch nie irgendwelche Techniken praktiziert haben, sind von Staunen erfüllt, wenn sie erleben, wie sich die Tore der Kommunikation vor ihren Augen majestätisch und weit öffnen. Solche Menschen suchen eigentlich keinen Kontakt, und dennoch findet eine Berührung statt. Das bedeutet aber nicht, dass man auch ohne Suchen das findet, wonach es einen verlangt, sondern dass dieser Prozess der Kommunikation – oder des »Channeling« – unkompliziert ist. Der Begriff »Prozess« ist eigentlich unzureichend, denn er impliziert den Einsatz einer Prozedur, die Verbindung oder Anpassung verschiedener Elemente. Die Lichtkommunikation hängt aber nicht von einem bestimmten Prozess ab. Sie ist einfach eine Art Schwingung, die Ausrichtung der eigenen Herzensschwingung auf dieser bestimmen Wellenlänge. Es ist eine Resonanz des Herzens, eine galaktische Resonanz – eine Wellenlänge, mit der jedes menschliche Herz harmonisch schwingen kann. Die Verbindungen zwischen euch und uns werden auf diese Weise gestärkt, wie auch die Bande zwischen einzelnen Menschen, wodurch Kommunikation unmittelbar stattfindet. All dies vollzieht sich allmählich. Daneben entwickelt sich auch die Fähigkeit zur Telepathie.

Wir wiederholen: Richtet alle Aufmerksamkeit auf euer Herz und atmet den Frieden ein, der euch durchströmt. Erst wenn ihr euch derart entspannt, kann sich die Absicht manifestieren, die ihr ausgesendet habt, denn zum Loslassen gehört ja die Ablösung und Freisetzung aller Hindernisse und Begrenzungen. Ohne

Hindernisse und Begrenzungen kann Energie frei fließen, und es besteht kein Bedürfnis mehr, die psychischen Tore aufzuzwingen, damit das Licht einströmen kann. Nur der Friede im eigenen Herzen kann die Kommunikation mit dem Göttlichen stärken.

Es ist schon eine Weile her, seit der Prozess der DNS-Mutation angeregt wurde, und die damals erweckten Codes festigen allmählich die Bande, die euch, die Erde, mit uns auf der anderen Seite des Schleiers verbinden. Dieser Schleier ist so dünn, dass er fast nicht mehr existiert. Man braucht sich nur umzusehen, um die Zeichen und Botschaften zu entdecken, die wir euch in Form von Synchronizitäten schicken.

Man kann diese Tore zu den leitenden Lichtenergien blockieren, indem man versucht, die Kommunikation um jeden Preis einzuleiten und zu kontrollieren. Man kann aber nicht zum »Channel« werden. Jeder von euch ist bereits ein »Channel«.

12

Unsere Aura
Informationen von Octarus, Sterius und Aquila von den Plejaden

*E*s scheint, dass die Aura ein Werkzeug ist, das wir nicht richtig *zu nutzen wissen. Wir sind sicher, dass es sie gibt und dass sie alles Wissen des Universums enthält, unsere DNS-Eigenschaften, unsere Möglichkeiten, unsere Herausforderungen und unsere Krankheiten. Wir scheinen aber nur wenig über ihr Potenzial oder ihre wahre Macht zu wissen.*

Wir danken euch für die Gelegenheit, innerhalb dieser Lehre Informationen diskutieren und verbreiten zu können. Wir von den Plejaden haben schon seit Urzeiten aktiv an der Entwicklung der Menschheit teilgenommen.

Das göttliche Potenzial, das in jede Menschenzelle auf der Erde eingeprägt ist, erlebt seit einiger Zeit Veränderungen. Der Prozess der menschlichen DNS-Aktivierung befand sich bis etwa Mitte 2011 in der wichtigsten Phase. Wenn wir vom göttlichen Potenzial reden, das in euch eingeschrieben ist – ob in Form von Samen, Codes oder noch nicht erweckten Lichtenergien –, beziehen wir uns auf alle Facetten und Aspekte eures Selbst, die erweckt werden können. Damit könnt ihr in der gegenwärtigen Inkarnation mit der vollen Kraft eurer Möglichkeiten funktionieren, die weder äußerlich sind noch von Energiekräften jenseits eures Verständnisses »eingegeben« wurden.

Diese Kapazitäten, die einen integralen Teil eures Selbst ausmachen, haben sich in den letzten Jahren großartig entwickelt. Wie ihr bereits wisst, ist der Prozess der menschlichen DNS-Aktivierung nicht auf eine Elite begrenzt, und er wird auch nicht nur von denen geteilt, die spirituell ausgerichtet sind. Alle Lebewesen auf dieser Erde erleben diesen Prozess entweder bereits jetzt oder in Zukunft. Wenn man diese Aktivierungen jedoch bewusst nutzt, beschleunigt man den Prozess, und man kann nicht bloß an der eigenen Entwicklung teilhaben, sondern sogar an derjenigen der gesamten Menschheit.

Was ihr »göttliches Potenzial« nennt, ist in Wahrheit euer eigenes »menschliches« Potenzial. Wenn die euch in die Zellherzen eingeschriebenen Kodierungen allmählich erweckt werden, kann man durchaus erwarten, dass euer gesamtes System einer allgemeinen Veränderung unterzogen wird. Wenn wir von diesem menschlichen Energiesystem reden, meinen wir nicht nur eure Lichtkörper – die, wie ihr wisst, zahlreich und multidimensional sind –, sondern auch das, was ihr die »Aura« nennt, die nichts weiter ist als das elektromagnetische Feld eines Menschen. Die Aura fluktuiert und verändert sich in ihrer Substanz, Beschaffenheit, Größe und Leuchtkraft. Unveränderbar an ihr ist aber, dass sie euch ureigen ist und das spiegelt, was euch in der Gesamtheit ausmacht. Wir werden das genauer bei der Beantwortung der nächsten Fragen erklären.

Viele verwechseln noch den Energiekörper mit der Aura. Was ist der Unterschied zwischen dem Energiekörper und der Aura, und wie erlangen wir unser volles Potenzial?

Die Aura ist kein Energiekörper, sondern ein elektromagnetisches Feld, eine Energie, die vom menschlichen Körper ausgestrahlt wird, von eurer geistigen Aktivität und dem emotionalen Gleichgewicht. Sicherlich hängen die Energiekörper, so wie ihr sie versteht, ebenfalls von den Fluktuationen des menschlichen Körpers, des

Verstandes und des emotionalen Zustands ab, aber es gibt einen Unterschied: Die Aura ist in gewissem Sinne eure Identität in der gegenwärtigen Inkarnation. Im Zusammenhang mit dem Lichtkörper begreift man, dass diese nicht nur in der irdischen Dimension präsent sind, sondern auf allen Ebenen eures multidimensionalen Seins. Das trifft aber nicht auf die Aura zu. Die menschliche Aura ist einzigartig. Sie stellt eure Signatur in diesem Leben dar, in der drittdimensionalen Inkarnation, und zwar nur in dieser. Das heißt nicht, dass die anderen Teile eures Selbst, die auf anderen Ebenen schwingen und sich in anderen Dimensionen entwickeln, keine Aura hätten. Sie haben eine, aber sie ist einzigartig, anders, spezifisch und identifizierbar.

Bitte versteht, dass eure Aura in dieser Inkarnation der dritten Dimension eure sämtliche Energie umfasst oder, wenn euch das lieber ist, euren Lichtkörper. Je stärker die Lichtkörper eingesetzt werden, umso stärker wird eure Aura. Daher sind sie energetisch verwandt, aber nicht identisch. Als Lichtträger sind eure Energiekörper nicht von der Aura abhängig. Eure Aura entwickelt sich allerdings als Funktion der Ausweitung eurer Energiekörper.

Was ihr als »Potenzial« eurer Aura definiert, ist keine Ansammlung von ruhenden oder latenten Eigenschaften, sondern eher eine Energie, die einen weiter zur Selbstverwirklichung treibt. Alles, was in der Aura angelegt ist, ist auch in der menschlichen DNS angelegt. Diese beiden Elemente sind miteinander verzahnt, aber unabhängig hinsichtlich des Energieflusses und der Geschwindigkeit ihrer Reaktivierung. Wenn man Lichtkodierungen in der DNS aktiviert, spiegelt sich die Veränderung in der Aura. Bestimmte Fehler in der Aura können aber auch unabhängig vorkommen. Sie spiegeln vielleicht eine Energielücke, die durch bestimmte Gedanken verursacht wird, durch bestimmte Handlungen oder geistige und emotionale Störungen, die man gerade erlebt. Alles wird unmittelbar von der Aura absorbiert, die sich aus diesem Grund auch ständig verändert.

Da sich die Aura ständig verändert, hat man auch, solange man sich aller Implikationen bewusst ist, die Möglichkeit, an diesen Veränderungen teilzuhaben. Man sollte nicht mit dem »vollen Potenzial« der Aura arbeiten, sondern eher mit dem Potenzial, das in der DNS codiert ist und nur allmählich erweckt wird. Bei der Aktivierung dieses Potenzials verstärkt sich das menschliche elektromagnetische Feld, was die Aura heller strahlen lässt.

Wenn man mit der Aura »arbeiten« will, schlagen wir vor, den Verstand, den emotionalen Zustand und die Gedanken zu stabilisieren, damit man die Energieströme beruhigt, die Fehler und Störungen in der Aura verursachen. Das ist nicht sonderlich kompliziert. Man muss nur seine Gedanken und den inneren Seinszustand regelmäßig und dauerhaft regulieren. Die dazu notwendigen Hilfsmittel habt ihr bereits.

Da wir parallele Leben führen, ist die Aura in allen Leben die gleiche?

Die Aura stellt in jedem parallelen Leben eine Identität, eine Inkarnation und eine Erfahrung der Evolution dar. Sie ist die Identität im Hier und Jetzt, eure Signatur, eure Spur. Man kann sie auch als Fingerabdruck bezeichnen. Eure Aura unterscheidet sich daher in diesem gegenwärtigen Leben von denjenigen, die andere Teile von euch ausmachen oder die sich auf anderen Dimensionsebenen oder in Parallelleben entwickeln. Alles, was ihr in dieser Inkarnation erlebt, zeichnet sich in der Aura ab, ohne die Auren der Parallelleben zu beeinflussen. Auf gleiche Weise ist alles, was auf die Auren der Parallelleben einwirkt, ohne Einfluss auf die gegenwärtige Aura. Anders ist es bei den Lichtkörpern, die in dieser Inkarnation wie in der vorhergehenden, in künftigen oder anderen Dimensionen die gleichen bleiben. Lichtkörper sind multidimensional. Die Aura hat die Eigenschaft, eindimensional zu sein, und ist daher nur für ein Individuum typisch.

Wir von den Plejaden danken euch für eure Aufmerksamkeit und den zur Verfügung gestellten Raum.

13

Die Wissenschaft der Astrologie

durchgegeben von den Wächtern des Astrologie

*I*m Zuge der Großen Veränderung *stehen uns zahlreiche Hilfsmittel und Methoden zur Verfügung. Eine, die mir oft vernachlässigt zu werden scheint, ist die Wissenschaft der Astrologie. Fast alle Lehren beziehen sich auf den Einfluss der Planeten, der kosmischen Triangulierungen und so weiter. Wird nicht für das Jahr 2012 eine seltene planetarische Konstellation vorausgesagt?*

Die Astrologie ist jahrelang verspottet worden, aber ist es nicht die beste Methode, die Energien zu verstehen, die beeinflussen, wer wir sind, wo wir leben – ja, die gesamte Erde?

Ich wünsche mir, dass die Wächter der heiligen Astrologie uns mehr über dieses faszinierende, so oft vernachlässigte Thema mitteilen, das doch über die normalen Prophezeiungen hinausgeht.

Wir von den Sternen, die mit euch kommunizieren, danken euch, dass ihr uns gerufen habt. Wir möchten eingangs betonen, dass es von äußerster Wichtigkeit ist, zu begreifen, dass die kosmischen Positionen bereits sorgfältig bestimmt wurden, um planetarische Bewegungen und Phasen genauestens zu lesen und zu deuten. Wir wollen uns dabei nicht in Einzelheiten verlieren, um euren Verstand nicht mit zweitrangigen Informationen vollzustopfen, die nicht zur Erweiterung eures Bewusstseins beitragen. Doch wisset, dass die Geheimnisse der heiligen Astrologie euch nach und nach preisgegeben werden, denn dies gehört zum Plan für die Evolution der Menschheit.

Um euch eine Vorstellung davon zu vermitteln, wie es funktioniert, geben wir die Erklärung in drei Phasen ab. Die erste Phase umfasst grundsätzlich diejenigen Sterne, die schon vor Hunderttausenden von Jahren ihre elektromagnetische Umwandlung erlebt haben. Sie haben sich allmählich auf der Achse der Großen Zentralen Sonne positioniert, damit sie die Sonnenstrahlung gemeinsam reflektieren und ihre physikalischen Teilchen in die Dimension des Geistes erheben können. Dazu gehören bestimmte Sterne aus der Konstellation des Adlers (lat. *Aquila*) und im Großen Hund (*Canis Major*), wie etwa der Stern Aldara.

Die zweite Phase der Neuausrichtung umfasst bestimmte Planeten, deren strategische Position im Kosmos Energieströme in geometrischer Anordnung bewirken. Vor langer Zeit waren diese Planeten von Wesen bevölkert, die euch ähnelten. Ihre körperliche Präsenz bleibt in eurem kosmischen Raum spürbar. Mit ihren drittdimensionalen planetarischen Körpern übertragen sie ihre Strahlung an lebendige Planeten wie den euren.

Die dritte Phase der Neuanordnung gruppiert Planeten mit drittdimensionalem Leben wie euren um. Hier betrifft die Neuausrichtung nicht nur die drittdimensionalen Planeten, sondern geschieht auch zwischen Planeten, die euer Universum ausmachen und eher solar und kristallin sind. Zurzeit werden Tausende kristalliner Teilchen ausgestreut, die sich zu Energieclustern verbinden, welche im gesamten Kosmos zu sehen sind. Diese Energiecluster dringen durch die Rotationsachse in drittdimensionale Lebenssphären ein und beschleunigen den Transformationsprozess von physikalischer, geophysikalischer und interner Materie in Lichtmaterie.

Die letzte Neuausrichtung erfolgte am 7. Oktober 2010 um 3:15 Uhr (GMT). Dieses Datum fiel mit einem bestimmten Energiefluss aus einem fernen Sternensystem zusammen, dessen Strahlen die Erde nur flüchtig berührten – zwischen wenigen Minuten bis zu drei Stunden. Während dieser Raumzeit wurden sämtliche irdischen Wirbel auf Punkt null gestellt und neu polarisiert.

Die meisten planetarischen Konfigurationen in unserem kosmischen System erzeugen diese Art von Öffnungen und diese Energieströme. So verbinden sich die Planeten in unserem Universum und empfangen ständig die Energie des solaren und kristallinen Flusses von anderen Sternen.

Wir müssen noch erwähnen, dass die Bedeutung, die in eurem Kalender dem Jahr 2010 gegeben wurde und die damit verbundene Erwartung, dass sich in dieser Sphäre *Große Veränderungen* ereignen werden, völlig unbegründet war. Die Energien für 2010 nahmen schon vor Jahren ihren Ausgang. Aber 2012 stellt gleichzeitig den Höhepunkt eines Zyklus dar wie auch dessen unmittelbar bevorstehendes Ende. Dieser Moment wird sich jedoch in unserem physischen Raum-Zeit-Kontinuum über einen viel längeren Zeitraum ausdehnen, als man verkündet hat. Es stimmt, dass viele Konstellationen für 2011 und 2012 in Position stehen, aber die wichtigsten auf der Schwingungsebene erwarten euch zwischen März 2016 und Juli 2018 – jene, die den größten Einfluss auf die Erdposition, ihre Rotationsachse und den Energiefluss auf der Erdoberfläche haben. Nach diesen Daten wird sich eine völlig andere Konfiguration sowohl der geophysikalischen Territorien wie auch der Planeten und Sterne unseres Universums ergeben. Eine weitere machtvolle Energiestrahlung wird sich am 28. August 2019 einstellen. Zusammen mit jedem Lebewesen auf eurem Planeten empfangt ihr dann das volle Spektrum der Energien, die auf euren Planeten abgestrahlt werden, aber ohne jene Störungen zu verursachen, wie es der Fall gewesen wäre, wenn die volle Kraft dieser Strahlung einige Jahre zuvor ausgeschickt worden wäre.

Daher schlagen wir vor, falls die Wetterbedingungen es zulassen, dass ihr die Sterne betrachtet, sobald sie am Nachthimmel sichtbar werden, und diese Synergie spürt, die alles und jeden in diesem enormen kosmischen Raum miteinander verbindet.

DAS KRISTALLGITTER

Wisset, dass in diesen Zeiten der *Großen Veränderung* mehr und mehr kristalline Energie auf der Erdoberfläche benötigt wird, denn dank ihrer Kraft und flüssigen Leuchtkraft können bestimmte Lichtstränge gewebt werden. Diese Kristallverbindungen bilden ein Netz rund um die Erde, durch das Energie fließen kann.

Das planetarische Kristallgitter, jene Kristallenergie, die auf der Erdoberfläche zirkuliert, wird seit August 2009 von kosmischen Strahlen mit einer bestimmten Substanz aufrechterhalten, die vor diesem Zeitpunkt für die Erdstruktur unmöglich zu nutzen war. Diese Strahlen bewegen sich über das planetarische Gitter und berühren die inneren kristallinen Strukturen in einem jeden.

Wie ihr bereits wisst, begann eure eigene innere Kristallstruktur sich zu regen und neu aufzubauen, sobald der Prozess der DNS-Mutation ausgelöst worden war. Diese kristalline Struktur wird von der Macht der Erdkristalle verstärkt sowie von der Kristallenergie, die auf den drei vorhandenen Gittern kreist: dem planetarischen, dem außerplanetarischen und dem innerplanetarischen Gitter. Seit August 2009 wurde eure eigene innere Kristallstruktur ganz besonders durch die Energie gestärkt, die das planetarische Gitter in dieser Position erzeugte. Dies blieb so bis zum Juli 2010. Daher arbeiteten wir damals alle aktiv daran, Lichtenergie in dieses Gitter einzuspeisen – in dieses Kristallnetzwerk.

Die Lichtenergie aus kristallinen Teilchen, die durch die Lichtstränge zirkulieren, besteht überwiegend aus Elementen einer kosmischen Substanz, die ferne Sterne ausgesandt haben. Die kristalline Substanz muss zuerst das bestehende planetarische Gitter durchlaufen, ehe es einen jeden von euch berührt: jede Zelle und jedes Lebenspartikel, aus dem ihr besteht – denn sie kann nicht direkt vom Körper aufgenommen werden. Das Kristallgitter ermöglicht es der Substanz, ihre Schwingungen mit der Lebensstruktur der Menschheit zu harmonisieren. Die

Substanz mit ihrem Ursprung in den Sternen kann anschließend mit der DNS selbst in Austausch treten. Dieser Prozess, bei dem wir euch in unserer Evolution einen Schritt voraus sind, vollzieht sich einfach – ganz gleich, ob wir uns dessen bewusst sind. Wir sagen euch: Das planetarische Kristallgitter hat in diesem Moment hinsichtlich seiner Konzentration von kosmischen und kristallinen Energien seine größte Kraft erreicht.

Von Juli 2010 bis April 2011 war das außerplanetarische Gitter an der Reihe, seine besonderen Strahlen vom Kosmos zu empfangen. Jeder konnte sie sich aneignen und integrieren. Diese Strahlung hatte höchste kristalline Kraft, denn sie enthielt im Keim die Schlüssel zu allen künftigen Evolutionen, wobei wir uns hier auf eure eigene Evolution beziehen, die Evolution der Menschheit und ganz besonders die eures physikalischen Körpers, der sich allmählich und stetig immer weiterentwickelt. Ihr sollt auch erfahren, wie das vor sich ging. Die Schlüssel waren eigentlich Schwingungspartikel, die eine symbiotische Beziehung zum elektromagnetischen Feld der Erde eingingen. Dies geschah über das außerplanetarische Kristallgitter, jenes, das eure gesamte Lebenssphäre mit seiner Energie umgibt. Wenn diese Schlüssel chemisch integriert sind, werden sie durch Lichtstrahlen auf die Erdoberfläche übertragen. Sie verbanden sich mit den Sonnenstrahlen, was ihnen eine Kraft und Intensität verleiht, die gleichzeitig solar und kristallin ist. Dies ermöglichte es ihnen, sich mit eurer eigenen inneren Kristallstruktur zu verbinden.

Von April 2011 bis zur sogenannten Zeitenwende ist nun das innerplanetarische Kristallgitter an der Reihe, mit höchster Kraft zu pulsieren, denn es empfängt und überträgt eine Welle silbriger Strahlen, die vom zentralen Erdkristall ausgesendet werden. Diese Strahlen werden seit April 2011 gebildet und sorgen dafür, dass auch wirklich alles eintritt, was vorhergesagt wurde – und zwar dank unserer Aktivität. Daher ist es unbedingt nötig, dass ihr alle euer Bewusstsein schärft. Wenn diese kristallinen Strahlen vom Zentralkristall der Erde ausgesendet werden, berühren sie zunächst alle Kristalle in der Erde, die dann aus ihrem langen Schlaf erwachen. Dadurch können sie an die Erdoberfläche treten, voll sichtbar und damit für das menschliche Auge erkennbar.*

Man sollte jedoch nicht vergessen, dass dies das *potenzielle* Ergebnis eurer Entwicklung ist: eine Möglichkeit, eine Wahrscheinlichkeit. Sie stellt das Szenarium dar, das uns am besten erscheint und das wir uns für die Menschheit wünschen. Die Kristallenergien könnten sich mit euch verbinden und offen mit euch an der Entwicklung der Erde arbeiten. Wenn die Kristalle in der Erde erst berührt und erweckt worden sind, ermöglicht der Zentralkristall auch den Wassern des Lebensflusses, wieder an die Oberfläche zu treten. Momentan wird dieses Wasser des Lebens von Wesen der inneren Erde sicher bewacht.

Man braucht eigentlich nicht zu erwähnen, dass diese Veränderungen auch Chaos bedeuten. Doch eigentlich hat alles schon begonnen. Die Veränderungen machen es möglich, die neuen Umrisse und Energiestrukturen zu erkennen, die sich dann ereignen. Man muss auch begreifen, dass sich hier kein apokalyptisches Szenarium entfalten wird, sondern eher eine generelle Neustrukturierung, die zu einem friedlichen und strahlenden Energiesystem für alle führt. Wenn man seine Gedanken in diese Richtung lenkt, kann man so zu einer neuen Zukunft beitragen. Durch eure Gedanken allein – und natürlich auch durch konkrete Taten, denn ihr werdet noch eine Weile in dieser physischen Dimension verbleiben – könnt ihr das bestmögliche Szenarium herbeiführen und realisieren. Achtet aber darauf, wenn alles nicht so wie gewünscht verläuft, dass andere Perspektiven der Evolution für euch Menschen ebenso empfehlenswert sein können. Das hängt ausschließlich von euch ab.

---

* So ist auch das Auftauchen der sogenannten Lemuria-Kristalle und der Interferenz-Kristalle zu verstehen, die seit wenigen Jahren in Brasilien gefördert werden. Näheres zu Funktion und Aufgabe sowie dem verborgenen Wissen dieser Kristalle finden Sie in Petra Aiana Freeses Buch *Kosmische Farben, kosmischer Klang*, Amra Verlag, Hanau 2011. – *Der Verlag*

Wir haben die Zeichen für alle möglichen Arten von Zukunft gesetzt. Es liegt an euch, diejenigen zu markieren, die ihr zu erleben wünscht.

Wir haben oft gehört, dass die Erweckung des menschlichen Bewusstseins zu einer Erweckung der Kristalle führt, welche uns wiederum helfen, unsere Schwingungen zu verstärken, und dass einige der Riesenkristalle auf eine bestimmte Schwingung warten, ehe sie sich manifestieren ... Wo befinden wir uns in dieser Hinsicht, und wo auf diesem Planeten befinden sich diese Riesenkristalle? Frankreich scheint ein beliebter Standort für Kristalle zu sein, besonders die Pyrenäen.

Das sind wahrlich sehr treffende Worte, um die Gegebenheiten im Süden Frankreichs zu beschreiben, eines Gebietes, das nicht nur aus unserer Sicht außergewöhnlich ist. Zuallererst handelt es sich um einen strategischen Standort, an dem sich viele Konföderationen der Galaxis treffen, um bestimmte Projekte zu organisieren, die der Entfaltung des göttlichen Plans dienen. Diese Bruderschaften oder Sternengruppen arbeiten gewöhnlich von unterirdischen Stützpunkten aus, die als Schaltstellen zwischen der Innenerde und den Sternen dienen. Auf diese Weise werden sie zu Vermittlern zwischen den Wesen der Innenerde und den Sternenwesen. Diese stammen von den Sternen im Kosmos, sind aber schon lange auf unserem blauen Planeten anwesend und wirksam. Dabei möchte ich es belassen, denn wir sind zu diesem Zeitpunkt nicht befugt, euch mehr über sie zu verraten, denn ihre Aktivitäten müssen noch eine Weile geschützt bleiben.

Was Frankreichs innere Kristalle angeht, so möchten wir sagen, dass es unter diesem Gebiet nicht bloß Riesenkristalle gibt, sondern auch kristalline Lichtstädte, die auf wundervolle Weise die Lichtenergie auf diesem Planeten bewahren. Die Kristallstädte unter dem Gebiet Frankreichs stehen in direkter Verbindung zu zwei anderen Lichtstädten: einer unterhalb von Arizona und einer sehr mächtigen Stadt unter dem Gebiet Russlands. Gemeinsam sammeln diese Städte die Energie bestimmter unterirdischer Kristalle, über deren Größe ihr staunen würdet, wenn ihr sie sehen könntet. Sie leiten die Energie in bestimmte geografische Gebiete der Erde, wie etwa die saudi-arabische Wüste und Kolumbien. Wir ahnen bereits eure nächste Frage: »Warum liegen diese Städte in einem bestimmten Gebiet und leiten ihre Energie in andere Gebiete?« An bestimmten Orten auf der Erdoberfläche ist kaum Kristallenergie vorhanden. Dies liegt nicht an den politischen oder wirtschaftlichen Gegebenheiten, sondern eher an deren Position auf dem Globus in Beziehung zu bestimmten Lagern, deren Energie nicht so viel Leuchtkraft hat. Diese Kristallstädte nehmen daher einen gewissen Energieausgleich von der Innenerde her zu vielen Gebieten an der Erdoberfläche vor.

Doch zurück zu den Pyrenäen: Es stimmt, dass der Boden dort Schätze enthält, die auch in den nächsten Jahrzehnten nicht enthüllt werden. Wir verstehen, dass euch das überrascht. Wir wissen, dass das für euch eine lange Wartezeit bedeutet und dadurch das, wonach ihr euch sehnt, außer Reichweite zu sein scheint. Doch wisset, dass die Dinge sich allmählich entwickeln. Man muss einfach akzeptieren, dass es ein wenig länger dauern wird, bis die Erde sich angemessen entfaltet hat. Es kann nicht so schnell gehen, denn sonst würde man Schäden bei sich riskieren und den Prozess behindern. Seid daher geduldig.

Die Kristalle aus den Pyrenäen erwachen schon seit vielen Jahren, so dass man ihre Präsenz immer stärker spürt. Der Feuerkristall, der unter den Bergen ruht, leuchtet mit der Kraft von tausend Lichtern und strahlt weit über die Grenze auf französisches Gebiet aus. Es hat aber keinen Sinn, dort nach dem Kristall zu suchen, denn ihr werdet ihn nicht finden. Wir wissen, dass einige glauben, sie hätten den Umkreis definiert, in dem der Kristall vielleicht liegt, aber sie irren sich. Wenn der Feuerkristall auftaucht, werden alle davon hören, und zwar gleichzeitig, ohne Ausnahme. Keine Menschengruppe, kein Suchender, ob auf dem spirituellen Pfad oder nicht, hat den Feuerkristall bisher lokalisieren können. Und es wird auch niemandem gelingen. Das ist einer der Gründe, warum wir euch bitten, vorsichtig mit den Informationen umzugehen, die euch mitgeteilt wurden.

Zieht stets euer Herz zurate. Und vermeidet Gutgläubigkeit. Es ist besser, zu zweifeln und nichts zu wissen, als an windige Geschichten zu glauben, um das eigene Ego zu befriedigen oder das derjenigen, die behaupten, diesen oder jenen unterirdischen Kristall gefunden zu haben. Unsere Worte erscheinen vielleicht sehr hart, aber sie sind notwendig. Wir wiederholen es noch einmal: Je mehr ihr nach diesen Kristallen sucht, umso fester werden sich die Tore schließen. Je mehr ihr euch der Illusion hingebt, dass ihr die Antwort gefunden habt, umso dichter werdet ihr die Essenz eures ureigenen Wesens verschleiern. Seid einfach ihr selbst und glücklich, so wie ihr seid.

Nun ist der Zeitpunkt gekommen, Platz zu machen für Elphis, den großen Inkapriester, der heute zu euch sprechen möchte.

14

Der Inkapriester
Elphis aus Kaletah

Meine lieben Freunde. In großer Freude und mit unendlicher Dankbarkeit stehe ich heute vor euch.

Ich komme aus Kaletah, der ersten unterirdischen Lichtstadt der Inka. Dorthin zogen wir, als wir die Erdoberfläche verließen.

Es gibt kaum Worte, die die intensive Schwingung beschreiben könnten, die ich heute erlebe, während ich mit euch, die ihr an der Erdoberfläche lebt, kommuniziere. Die Grenzen schwinden, der Schleier wird durchlässiger und gibt den Weg frei für die lang erwartete Wiedervereinigung.

Immer mehr von uns können euch auf der Erde in unseren wahren Körpern besuchen statt in unseren Energiekörpern oder in holografischen Projektionen. Wir sind sehr froh, euch endlich so besuchen zu können.

Ihr seid euch dessen oftmals nicht bewusst. Eine gewisse Zeit lang wird dies auch so bleiben. Aber wir sind immer wieder auf die Erde gekommen, um euch sehr mächtige Kristalle aus dem Herzen unserer Kristallstadt zu bringen. Wenn wir sie an die Oberfläche bringen, ist es überaus wichtig, sie so gut wie möglich zu schützen. Daher versehen wir sie mit bestimmten Siegeln, die nur den Hohepriestern und Hohepriesterinnen bekannt sind.* Zweck dieser Kristalle ist es, die Kraft des Zentralkristalls an die Erdoberfläche zu ziehen. Die Kristalle wirken gleichzeitig als Relais und als Energiesender. Wir installieren sie an strategisch wichtigen Orten auf eurem Planeten. Dort werden sie vorwiegend von unendlich weisen, unsterblichen Wesen geschützt, die alle Geheimnisse eures Planeten kennen.

Ihr müsst wissen, dass ihr euch über eure Herzen mit diesen Kristallen in Verbindung setzen könnt. Dazu braucht ihr euch bloß auf euren Pulsschlag zu konzentrieren und eure Absicht zu formulieren, mit ihnen kommunizieren zu wollen. Dann werdet ihr ihre volle Kraft bewusst spüren. Eure eigene innere Kristallstruktur wird dadurch gestärkt und mit Energie gefüllt. Wir sind stets in energetischer Form anwesend, sobald ihr den Wunsch äußert, euch mit unseren Kristallen zu verbinden.

Wir von der Innenerde möchten euch für eure Arbeit danken. Dafür möchte ich euch eine Kristallrose zum Geschenk machen. Sie wird an alle übergeben, die diese Worte lesen. In diesem Moment ist sie genau vor euch. Ihr Duft parfümiert eure Aura. Sie besprengt euer gesamtes Sein mit kristallinen Perlen. Bitte empfangt diese Rose als ein Symbol unserer Vereinigung und unseres baldigen Wiedersehens.

Im Glanze dessen, wie ihr seid, sagen wir euch für heute Lebewohl.

---

* Über goldgefasste Tafeln, Orakelsteine und Drachen aus Bergkristall schreibt Karin Tag in ihrem Buch *Das Geheimnis der Atlantischen Kristallbibliothek*, Amra Verlag, Hanau 2011. Diese Objekte wurden ihr von den Ältesten der Inka übergeben, um damit weltweit Zeremonien abzuhalten, die Menschen heilen und verborgenes Wissen offenbaren. Das Buch enthält neben sechzehn Farbseiten mit Abbildungen auch Experten, welche die Echtheit der uralten Kristallobjekte bestätigen. – *Der Verlag*

15

Wichtige Zeichen
durchgegeben von Salim vom Stern Wega

M it großer Freude spreche ich heute zu euch, ihr Erdmenschen.

Ich möchte zuallererst sagen, dass die nächsten fünf Jahre nicht nur einen Quantensprung für die wissenschaftliche Entwicklung der Menschheit bedeuten, sondern vor allem eine Phase von beträchtlichen Fortschritten darstellen, das Wesen eurer Existenz in dieser körperlichen Welt zu entdecken. Momentan können wir keine weiteren Einzelheiten preisgeben, aber seid gewiss, dass die Ereignisse, die sich in den nächsten zwölf Monaten entfalten, euch enthüllen werden, wer ihr wirklich seid und was ihr schon immer über eure Ursprünge wissen wolltet.

Wenn wir über Leben und Evolution des Kosmos reden, sprechen wir in Begriffen von Millionen von Jahren, wenn nicht sogar Milliarden. Euer Zeitbegriff ist völlig anders als unserer. Aber wir von den Sternen sind uns bewusst, wie wichtig ihr euer Zeitbewusstsein nehmt, euren Kalender und die vor euch liegenden Tage und Monate. Wir erkennen, dass ihr alle abhängig seid von diesem Zeitkonzept, einfach, weil ihr unsere globale Vision einer allgemeinen Entwicklung des Universums nicht teilt. Versucht es gar nicht erst, diese Vision zu verstehen, denn selbst wenn ihr sie begreifen könntet, wäre sie kaum vorstellbar für euch oder auch nur zu ahnen.

Wichtig ist jetzt, dass ihr bestmöglich und in der vorgegebenen Zeitspanne mit eurer Inkarnation, mit den Elementen, den Informationen und dem Wissen experimentiert, das ihr in euch tragt. Dies ist äußerst wichtig für den evolutionären Fortbestand eurer Spezies. Es überrascht euch vielleicht, wenn wir hier von »Spezies« reden. Wir benutzen nicht den Begriff »menschliche Art« im Sinne einer geringeren oder unwichtigeren Menschlichkeit im Vergleich zu eurem eigenen Status. Wir sagen, dass ihr euch alle insgesamt auf dem gleichen evolutionären Pfad befindet, an Bord des gleichen drittdimensionalen Schiffes, und in eine Zukunft segelt, die einigen immer noch unsicher erscheint, die sich aber für die meisten immer deutlicher enthüllt.

Mein bester Rat an euch ist, euch bis zur Zeitenwende auf die *Zukunft* eures Systems zu konzentrieren, statt furchtsam auf das sogenannte »Ende der Welt« zu warten. Eure sämtlichen Systeme sind ausnahmslos bereits im Begriff, sich neu auszurichten. Ihr werdet gebeten, eure Gedanken angemessen zu fokussieren, damit sich die positiven Muster auch wirklich durchsetzen können. Während der im Verlauf von 2011 geschaffenen Öffnungen wird es für jeden Einzelnen von euch wichtig, seine Gedanken zu klären und im Voraus zu bestimmen, an welchen Schöpfungen er sich beteiligen will. Wir bitten euch bloß, das Potenzial zu nutzen, das kürzlich in euch erweckt wurde.

Am 12. Januar 2011 hat es einen Energiefluss aus den sich entwickelnden Kristallwelten gegeben, die Milliarden von Lichtjahren von der Erde entfernt liegen. Diese Welten sind der Geburtsort großer galaktischer Zivilisationen, die bis zum heutigen Tag im Sinne eures planetarischen Systems arbeiten. Diese Energien haben die gesamte Erdoberfläche mit unendlich winzigen Partikeln überzogen, machtvollen Teilchen, die das menschliche Auge nicht wahrnehmen kann: die treibende Kraft für die Neustrukturierung eures Planeten. Sie sind grundsätzlich neutral, aber dennoch unendlich stark und nehmen jedwede Form an, die ihr auf der Erde ihnen gebt.

Jeder wird für sich selbst die positive oder destruktive Orientierung der Erde bestimmen. In diesem Sinne müsst ihr euch alle der großen Verantwortung für die Zukunft eurer Welt bewusst werden. Es hängt von euch allen ab. Habt ihr euch bereits entschieden? Dann macht euch ohne einen Blick zurück an die Arbeit. Ihr solltet keine Zeit verlieren. Jede Minute ist kostbar, und jede Beschleunigung macht alles nur noch wertvoller und wichtiger. Geht sofort daran, eure Zukunft neu zu gestalten. Unablässig bilden diese Kräfte ein neues Gleichgewicht aus, und es wird auf immer ein Wechselspiel aus Licht und Schatten geben, zwischen den schöpferischen Kräften und der destruktiven Macht. In diesem Sinne erinnern wir euch noch einmal daran, wie wenig Zeit euch bleibt. Alles wird sich genau so vollziehen, wie ihr es wollt, denn die Zukunft der Menschheit wird so sein, wie ihr sie gestaltet.

Es wird noch weitere Öffnungen geben, die euren Transformationsprozess und den des Planeten erleichtern, etwa am 31. Juli und am 21. Oktober 2011. Dann werden alle in die menschlichen Zellen eingeschriebenen Erinnerungen, die bestimmte Prozesse blockieren, ein für alle Mal hinweggefegt. Ihr werdet von den Fesseln befreit, die euch gebunden haben. Das sind emotional große Herausforderungen, aber wenn sich diese Öffnungen wieder versiegeln, seid ihr von eurer Vergangenheit befreit. An diesen speziellen Tagen werden Ströme von Sonnenenergie die gesamte Erdoberfläche überziehen. Alte Muster werden vom Feuer gereinigt. Es läutert und verändert euch innerlich. Die Fesseln der Konditionierung, die euch so lange schon angekettet haben, werden zusehends schwächer.

Das Auftauchen von Feuer und Geist bedeutet eine Neugeburt für euch, begleitet von der Auflösung aller menschlichen Konzepte und von allem, was euren Alltag so beschwerlich macht.

Welchen Rat würdet ihr uns geben, damit wir den »Zeitdruck«, unter dem wir leben, besser bewältigen können? Es scheint, dass wir fünfzig Prozent weniger Zeit zur Verfügung haben als zuvor.

Mit zunehmender Erfahrung in der Evolution dieser Inkarnation werdet ihr merken, dass euer Schlafbedürfnis abnimmt. Das sollte aber kein Grund zur Sorge sein. Egal, wie lange ihr schlaft, euer Körper wird dabei stets heilen. Und wenn ihr die bereits genannten Punkte berücksichtigt, werdet ihr begreifen, dass die Zeitverdichtung auch bestimmte Anpassungen bewirkt: Sie beeinflusst den Schlafrhythmus, verändert eure biologischen Phasen und stellt euren Tag-Nacht-Rhythmus auf diese machtvollen neuen Schwingungen ein.

Nehmt euch Zeit zur Ruhe, damit ihr die Erfüllung der Seele spürt. Dies fördert das Gefühl, dass Zeit und Raum nicht existieren. Aber ihr müsst aus dem Verständnis heraus handeln, nicht durch Zeit begrenzt zu sein und alles unternehmen zu können, ohne euch sorgen zu müssen, ob ihr eure Ziele erreichen und eure Projekte realisieren werdet. Mit dieser Einstellung werdet ihr erkennen, dass alle Projekte in der Hälfte oder nur einem Drittel der Zeit erledigt werden können, die man dazu vor ein paar Jahren gebraucht hätte.

16

Der Countdown
hat begonnen

*E*s heißt, dass wir 2010 in die letzte Phase vor der Zeitenwende ein-
getreten sind. *Sie leitet die letzten drei Jahre eines zwölfjährigen
Zyklus ein und bringt anscheinend den Endspurt für die »alten« Energien.
Steve Rother, ein bekanntes amerikanisches Channel-Medium, hat diese
Phase mit der Landung eines Flugzeugs verglichen ... zwei Jahre, um sich
auf die Landebahn auszurichten, ein Jahr, um sanft zu landen.*

Am 10. Juli 2009 habt ihr mit dem begonnen, was wir die Über-
gangsphase nennen. An diesem Tag empfing euer menschlicher
Organismus einen zusätzlichen solaren Schlüssel, der den DNS-
Aktivierungsprozess beschleunigte.

Seitdem eröffnet sich euch wahrhaft ein neuer Horizont. Erwartet gelassen die Auflösung sämtlicher alten Muster. Eure innere
Reinigung hat lange genug gedauert. Nun ist der Zeitpunkt da,
ohne Gedanken an die Vergangenheit vorwärtszugehen. Was ihr
»karmische Schuld« nennt, ist bloß eine vage Erinnerung. Eure
Handlungen und Entscheidungen bestimmen eure unmittelbare
Zukunft, und deren Folgen werden bald wieder verschwinden. Alles,
was ihr bis zur Zeitenwende erreicht, wird die Folge eurer gegenwärtigen Handlungen sein. Ihr nennt es »Karma des Augenblicks«,
das umso mächtiger ist, weil das alte Karma bei der Bestimmung
dessen, was vor euch liegt, nun keine Rolle mehr spielt.

Die zweite Jahreshälfte 2010 war wichtig und gleichzeitig für alle sehr aufwühlend, sowohl individuell wie auch kollektiv. Einige von euch haben völlig die Richtung verloren, weil diese nicht so eindeutig war, wie sie geglaubt hatten, und weil die Störungen, die sie erlebten, stärker waren als alles, was sie früher gekannt hatten. Doch wisst, dass diese »Phase der Leere« auch die Neustrukturierung bestehender Systeme bedeutete. So werdet ihr euch künftig nie wieder selbst belügen können. Es wird so unerträglich sein, sich etwas vorzumachen, dass ihr keine andere Wahl habt, als euch von allem zu befreien, was euch einschränkt. Alle, die jetzt ans Jahr 2010 zurückdenken, werden wissen, wovon ich rede.

Anfang 2011 setzte die positive Neuformung eures Systems, eurer Struktur und eurer Lebensmuster ein. Die Zeit vergeht seitdem deutlich schneller, und ihr spürt diese Beschleunigung, aber ihr seid in der Lage, mit dem Tempo Schritt zu halten und in kurzer Zeit etwas zu erreichen, wozu ihr vorher Jahre gebraucht hättet. Verzögert den Reinigungsprozess nicht länger. Sobald ihr alles abgeworfen habt, das euch unnötig scheint, wird euer Leben von Ruhe erfüllt sein. Alles wird sich chronologisch und automatisch entwickeln. Ihr werdet von erneuernden Energien getragen und ein lange verloren geglaubtes Gefühl von Erfüllung verspüren. Ihr werdet erfüllt sein und bereit, euch den Veränderungen zu stellen, die schon vor so vielen Jahren angekündigt wurden.

In den letzten Jahren haben sich viele Energiefenster geöffnet. Viele weitere werden sich bis zum Jahr 2019 noch öffnen, wenn die neuen Strukturen für euch auf der Erde eingesetzt werden. Die Folgen davon werden euch nicht nur ein Jahrtausend lang beeinflussen, sondern die nächsten zehntausend Jahre lang. Bringt deshalb für eure Gegenwart größtmögliche Schönheit hervor, aber nicht für die Zukunft, denn die Zukunft ist bloß eine verstärkte Reflexion dessen, was ihr in der Gegenwart schafft.

Die nächsten paar Jahre werden in der Tat entscheidend sein. Ihr müsst unbedingt eure Verantwortung für die Welt ringsum übernehmen und dabei auch auf die nonverbale Kommunikation mit der Familie und eurer Gemeinschaft achten. Nehmt eure Verantwortung an, indem ihr eure eigene göttliche Macht in Anspruch nehmt, indem ihr die Flügel ausbreitet und eurem schöpferischen Potenzial freien Lauf lasst. Ihr könnt doch alles erreichen. Das wurde euch schon so oft mitgeteilt. Jetzt ist nicht der Zeitpunkt, nach einem Weg Ausschau zu halten – ihr befindet euch bereits auf diesem Weg. Ihr braucht bloß zu leben. Aber das müsst ihr wirklich tun, und zwar jetzt. Klammert euch nicht an die Vergangenheit. Versucht nicht, alles Mögliche vorauszusehen und euch künftige Ergebnisse und Szenarien vorzustellen. Lebt in der Gegenwart, als wäre jeder Tag der letzte und – wahrlich – als müsstet ihr euren Nachfahren die bestmögliche Welt hinterlassen.

Wir fordern euch daher auf, das Leben zu genießen, doch gleichzeitig bewusst und verantwortlich zu handeln. Hier liegt die große Herausforderung der nächsten Monate und Jahre. Die Zeit ist vorbei für Unsicherheit und momentane Schwierigkeiten, für die ihr äußeren Faktoren die Schuld gebt, wie etwa »schlechten« Taten in einer früheren Inkarnation. Lehnt eure Verantwortung nicht ab, indem ihr das Gefühl der Unsicherheit als direkte Folge von Taten in einem vergangenen Leben anseht. Ihr seid keine kleinen Kinder mehr, die behaupten: »Ich war es nicht. Er war es.« Ihr braucht auch nicht mehr an die Hand genommen zu werden, damit ihr euch nicht verlauft. Ihr habt ein eigenes Gefühl für Verantwortung, eigene Urteilsfähigkeit und eigene grenzenlose Macht.

Ihr seid für eure Gedanken und Handlungen selbst verantwortlich. Verlasst euch auf eure Intuition und streift alles ab, was euch nicht mehr nützt. Konzentriert euch darauf, wer ihr seid. Ihr braucht keine Therapeuten und keine Heilbehandlungen mehr. Vertraut uns nur und werft kein Geld mehr zum Fenster hinaus. Es ist besser, es für etwas auszugeben, das rein ist und die Welt ringsum wahrhaftig ändert. Jeder von euch ist sein eigener

Heiler. Habt nur Vertrauen, und ihr werdet geheilt. Ihr bergt in euch die mächtigsten Energien, die heilen und Wunder bewirken. Wenn ihr fest davon überzeugt seid, werdet ihr sehen, wie leicht ihr die Probleme lösen könnt, die euch momentan so schwierig erscheinen.

Setzt hier und jetzt alles, was ihr gelernt habt, in die Praxis um. Ihr seid rein und vollkommen. Hört auf, an den Problemen von gestern zu arbeiten. Wisst, dass ihr sie sekundenschnell lösen könnt, wenn ihr dies nur wollt. Eure innere Kraft ist nun ausreichend entwickelt und so machtvoll, dass ihr dies erreichen könnt. Handelt entsprechend!

Möge der Schleier der Illusion sich in diesem Moment heben, damit ihr euch voll bewusst werdet, wer ihr wahrhaftig seid.

Ich bin Salim vom Stern Wega, und die meine Worte begleitenden Schwingungen werden euch beim Lesen dieser Zeilen erreichen. Ich überbringe euch noch eine weitere Botschaft von den Sternen:

Die stellaren Portale öffnen sich für die Erde, und diese Öffnung wird sich in den kommenden Jahren erweitern, damit alle Organismen auf eurem Planeten den Übergang auf angemessene und akzeptable Weise erleben. Wir reden hier nicht nur von Menschenwesen, sondern vom gesamten Ökosystem des Planeten und allem, was aus Lebensenergie besteht und das vitale elektromagnetische Feld erzeugt, das wir von unseren Sphären aus wahrnehmen können.

Diese stellaren Öffnungen haben bereits Ende des Jahres 2010 eingesetzt. Sie kündigen den Beginn eines neuen Zeitalters an, in dem die Technologie im Dienste der Evolution steht und die Schöpfung in den Stand der Vollkommenheit übergeht.

Handelt, liebe Freunde, wir schauen euch zu. Handelt, so gut ihr es vermögt.

17

Andere Dimensionen, in denen wir uns entwickeln

Die Wiederkehr von Hildon, Chandra und Flex

K önnt ihr mir erklären, was geschieht, wenn wir uns in der dritten Dimension entwickeln, verglichen mit anderen Ebenen, wo auch eine Evolution stattfindet?

Wenn ihr in der gegenwärtigen Inkarnation eine Entscheidung trefft, erschafft ihr ein neues existentielles Potenzial für eure Seele und deren Evolution. Gleichzeitig optieren diejenigen Aspekte von euch, welche die gleiche Identität teilen, für die Möglichkeiten, die bei der ursprünglichen Entscheidung ausgeschlossen waren. Diese anderen Aspekte entwickeln sich daher weiter und treffen eigene Entscheidungen. Dabei erzeugen sie wiederum neue existentielle Potenziale für die Evolution eurer Seele. So werden neue Aspekte von euch erschaffen. Diese verfolgen einen eigenen Lebensweg und erzeugen neue Optionen.

Die Schwingungsebenen innerhalb eurer Erde, die in einer anderen Frequenz als der dritten Dimension schwingen, ermöglichen anderen Aspekten von euch – anderen Aspekten eurer Seele, die auf der irdischen Ebene experimentieren – evolutionäre Erfahrungen, die nichts mit eurem gegenwärtigen Leben, eurer Identität oder den Grundlagen zu tun haben, die ihr seit eurer Geburt definiert habt. Schließlich sind alle eure vergangenen Inkarnationen ebenfalls gleichzeitig präsent und existieren auf bestimmten Ebenen, die wiederum innerhalb der Erde verankert sind. Das bedeutet aber nicht, dass eure vergangenen Leben noch nicht »vergangen« sind. Sie existieren vielmehr in eurer Realität und als Funktion eures Zeit-Raum-Konzepts der Existenz. Sie existieren also und werden auch auf anderen Ebenen weiterexistieren.

Eure multidimensionale Evolution fächert sich daher in drei deutlich unterschiedene Bereiche auf, die wir wie folgt definieren:

- die dimensionale Ebene, auf der ihr die gleiche Identität habt wie gegenwärtig,
- die Schwingungsebene, auf der ihr eine völlig andere Realität erlebt und euch in Dimensionen mit einer anderen Frequenz als auf der irdischen Ebene bewegt,
- und die Dimensionen, die ineinander verschachtelt sind, in denen eure Vergangenheit und vergangene Leben sich gleichzeitig neben der gegenwärtigen irdischen Inkarnation entfalten.

Haben alle Dimensionen, in denen wir uns entwickeln, eine gemeinsame Wahrnehmung oder Fokussierung, mit der wir arbeiten können?

Es gibt in der Tat einen Fokalpunkt, ein einzigartiges Element, das alle Teile von euch, die auf den unterschiedlichen Ebenen evolvieren, miteinander verbindet. Dieser gemeinsame Nenner ist keineswegs trivial. Wir meinen damit die drei Juwelen in eurem Herzen, die zusammen eine Dreieinigkeit ergeben und euer ursprüngliches Wesen ausmachen – jene Frequenz, die euch ureigen ist und die Schönheit und Großartigkeit eurer verwirklichten Präsenz reflektiert. Die drei Juwelen des Herzens sind im Grunde eins. Anders gesagt: Sie schwingen auf dem gesamten multidimensionalen Spektrum eures Seins, und die gleichen Juwelen, die sich in eurem körperlichen Herzen finden, finden sich auch in allen anderen Aspekten von euch. Die drei Juwelen des Herzens sind für alle eure Teile gleich, mit denen ihr auf den verschiedenen

Ebenen der Evolution experimentiert. Wenn ihr mit eurem Herzen und den drei Juwelen, die in seinem Zentrum pulsieren, Kontakt aufnehmt, verbindet ihr euch in Wahrheit mit einem einzigartigen Element, das außerhalb von Zeit und Raum steht, außerhalb der drittdimensionalen Beschränkungen. Es weilt an einem heiligen Ort, wo alles eins ist.

Es ist vielleicht schwierig, sich das vorzustellen, aber das Konzept einer einzigartigen Präsenz in allen Dimensionen kann mit bestimmten heiligen Stätten unserer Lichtstädte verglichen werden, besonders bei den Städten der Innenerde. In jeder Lichtstadt gibt es Kristalldome, und wenn wir diese Dome betreten, stehen wir in einer Halle, die auch für Wesen aus benachbarten Städten zugänglich ist. Versteht ihr das? Das Gleiche gilt für den heiligen Ort des Herzens, das die drei Juwelen beherbergt. Wenn man sich an diesen Ort begibt, herrscht ein zentrales Licht, das von allen Teilen des multidimensionalen Selbst zugänglich ist, wenn man das Bewusstsein entweder auf das eigene körperliche Herz richtet oder auf das zentrale, ätherische Energieherz. Die drei Juwelen des Herzens sind von daher Behältnisse eurer ureigenen Essenz, die EINS ist. Sie sind daher für alle Teile eures Wesens zugänglich, die sich in den unterschiedlichen dimensionalen Sphären entwickeln.

Es ist euch möglich, mit dem reinsten und leuchtendsten Teil eures Selbst in Kontakt zu treten – mit den drei Juwelen und deren Kraft – eurer verwirklichten Essenz.

Nehmt euch, wenn euch danach zumute ist, die Zeit, euch bei vollem Bewusstsein in euer Herz zu versenken, um diese Edelsteine zu spüren, die seit Urzeiten in euch präsent sind und die ewig so bleiben werden – reinste Diamanten der Schöpfung.

Dazu braucht ihr euch bloß in eurem Körperherzen eine Spirale aus weißem Licht vorzustellen, bei vollem Bewusstsein hineinzutauchen und der Spirale in ihr Zentrum zu folgen, das in eurer Herzmitte liegt. Dann findet ihr euch in einem Kokon aus weißem, funkelndem Feuer wieder. Die drei Juwelen eures Herzens werden genau vor euch sein und in der Vollkommenheit eurer Multidimensionalität pulsieren. Empfindet einfach deren Präsenz und ihre Schwingung, empfangt ihre Energie und nehmt einen tiefen Zug aus dieser Quelle unendlicher Liebe, die euer eigenes Licht ist, das Licht der Schöpfung und das göttliche Wesen, das ihr eurer Essenz nach seid, zu dem ihr werdet und das ihr für alle Zeit bleibt. Ihr habt euch bereits selbst verwirklicht.

SCHWIERIGE BEZIEHUNGEN

Es scheint, als wären manche Konflikte zurzeit karmischen Ursprungs. Manche Beziehungen sind so herausfordernd, dass ich mich frage, ob der Ursprung der Provokationen nicht in einer anderen Realität ihre Wurzeln hat – vielleicht in einem parallelen Leben, dessen Wirkungen aber in dieser Realität spürbar sind.

Wenn das der Fall ist, wie kann man eine solche Situation bewältigen?

Nun ist der Zeitpunkt gekommen, an dem wir erkennen, dass viele der großen Dramen enden und existentielle Konflikte rasch verschwinden. Sie lösen sich einfach auf. Allmählich kehrt wieder Friede in allen Beziehungen ein – den familiären, beruflichen, freundschaftlichen und ehelichen. Man kann diese Beziehungen entweder verändern oder aufgeben.

Die Wurzeln aller Konfliktbeziehungen können oft auf Ereignisse zurückgeführt werden, die entweder in diesem Leben oder in anderen Inkarnationen stattfanden. Da alles eine Sache der persönlichen Entscheidung ist – wie ihr inzwischen ja wisst –, können die Menschen, mit denen ihr in diesem Leben Umgang habt, auch in euren Parallelleben präsent sein. Aber das ist nicht immer so. Ich wiederhole: Alles ist eine Frage der Entscheidung, und ihr habt stets zahlreiche Optionen, ja, unendlich viele, denn ihr könnt euch jede Sekunde eures Lebens oder sogar mit jedem Atemzug für etwas anderes entscheiden.

Wie bereits gesagt: Die meisten Beziehungen, die man in dieser Inkarnation als Konflikt erlebt, weisen vermutlich auch auf anderen Existenzebenen welche auf, aber zwischen anderen Aspekten der selben Menschen. Wir möchten hier zwar nichts verallgemeinern, aber das ist meistens so.

Wenn ihr daher eine Beziehung auf dieser Existenzebene verbessert, wird es für andere Teile von euch leichter, die ähnlich schwierige Beziehungen mit anderen Aspekten der selben Person erleben, mit denen ihr in Konflikt steht. Aber es wäre allzu leicht, diesen Konflikten von Aspekten eures Selbst auf anderen Ebenen die Schuld zu geben. Man muss grundsätzlich in allem, was man erlebt, die Verantwortung übernehmen. Konflikte und schwierige Beziehungen können leicht gelöst werden, sofern man nur will und selbst wenn sie auch auf anderen Existenzebenen bestehen.

Erlaubt mir einen schlichten Ratschlag zur Bewältigung von Konflikten, die euch geistig und emotional zu schaffen machen: Visualisiert den Menschen oder die Personen, mit denen ihr im Streit liegt, und malt euch genau aus, wie euch die Situation am liebsten wäre. Das wird umso machtvoller, wenn ihr zu diesen mentalen Bildern emotionale und visuelle Dimensionen assoziiert. So ermöglicht ihr der Beziehung, auch auf einer anderen Ebene zu existieren, in diesem Fall der geistigen. Die geistige Ebene ist ebenso machtvoll wie eure anderen Existenzebenen, aber auf ihr ist die Beziehung friedlich und problemlos.

Je mehr Kraft ihr daher dieser vorgestellten Situation verleiht, umso eher ermöglicht ihr es, dass sie sich verwirklicht. Nach dem Prinzip, dass die geistigen und emotionalen Sphären die größte Wirkung auf eure körperliche Welt haben, könnte eine schwierige Beziehung so allmählich in eine friedliche umgewandelt werden. Das kann sehr schnell geschehen. Alles hängt von der geistigen und emotionalen Kraft ab, mit der ihr die Situation prägt, sowie dem Potenzial zur Materialisierung, die ihr durch eure Visualisierung erzeugt.

Ihr braucht nur jeden Abend zehn Minuten zu visualisieren, und die Lage kann sich schon in drei bis vier Wochen ändern. Ihr werdet sehen, wie überraschend sich dies einstellen kann. Und alles wird die Folge eurer eigenen kreativen Prozesse sein. Macht euch an die Arbeit!

DIE KRISTALLE DER ZIRBELDRÜSE

Als Folge der Ereignisse rund um die Große Veränderung verändert sich auch unweigerlich unser Körper. Ein Teil unseres physischen Körpers, der von diesem Wandel betroffen ist, ist die Zirbeldrüse. Man sagt, dass sich innerhalb der Zirbeldrüse kristalline Strukturen bilden, die es uns ermöglichen, unser Potenzial noch stärker zu aktivieren.

Könnt ihr uns mehr über diese kristallinen Strukturen berichten und erklären, wie wir sie nutzen können, um auf einer höheren Frequenz zu leben?

Es stimmt, dass die Zirbeldrüse in eurem physischen Körper sehr mächtig ist. Ihre Macht wird von den Augen Spirits als leuchtender Punkt wahrgenommen.

Die Zirbeldrüse ist ein Energiezentrum und Teil eines Netzes vitaler Lichtenergie, die im Körper kreist. Dieser wird heutzutage viel stärker in Anspruch genommen, denn die Zeiten, in denen ihr lebt, erfordern eine stärkere Kristallstruktur.

Zu diesem Netz vitaler oder kristalliner Lichtzirkulation gehört auch das Herzzentrum. Wir meinen hier das physische Herz und seine drei Juwelen. Wir bezeichnen das Herz, den Thymus, die Energiezentren unter dem Magen, den Solarplexus und die Zirbeldrüse als größere Kristallpunkte. Auf diese beruft man sich zurzeit am häufigsten.

Seit dem 18. Juli 2008 sind regelmäßig kristalline Energien aus den Sphären auf euch eingeströmt, die auf Frequenzen zwischen der neunten und der dreizehnten Dimension schwingen. Diese Lebensstrahlen, wie wir sie nennen, fließen direkt in die Energiezentren eures Seins, die wir gerade erwähnten. Sobald sie im Kern eurer Energiezentren sublimiert sind, werden diese Strahlen auf die drei Juwelen des Herzens gerichtet, um daraufhin in alle Körperzellen auszufächern und die Substanz zu erwecken, die wir als universale Quintessenz bezeichnen. Diese Substanz ist eine sehr machtvolle vitale Flüssigkeit, die im latenten Zustand in euren physischen Körpern ruht. Wenn sie erweckt wird, beteiligt sie sich an der allmählichen Umwandlung eures Organismus und erlaubt es, dass neue Komponenten des künftigen menschlichen Körpers sich neu ausrichten und aktiviert werden.

Es ist wahr, dass die heiligen Geometrien des Lichts sich vor kurzem um die Zirbeldrüse, dieses Zentrum aus göttlichem Licht, positioniert haben.* Alle dreizehn Geometrien sind sowohl mit den dreizehn großen Kristallwirbeln des Planeten verbunden wie auch mit den dreizehn aufeinanderfolgenden Aktivierungsebenen, die euch ermöglichen, eine neue Drittdimensionalität zu erreichen, indem ihr auf den von der Sonne gesendeten Lichtwellen »surft«. Die Frequenzen dieser Lichtwellen nehmen Tag für Tag an Intensität zu und erreichen Ende des Jahres 2012 einen Stand, der alle existierenden Strukturen zum Einsturz bringt. Doch macht euch deshalb keine Sorgen: Lebt einfach im Hier und Jetzt, in dem Bewusstsein, dass die kristallinen und solaren Energien des Planeten sich verstärken, während die lineare Zeit in eurer Welt verschwindet. Während die Energienetze – euer eigenes und die des Planeten – sich an die *Große Veränderung* anpassen, erzeugen sie bestimmte unvermittelte

---

* Deshalb hat auch ein bedeutender spiritueller Lehrer wie Tom Kenyon, der als ausgebildeter Opernsänger in fast vier Oktaven Musik channelt, immer wieder auf die Bedeutung der Zirbeldrüse zur Bewältigung der mit dem Aufstieg verbundenen Probleme hingewiesen. Sein Buch *Aufbruch ins höhere Bewusstsein*, Hanau 2009, enthält eine CD, deren von den Hathoren gechannelte Musik die Zirbeldrüse aktiviert. Das Gruppenbewusstsein der Hathoren sowie Maria Magdalena channelte Tom Kenyon übrigens auch für *2012 – Die Große Veränderung*, den ersten Band der von Martine Vallée herausgegebenen Buchreihe. – *Der Verlag*

Schocks und Stöße, die aber vorhersehbar sind, wenn ihr auf eure Intuition lauscht. Die Kristalle eures Körpers sind aufs Engste mit jenen innerhalb eures Planeten verbunden. Verbindet die drei großen Feuerkristalle miteinander, indem ihr euch einen Strahl aus weißem Licht vorstellt, der von eurem Herzen ausgeht und die drei Kristalle berührt. Spürt diese Kristallenergie in euch und ringsum. Und trinkt mehr Wasser. Es überrascht euch vielleicht, aber Kristallstrukturen brauchen nun einmal viel Wasser und andere Flüssigkeiten. Wenn ihr diesem Rat folgt, werdet ihr sehen, wie leicht sich alles in eurem Leben ereignet.

Der Grund dafür ist, dass die bestehende Kristallstruktur nicht nur Wasser und andere Flüssigkeiten braucht, sondern auch Lichtdurchlässigkeit – in eurem Körper und ringsum.

Ich habe in einem neueren gechannelten Text gelesen, dass Kristalle in Wahrheit die Zirbeldrüse der Erde darstellen. Wie nutzt der Planet gegenwärtig seine Kristalle?

Alle Kristalle der Erde erwachen gerade. Manche sind sogar schon bereit, in Erscheinung zu treten. Wenn sie an die Oberfläche gelangen – was an manchen Orten bereits geschehen ist, etwa in der libyschen Wüste und in Nevada, aber auch auf bestimmten Ebenen in Mexiko und Guatemala –, geben sie ein Signal ab, das unmittelbar alle kristallinen Energiesterne zwischen der fünften und siebten Dimension rings um den Erdball anspricht.

Darauf verbinden sich diese Sterne mit den Kristallen der Erde, damit die Kristallsubstanz die irdischen Schwingungen angemessen verstärken kann. Bitte versteht, dass dies Vorhersagen und Möglichkeiten sind, die in einem größeren Zusammenhang detailliert ausgearbeitet werden. Ihr müsst begreifen, dass sie sich nur materialisieren werden, wenn ihr euch dafür einsetzt. Und wie macht ihr das? *Indem ihr euch mittels eurer Gedanken mit den Kristallen verbindet, die momentan noch in einem latenten, aber potenziell mächtigen Zustand in der Erde ruhen, und indem ihr in euren Körpern die Kristallenergie empfangt, die sie an euch aussenden.* Ihr seid dann selbst fähig, Energieströme und Gedanken zu erzeugen, die sich an dem allmählichen Auftauchen der Kristalle ausrichten werden. Alle Kristalle der Erde sind miteinander verbunden und senden unaufhörlich Millionen von Strahlen aus, die Substanzen übertragen, um das ruhende Potenzial in euch zu wecken und die Unausgewogenheit auf der Erdoberfläche zu stabilisieren. Diese Unausgewogenheit ist oft eine Folge von unbewusstem menschlichen Verhalten und wird durch die kristalline Kraft aus dem Erdinnern ausgeglichen. Zweck der großen Kristallwirbel ist, das für menschliches Leben wichtige Gleichgewicht zu garantieren. Ihre Aktivität hat sich in den letzten Jahren verstärkt, und es ist wichtig, diese Welle zu nutzen. Wenn ihr euch dagegen wehrt, hat das einen negativen Einfluss auf eure Gesundheit, denn die erwachende Kristallenergie reguliert dank der Verbindung zu den Solarenergien die Funktionen eures menschlichen Organismus. Bleibt daher gut geerdet, dann wird alles leicht seinen angemessenen Platz finden.

Empfindet ihr in eurem Körper oder im Leben allgemein ein gewisses Unbehagen, dann liegt das nicht an den gegenwärtigen Schwingungsänderungen, sondern an einer falschen Ausrichtung in euch selbst. Schiebt die Schuld nicht auf äußere Faktoren, auch wenn ihr euch das alle zur lieben Gewohnheit gemacht habt. Wir hören so oft: »Die Energien verschieben sich, daher bin ich so unruhig« oder ähnliche Sätze. Übernehmt besser selbst die Verantwortung und begreift, dass bei einem Unbehagen nicht die sich verschiebenden Energien der Grund sind. Das Unbehagen lässt euch bloß wissen, dass sich alles wie durch einen Zauber positiv entwickeln kann, solange ihr euch dazu entschließt. Aber wenn man stets die Schuld auf andere schiebt, kommt man niemals voran.

18

Eine Begegnung der Dritten Art in Peru

*E*s war immer schon mein Traum, Macchu Picchu in Peru zu besuchen. Dieser Traum erfüllte sich im Jahre 2006. Ehe ich losfuhr, sagte mir Hildon, dass diese Reise sehr inspirierend und in vieler Hinsicht überraschend werden würde.

Meine Reise nach Macchu Picchu war auch unglaublich, aber ich erwartete natürlich ständig irgendwelche Überraschungen. Doch ein Tag folgte auf den anderen, ohne dass etwas geschah. Als wir schließlich auf der letzten Reiseetappe wieder in Lima waren, gestand ich mir etwas enttäuscht ein, dass ich meine »Überraschung« vielleicht verpasst hatte. Ansonsten war ich jedoch begeistert von dieser Reise. Ich schlief entspannt in meinem Hotelbett ein, wenn auch mit der Frage, was ich wohl verpasst hatte!

Und dann, ehe ich mich versah, erwachte ich in gleißendem Licht, das meinen gesamten Körper durchdrang. Ich öffnete die Augen und erblickte ein großes Raumschiff über mir. Es war, als könnte ich durch die Mauern und Decken des Hotels hindurchschauen. Von meinem Bett aus sah ich, wie es einen weißen Strahl auf mich richtete. Es wirkte wie etwas aus dem Film Unheimliche Begegnung der Dritten Art. Ob andere es wohl auch sehen konnten? Ich lag in gleißendes Licht gebadet da und spürte eine intensive Hitze im Körper. Sie fühlte sich weich und gleichzeitig sehr stark an. Ich erlebte ein unbeschreibbares Gefühl von Wohlbehagen und habe keine Ahnung, wie lange dieses Erlebnis dauerte.

Das war meine Überraschung ... in allerletzter Minute. Was für ein unglaubliches Erlebnis! Nach einer Weile beschloss ich, aus dem Fenster zu schauen, ob das Raumschiff sich wieder entfernte, aber als ich aufzustehen versuchte, war alles zu Ende.

Hildon, kannst du uns mehr über dieses Erlebnis mitteilen? Sicher erleben viele Menschen so etwas, vergessen es aber wieder.

So etwas ist in der Tat verbreitet, aber die meisten Menschen vergessen es wieder. Es kreuzen dieser Tage nämlich wirklich viele Raumschiffe an eurem Himmel. Manche sind sichtbar, die meisten bleiben ätherisch und sind nur sichtbar, wenn euer physischer Körper sich in einer Art Halbschlaf befindet. Sie bestehen nicht aus Metall, sondern aus organischer Materie. Deshalb haben sie ein eigenes Bewusstsein und eine eigene Intelligenz. Die Strahlen, die sie auf die Erde senden, sind in der Regel positiv und fruchtbar, und sie helfen, die Schwingungen physischer Körper zu verstärken oder bestimmte Wirbel zu polarisieren.

Der weiße Strahl, den du wahrgenommen hast, war ein Zeichen, dass man dich nicht vergessen hat, und gleichzeitig eine Energieentladung mit dem Sinn, bestimmte kristalline Kodierungen in dir zu erwecken. Das Licht war nicht bloß Kristallstrahlung, es war ein Träger stellaren Wissens von der Göttin der Schöpfung, die in diesem Augenblick in deinem physischen Körper und deinem gesamten Wesen anwesend sein musste.

Ja, die meisten Menschen, die so etwas erleben, vergessen es wieder, auch wenn die Erinnerung sich in ihr Zellgedächtnis einprägt. Aber euch bleiben solche Ereignisse besser im Bewusstsein, je stärker ihr eure evolutionäre Erfahrung entwickelt.

Es wird der Tag kommen, an dem jeder von euch sich vollkommen aller Erfahrungen bewusst ist, auch wenn der physische Körper schläft. Dies wird sehr bald geschehen und durch den Mutationsprozess eurer DNS möglich gemacht.

*Wenn ich das Raumschiff durch die Decke sehen konnte, warum wollte
ich dann aufstehen, um es abheben zu sehen?*

Die Wahrnehmung des Raumschiffes über dem Hotel löste ein
jähes Bedürfnis in dir aus, diese Erfahrung bestätigt zu wissen,
und so standest du auf, um es auch weiterhin sehen zu können.
Dann brach aber alles ab, weil du ein Gefühl verspürtest, so etwas
wie Ängstlichkeit, das in der menschlichen Realität seine Wurzeln
hat. Darauf kehrtest du sofort in jenen Zustand und auf jene Rea-
litätsebene zurück. Auf dieser Ebene hörte dann alles auf, nicht
aber auf den feinstofflicheren Ebenen. Verstehst du das, Martine?
In den folgenden Monaten und Jahren wirst du so etwas noch
öfter erleben. Es ereignet sich unmittelbar, wenn du es am wenigs-
ten erwartest. Daher solltest du nicht versuchen, es zu forcieren.

Lieber Leser, die stellaren Strahlen, die euch regelmäßig aus
dem Kosmos gesandt werden, befördern eine euch bisher un-
bekannte Substanz. Sie bringen winzige Kristallpartikel, die mit
eurem physischen Körper verschmelzen und eure Transformation
erleichtern. Dies geschieht, ob ihr euch dessen bewusst seid oder
nicht, ob ihr darum bittet oder nicht. Die Teilchen sind energetisch gesehen sehr stark, denn sie stammen aus weit entfernten
Lichtsphären und schwingen auf Oktaven der neunten bis dreizehnten Dimension. Möge die Kraft der weißen Strahlen in diesem
Moment eure Herzen und Zellen durchdringen.

NOCH EIN PAAR WORTE ZUM ABSCHIED

Wir von den Sternen sehen mit Stolz, wie ihr Kinder der Erde
euch zu den vollkommenen Wesen entwickelt, die ihr eurer
Natur nach immer schon wart. Wer diese Zeilen liest, ist eines
jener Kinder, genau wie alle anderen, die trotz aller Umstände
ihrer gegenwärtigen Existenz so bewundernswert auf dem Planeten Erde leben.

Die Hilfsmittel, die euch gegeben wurden und die ihr inzwischen praktisch anzuwenden gelernt habt, haben die Grundlagen des Tempels aus Licht gefestigt, und dieser Tempel entspricht eurem Sein. Ihr selbst bestimmt über euer Schicksal, und die Jahre nach 2011 werden euch ermöglichen, alles, was ihr an Wissen und Lehren angesammelt habt, mit Leben zu erfüllen, um der Gegenwart ihren angemessenen Platz zu geben.

Die Verschmelzung der solaren Frequenzen und der kristallinen Essenz in einem jeden von euch schenkt euch die Fähigkeit, jene Schönheit zu erschaffen, die ihr für euch selbst und die Welt ringsum erträumt. Schönheit wird euer Erbe für künftige Generationen sein.

Träumt, lebt, handelt,
so werdet ihr die Zukunft erschaffen.

Bis zu unserem Wiedersehen,
Hildon, Chandra und Flex

Wer sich näher mit dem Schamanismus der Inka beschäftigen möchte, für den haben wir folgende sehr beliebte ÁMRAVeröffentlichungen im Programm:

DVDs

Alberto Villoldo
DIE HEILUNG DES LICHTKÖRPERS
Energetische Heilweisen der Inka
AMRA Cinema DVD, ISBN 978-3-939373-60-5; 22,95 €

Alberto Villoldo
AUFBRUCH INS NEUE ZEITALTER
Die Prophezeiungen der Inka
AMRA Cinema DVD, ISBN 978-3-939373-61-2; 19,95 €

Bücher

Karin Tag
DAS GEHEIMNIS DER ATLANTISCHEN KRISTALLBIBLIOTHEK
AMRA Verlag, ISBN 978-3-939373-51-3; 22,95 €

Karin Tag
DIE PROPHEZEIUNGEN DES KRISTALLSCHÄDELS CORAZON DE LUZ
AMRA Verlag, ISBN 978-3-939373-32-2; 19,95 €

CD

Karin Tag
HEILUNG DER ERDE
Eine traditionelle Heilzeremonie der Inka
AMRA Records, ISBN 978-3-939373-71-1; 19,95 €

Bestell-Hotline: +49 (0) 61 81 – 18 93 92   *Überall erhältlich!*

DREI

ANNA,
DIE MUTTER
MARIAS

Einführung von
Claire Heartsong

E s ist für mich eine Ehre und ein Segen, Martines Bitte zu erfüllen, einige ausgewählte Texte der Göttlichen Mutter Anna zu ihrem Buch *Spirituelles Erwachen* beizutragen, in dem es um die Erweckung des Großen Menschlichen Potenzials geht. Wissen Sie, erst vor kurzem hat Martine zu meiner großen Freude mit *Anna, the Grandmother of Jesus* mein erstes Buch ganz wundervoll ins Französische übersetzt, damit noch mehr Menschen Annas Weisheit für sich nutzen können. Inzwischen folgte in Zusammenarbeit mit Catherine Ann Clemett der Folgeband *Anna, the Voice of the Magdalenes*. In ihm schildern Anna und achtzehn andere Adepten und Initiaten von Magdala vertrauliche Botschaften aus ihrem Leben in Frankreich und Großbritannien nach Jeshuas Auferstehung. Sie enthüllen ihre ganz persönlichen und zutiefst ergreifenden Erfahrungen mit dem auferstandenen Jeshua, die sich über viele Jahre hinweg ereigneten.

Wenn Sie mich fragen, hat Martine das Thema genau getroffen. Es wird Zeit, den wichtigsten Auftrag unseres Schicksals zu erfüllen und unser höchstes menschliches Potenzial zu verwirklichen. Anna und die Verbündeten des Lichts helfen uns in jeder Hinsicht, aber wir müssen selbst dazu beitragen, sonst kann sich nichts verbessern. Wir dürfen uns nicht länger von Angst beherrschen lassen. Daher ist es wichtig, um Hilfe zu bitten, die auf Liebe beruht, und sie auch freudig anzunehmen – Hilfe, die aus unserem eigenen inneren Weisheitskern stammt sowie von authentischen Lehrern, die sich am Einssein ausrichten. Ich darf Ihnen heute Ratschläge von Anna vorstellen, die unendliche Liebe und Weisheit ausdrücken. Als Verkörperung der Göttlichen Mutter setzt sie sich für die Erhebung und Befreiung der Menschheit und aller Lebewesen ein. Ihre Worte und interdimensionalen Energien werden zwar durch meine menschliche Vereinfachung und die Begrenzungen gechannelter Worte abgeschwächt. Aber ich bin trotzdem sicher, Sie werden Zugang zu ihrer liebevollen und weisen Präsenz finden, wenn Sie das wollen. Auf den folgenden Seiten finden Sie Annas neueste Antworten auf Martines Fragen nach der Erweckung unseres menschlichen Potenzials sowie Auszüge aus meinem zweiten Buch und wichtige Lehren von Anna, die ich auf meiner Website *www.claireheartsong.com* veröffentlicht habe.

Ich wünsche Ihnen
einige wundervolle Erfahrungen.

Anna spricht

Seid gegrüßt, meine geliebten Freunde. Ich bin in diesem bestimmten Aspekt, der gerade zu euch spricht, als Anna vom Berg Carmel bekannt, Mutter Marias und Großmutter von Jeshua ben Joseph (Jesus). Solltet ihr mich jedoch in interdimensionalen Präsenzen kennen, so bin ich auch unter anderen Namen bekannt. Ich stelle in allen Aspekten die Mutter/Vater-Figur allen Lebens dar, Gebärerin des Kosmos. Ganz besonders bin ich Botschafterin und Ausdruck des Bewusstseins von der Göttlichen Mutter, die mitfühlend alles im Einssein bewahrt.

Es gefällt mir, mich auf diese Weise mitzuteilen, durch Worte und Energien, die sich durch Gelesenes vermitteln lassen. Nun kommen wir endlich zusammen, können unsere Herzenssorgen austauschen und mitfühlend in einem jeden von uns die Göttlichkeit spüren, die in allen Lebensformen und allen ihren Ausdrucksformen vorhanden ist. Wisset, dass diese Zeit eine großartige Gelegenheit darstellt, unser menschliches Potenzial zu erwecken.

So öffnete sich im Jahr 2011 ein sehr großes multidimensionales Portal aus kosmischer Energie, die von überall her einströmt. Das enorme Potenzial dieses Portals und seine lasergleiche Kapazität, Energie zu bündeln, kann vom normalen Verstand kaum begriffen werden. Es barg Frequenzen, an denen ihr euch aus-

richten könnt, um die ungewöhnliche Gelegenheit für die Erweckung des Bewusstseins in der unmittelbaren und künftigen
Zukunft zu erleben (*künftig* ist relativ und kann nicht genauer
definiert werden).

Wenn man den Verlauf des menschlichen Erwachens betrachtet,
bezeugt von einem viel stärkeren Sinn von Verbundenheit im
letzten Jahrhundert, erkennt man, dass dieses kosmische Portal
das Bewusstsein äußerst stark beeinflusst hat. Exponentielle Veränderungen über unsere gegenwärtige Vorstellungskraft hinaus
werden sich auch in diesem Jahrhundert fortsetzen und auf eine
Weise zeigen, die alle erstaunen wird. Aber für viele, die sich
lieber an den Status quo klammern, auch wenn ihre verzweifelten
und nutzlosen Versuche dazu nur großes Leid verursachen, wird
diese exponentielle Wirklichkeitsveränderung sehr beunruhigend,
ja sogar erschreckend sein.

Unter dem gegenwärtigen Energiezufluss befinden sich verein-
zelte Niedrigfrequenzen wie auch gebündelte Energiebänder mit
höheren Frequenzen. Daher ist es wichtig, weiterhin bestimmte
Fähigkeiten zu entwickeln, damit man die harmonischeren kosmischen Hochfrequenzenergien, die in unser Sonnensystem, auf
Mutter Erde und in euch selbst einströmen, leichter wahrnimmt,
sich daran ausrichten und sie verkörpern kann. Ihr müsst lernen,
diese Energien verantwortungsbewusst zu kultivieren und für
den eigenen Seelenfrieden und aller Wohlbefinden zu nutzen,
denn ihr werdet vielen verängstigten Wesen helfen müssen, die
tumultartigen Veränderungen gelassener zu überstehen.

Während dieser Zeit des großen Übergangs könnten viele Seelen Trauer und Angst erleben, denn materieller Besitz vergeht
und geliebte Menschen verlassen ihren vertrauten Körper. Vielleicht erlebt ihr selbst oder andere, die ihr kennt, einen Verlust
und den Übergang zum Tod. Daher sind Erdungsmaßnahmen
wichtig, wie man sich der eigenen Angst vor Vergänglichkeit und
Tod stellt, um sich mit diesen Konzepten anzufreunden, während ihr gelassen und zuversichtlich auf dem Weg zum Größten

Menschlichen Potenzial fortschreitet. Cb euer volles Potenzial in diesem Leben erreicht wird oder ob ihr dieses Leben bewusst nutzt, um euch auf künftige, besser verwirklichte Leben vorzubereiten, ist nicht unbedingt wichtig. Es geht darum, dass ihr Tag für Tag bewusste Entscheidungen trefft, um eine höhere Bewusstseinsebene und spirituelle Meisterschaft zu erlangen.

Wenn ihr euren Verstand, euren Körper und eure Gefühle bewusst auf die harmonischen Hochfrequenzen ausrichtet, könnt ihr den unvermeidlichen Wechsel leichter durchstehen und im Strom der extrem chaotischen Veränderungen schwimmen, die unwillkürlich reaktive Muster wie Angst und Panik bei euch auslösen. Alle Eingeweihten wissen, dass großes Chaos auch eine große Gelegenheit bedeutet, das eigene volle Potenzial zu erreichen, selbst wenn man von primitiven Ängsten belagert wird. Aber das Wissen allein reicht nicht. Eingeweihte nutzen außerdem noch geschickte Hilfsmittel, um ein deutliches Bewusstsein, die erforderliche Weisheit und das nötige Mitgefühl zu entwickeln, um in Zeiten, in denen Unbekanntes und Unvertrautes nach neuen Wegen schreien und mehr als nur eine normale Reaktion erfordern, das höchste Potenzial zu erreichen.

Höherdimensionale Frequenzen und die gelassene Stille, die man empfindet, wenn man sich an ihnen ausrichtet, sind für diesen Planeten nichts Neues. Adepten und Eingeweihte haben sich schon immer an diesen Energien und Geisteszuständen ausgerichtet. Aber im Unterschied zu früher bietet dieses Portal großer kosmischer Energie, das momentan die Erde umgibt, besondere Möglichkeiten. Wir werden erweckt und können uns vom Überleben in Niederfrequenzen und angstvollen Energien lösen, die den Traum des Getrenntseins fördern. Ein neuer, alternativer Traum von Einheit und ausgeglichener Harmonie – höchstes menschliches Ziel und Potenzial – kann nun wie nie zuvor verwirklicht werden.

Es werden sich sogar noch höhere kosmische Frequenzen einstellen, wie man sie auf diesem drittdimensionalen Planeten noch nie erlebt hat. All diese Hochfrequenzen können genutzt werden, um das höchste menschliche Potenzial zu erfüllen, und zwar so, wie ich, Anna, es schon vor zweitausend Jahren erlebt habe. Dies findet in sehr kontrollierten Umgebungen statt, etwa innerhalb eines Initiationstempels, in Höhlen, Einsiedeleien und heiligen Gemeinschaften. An solchen Orten haben wir uns von jeher so weit wie möglich von den Niederfrequenzen und der Außenwelt entfernt, um uns der Frequenzen unseres Karmas und der kulturellen Konditionierungen, die wir in Geist, Gefühlen und Körper bewahren, bewusst zu werden und sie zu verändern. Auf diese Weise wurden wir zu furchtlosen Meistern der physischen und der spirituellen Ebene. Alle Eingeweihten erreichten je nach Fähigkeit und Hingabe an die ausgeführten Praktiken den Erleuchtungszustand.

Die ursprüngliche Arbeit, Niederfrequenzenergien in dualistischen Konzepten, Gefühlen und Handlungen in ein hochfrequentes einheitliches Bewusstsein umzuwandeln, ist über die Jahrhunderte hinweg gleich geblieben. Aber während des gegenwärtigen kosmischen Portals kann der Prozess des Erwachens und der Verkörperung des einheitlichen Bewusstseins viel leichter erreicht werden, ohne sich vor der Welt zurückzuziehen, solange man weiß, wie man die vorhandenen Hochfrequenzenergien nutzen kann. Und es gibt Gelegenheiten zu erwachen, wenn die sich entwickelnde Mutter Erde insgesamt zum Initiationstempel wird.

Im Unterschied zum einfacheren Leben vergangener Generationen von Eingeweihten, als es leichter war, sich die notwendige Zeit für einen spirituellen Rückzug zu nehmen, seid ihr heute viel stärker in die Dramen des Planeten eingebunden. Diese zusätzliche Komplexität bietet gleichzeitig Vorteile und Herausforderungen. So braucht ihr in diesem Zeitalter der unendlichen Information schon sehr viel Mut, um das Leben zu vereinfachen. Ihr werdet ständig mit den verschiedensten Ablenkungen bombardiert, und es ist sehr schwer, einfach nur still zu sein und den Verstand lange genug ruhen zu lassen, um klar zu erkennen, wer ihr wirklich seid und was tatsächlich für das Leben und die Welt wichtig ist. Wie zu meiner Zeit ist dieses grundsätzliche Bewusstsein aber immer noch notwendig.

Heute wird von euch sehr viel mehr verlangt als von mir damals vor zweitausend Jahren. Tagtäglich branden Nachrichten über Kriege in aller Welt auf euch ein, über Völkermord, unfähige Regierungen, Korruption in Konzernen, Naturkatastrophen und sich verschlechterndes Klima. Und als wäre das noch nicht genug, verbindet ihr euch innerhalb weniger Sekunden an jedem Punkt der Erde immer wieder mit einem endlosen Strom von Informationen, der sich sämtlicher Kommunikationsmittel eurer Zeit bedient.

Ich erkenne sehr wohl, wie diese technologischen Fortschritte dem Menschen in vieler Hinsicht zugutekommen, etwa indem das Gefühl einer globalen Gemeinschaft wächst, wodurch wiederum das weltweite Mitgefühl zunimmt. Auch bewirken humanitäre Aktionen in jedem Lebensbereich Veränderungen zum Guten. Das menschliche Leid hat sich bereits auf vielen Gebieten verringert. Das ist der große Vorteil der kosmischen Energien, die in dieser Zeit auf die Erde einwirken. Aber man sollte auch erkennen, dass die zunehmende suchtartige Abhängigkeit von Technologie – der allgemeinen Technologie und besonders der Kommunikationstechnologie – bei immer mehr Menschen Ängstlichkeit und Entfremdung auslöst.

Es ist schon ironisch, dass das soziale Kommunikationsnetz die Menschen nur selten zu positiven Zwecken miteinander verbindet. Wenn man das Internet nutzt, um gefährdete, desillusionierte und wütende Menschen miteinander in Kontakt zu bringen und terroristische Aktionen zu planen, ist das natürlich nur eine Möglichkeit von vielen, wie Angst als der Gegenpol von Liebe sich die Technologie zunutze macht. Dabei wird die Illusion des Getrenntseins sich eher noch vertiefen statt abzunehmen, solange die Teilnehmer einander nicht liebevoll und empathisch behandeln. Die exponenzielle Explosion der Technologie verlangt also vom Eingeweihten selbst in erheblich weniger extremen Szenarien eine grundsätzliche Entscheidung: Nutzt man sie als Hilfsmittel für das erwachende Bewusstsein oder lässt man zu, dass sie einen in noch tieferen Schlaf einlullt?

Wenn ihr auf irgendeine Weise mit dem Internet zu tun habt, dann wisst ihr genau, wie leicht man dadurch abgelenkt wird und sich im Computerbildschirm oder dem Blackberry verliert. Ihr könntet ja auch direkt mit einem Freund reden und einander liebevoll umarmen. Bei all dem oberflächlichen Geplapper vergessen viele, wie man echt kommuniziert – wie man mit echten Menschen redet, selbst mit den eigenen Angehörigen.

Ohne bewusste Disziplin und Ausgewogenheit nimmt die elektronische Vernetzung oft die Zeit in Anspruch, die man damit zubringen könnte, sich sinnvoll und konzentriert mit dem eigenen höheren weisen Selbst zu verbinden und auf dessen Rat zu lauschen. Wenn man besser mit dem eigenen wahren Selbst in Kontakt steht, kann man jederzeit bewusste Entscheidungen treffen, die euer unendliches menschliches Potenzial spiegeln: Man kann sich die Zeit nehmen, freundlich zu handeln und behandelt zu werden, man kann die erhebende Schönheit der Natur genießen, die für ein waches Auge und Herz stets präsent ist. Zu starke Abhängigkeit von externer Technologie stumpft eure Intuition und eure unbewussten Fähigkeiten wie Telepathie und Hellseherei ab.

Als Seelenführerin und fürsorgliche Freundin möchte ich euch auffordern, ganz bewusst eure Prioritäten zu setzen. Wo und wie könnt ihr euer Leben vereinfachen, damit ihr in jedem Lebensaspekt besser geerdet, wacher und ausgeglichener seid?

Wenn ihr in diesen Zeiten vielleicht einsam, isoliert, verwirrt oder sogar verstört seid, dann denkt bitte daran, dass ihr nicht allein seid. Ihr seid weder allein in eurem Leiden noch getrennt von der großzügigen Unterstützung, die euch für eure Reise zur Verfügung gestellt wird. Daran sollte man auf diesem Weg über schwieriges Gelände und angesichts der Herausforderungen eurer gegenwärtigen desorientierenden Welt immer denken. Wie in keinem Zeitalter zuvor habt ihr nicht nur den Vorteil, euch mit anderen sorgenden Eingeweihten in aller Welt zu vernetzen, sondern ihr habt auch Zugang zu dem gesammelten realen Bewusstsein vieler erleuchteter und mitfühlender Meister, die bewusst gewählt haben, nahe der Erde zu bleiben, um euch bei eurer Erweckung zu helfen.

Ihr werdet feststellen, dass viele von uns in diesen Zeiten inkarniert sind, aber was mich angeht, so bewege ich mich recht schnell zwischen meiner physischen Gestalt und dem Äther hin und her, sobald ich meine Taten vollbracht habe. Wir von dem, was ihr das höhere Reich nennt, arbeiten gern mit euch, so gut wir können, ohne uns direkt einzumischen. Das geschieht nur in sehr seltenen Fällen. Gegenwärtig gibt es auch eine größere Anzahl von reinkarnierten Lehrmeistern, die zwar noch nicht voll erleuchtet sind, aber mit ihrem beträchtlichen Wissen und Mitgefühl der Menschheit helfen werden. Je nach Schwingung und Bereitwilligkeit werdet ihr diese authentischen Lehrer und Führer anziehen und dadurch wahre Hilfe erlangen, wenn ihr das größte Potenzial in eurem Leben erweckt.

Kehren wir nun zu den Energiefrequenzen zurück und dazu, wie man Energie auf neue Weise betrachten kann, damit sie euch bei der Erweckung hilft. Aus meiner Sicht werden hohe und niedrige Frequenzen – grobe und feine Energien im Kontext von Zeit und Raum – ganz anders erlebt, als eure konditionierte menschliche Wahrnehmung es gegenwärtig zulässt und erzeugt. Je mehr wir die gleiche flexible Sicht von simultanen Zeitrealitäten teilen und das volle Spektrum an Frequenzen innerhalb des konzeptuellen Verständnisses und darüber hinaus erleben, umso besser können wir zusammen daran arbeiten, das höchste Potenzial der Menschheit zu erreichen. Je klarer wir uns entscheiden, bewusst in das Wissen einzutauchen, dass alles inmitten des natürlichen Chaos gut sein wird, umso klarer wird unsere Perspektive. Und mit dieser größeren Klarheit stellt sich eine verbesserte Fähigkeit ein, Energieströme effektiver zu nutzen und im besten Sinne zu leiten.

Daher, meine geliebten Freunde, freue ich mich so sehr, dass wir uns wiederum in den höheren Oktaven des Lichts begegnen, in denen wir aus einer breiteren Perspektive den Energiefluss in diesem kosmischen Portal bezeugen können. Durch diese Neuorientierung können wir uns entspannen und das große schöpferische Spiel des Kosmos bestaunen: formlose, reine Energie, die sich in neuen Formen aus durchscheinendem Licht, Tönen und Farben manifestiert. Stumpfe, ausgediente Formen lösen sich auf in namenloses, formloses Potenzial. In diesem kosmischen Spiel können wir die Ganzheit und Vollkommenheit unseres wahren Wesens erkennen – wenn das Relative und das Absolute zum untrennbaren Einen werden: zur Manifestation des Großen Menschlichen Potenzials.

19

Die Erweckung des Großen Menschlichen Potenzials

Ob ihr euch am Anfang eurer Erweckungsreise befindet oder bereits seit vielen Jahren auf dem Pfad des offenen, freundlichen Herzens wandelt, seit 2011 werdet ihr auf eurer Reise von gütigen kosmischen Kräften bedeutungsvoll unterstützt. Natürlich werdet ihr auch die Widerstände der polarisierten angstvollen Mächte spüren, die sich gegen die unvermeidlichen Veränderungen sperren, die sich in euch und ringsum ereignen. Ich habe schon betont, dass das Chaos weiterhin zunehmen wird und ihr Gelegenheit bekommt, euch unmittelbar zu entscheiden und die Folgen scheinbar sofort »ein weiteres Mal« zu erleben. Nichts kann verborgen bleiben, vieles wird enthüllt. Euch wird spirituelle Meisterschaft abverlangt, aber ihr seid dieser Herausforderung durchaus gewachsen.

Wie können wir dieses edle Ziel erreichen?

EINIGE VORSCHLÄGE

Zuallererst müssen wir eine deutliche Vorstellung von unserem Großen Menschlichen Potenzial haben – kollektiv wie individuell – und mit einiger Gewissheit erkennen, dass die Erweckung möglich ist. Zweitens müssen wir die volle Manifestation in uns selbst und in allen Wesen mit unserem ganzen Herzen und Geist und unserer ganzen inneren Kraft herbeiwünschen. Drittens müssen wir unsere zerstreuten, ängstlichen und gewohnheitsmäßigen Gedanken und Handlungen auf einen klaren, eindeutigen, zusammenhängenden Nenner bringen, der sich nicht in Extremen ausdrückt, sondern in einem ruhigen, sanften, frischen, gegenwartsorientierten Bewusstsein.

Wenn wir bereit sind unser angeborenes unendliches Potenzial zum Ausdruck zu bringen und zu erfahren, können wir uns die verschiedenen Pfade, die uns zur Verfügung stehen, daraufhin ansehen, welchen wir einschlagen wollen. Wir betrachten die Früchte, die jene geerntet haben, die diese Pfade vor uns einschlugen. Mit unserer geschärften Wahrnehmung, Intuition und Weisheit erkennen wir das der von uns gewählte Weg derjenige ist, den jene benutzten, die tatsächlich ihr höchstes Potenzial erreichten. Wir sehen, dass diese wunderbaren Wesen voll erweckt sind. Sie kennen die Freiheit und die Freude wahrer Befreiung von den endlosen Leidensformen. Ihre Herzen sind offen und mitfühlsam. Sie sind furchtlos und glücklich. Und daher möchten wir uns an diesen erleuchteten Meistern ausrichten. Wir möchten von den gleichen Früchten kosten wie sie. Schritt für Schritt erkennen wir, dass unser höchstes Potenzial sich am besten verwirklichen lässt, wenn wir ebenfalls diesen Weg des offenen, freundlichen Herzens wählen.

Wir beginnen unsere Reise mit der Erkenntnis, dass unser Großes Menschliches Potenzial untrennbar damit verbunden ist, wie wir und andere Wesen erblühen. Wir wissen um unsere Verbundenheit und wünschen uns und anderen Glück. Wir begeben uns auf die Initiationsreise der grundlegenden Veränderungen zu unserem und zum Nutzen anderer. Denn unser persönliches menschliches Potenzial ist untrennbar mit dem großen Potenzial der Menschheit verbunden. Es ist nicht möglich, größtmögliches individuelles Glück zu erreichen, ohne dass der Freund seine Träume verwirklicht oder man im Nachbarn, den ihr vielleicht verurteilt, angeborene Sanftmut und schöpferische Macht erkennt, ohne dass Fremde auf der anderen Seite der Welt alle Grundbedürfnisse erfüllt bekommen.

Der Prozess der grundlegenden Veränderungen für uns selbst und unsere individuelle Wahrnehmung der Welt beginnt mit der Erkenntnis, wie sehr wir unsere unendlichen Möglichkeiten »von Augenblick zu Augenblick« begrenzen und beurteilen. Als erwachende Eingeweihte beobachten wir klar und neutral, wo wir unser Potenzial nicht erfüllt haben, und gelangen zu einer deutlichen Erkenntnis darüber, wie sich durch unser Tun oder Unterlassen Hindernisse auf unserem Weg ergeben. Wir lassen alle Verleugnungen, Projektionen und Beschuldigungen hinter uns. Statt bitter und gelähmt zu sein, ergreifen wir ganz pragmatisch die Initiative und gehen die gleichen Schritte wie spirituelle Meister, um die Früchte der Freude, Zufriedenheit und Gelassenheit zu genießen. Wir übernehmen die Verantwortung für unsere Entscheidungen und empfinden Dankbarkeit für unser Leben.

Wir können nicht verhindern, dass unsere Partner, Angehörige, Freunde, Nachbarn und Anführer sich und andere verletzen. Wir können sie weder verändern noch den Weg der Veränderung und Erweckung für sie beschreiten, aber wir können zu gütigen, inspirierenden Katalysatoren werden.

Als erwachende Initianten, die eine Einweihung erfahren, werden wir gnädig und liebevoll präsent in unserem eigenen Leben. Statt uns zu verurteilen, stellen wir uns unseren Ängsten und Unzulänglichkeiten. Wir erfreuen uns an unserem kostbaren menschlichen Körper und akzeptieren ihn als ein großartiges Geschenk. Unser Körper und diejenigen anderer Wesen werden als gleichbedeutend akzeptiert: Jeder verdient das gleiche Wohlbefinden. Wir studieren, bedenken und übernehmen funktionierende Methoden, wie wir uns mit unseren Gedanken, Gefühlen und Empfindungen vertraut machen können. Wir wenden diese Methoden getreu an, bis die erwünschten Ergebnisse sich stabilisieren und auf beständige, frische, direkte Weise über Monate und Jahre hinweg erlebt werden. Gelassen und ohne Druck entwickeln wir unsere Fähigkeit, zu bezeugen, wie wir allem im Leben begegnen können. Wir betrachten uns selbst und andere mit Klarheit, Mitgefühl, Vergebung und einer gewissen Leichtigkeit. Durch die Einübung beständiger und weiser Achtsamkeit in Zeiten der Ruhe und während der täglichen Aktivitäten verwirklichen wir bald Schritt für Schritt unser menschliches Potenzial. Wir beginnen, die Anzeichen für ein erweitertes Bewusstsein zu erkennen: Wir sind geduldiger, großzügiger und mitfühlender. Wir haben mehr Energie, wir brauchen weniger Schlaf, wir sind geistig wacher und in unseren Tag- und Nachtträumen klarer. Was zuvor festgefügt erschien, ist jetzt anders. Was uns einerlei und langweilig erschien wird nun wegen seines einzigartigen Seins geschätzt. Phänomene, die unkontrollierbar und einschüchternd gewirkt haben – unberechenbar attraktiv im einen Moment und abstoßend im nächsten –, werden nun auf eine Weise wahrgenommen, die weniger Reaktionen hervorruft. Man klammert sich nicht mehr so sehr an Dinge aus Angst vor Verlust und weist seltener Unerwünschtes von sich. Es wird seltener zwischen Hoffnung und Angst gependelt. Dafür erlaubt man sanft und gelassen allem, was sich zeigt, im gegenwärtigen Augenblick einfach nur zu sein.

Ob wir Objekte erleben, Gedanken oder Gefühle, wir fühlen uns wohler mit allem, wenn es eher fließend erscheint, nicht so festgefügt, und eher paradox. Das essenzielle Wesen sämtlicher Phänomene wird langsam über die eigene Vorstellung hinaus erkannt, die alles als permanent und kontrollierbar einordnen möchte. Wir jagen nicht mehr unseren flüchtigen Gedanken, Gefühlen und Empfindungen nach, um ihnen Bedeutung zu verleihen. Denn wir wissen, dass sie sich von selbst auflösen oder irgendwann wieder auftauchen werden. Wir beobachten sie bloß wie eine vorbeiziehende Parade und erfreuen uns am unendlichen Spiel des Lebens. Unser Bewusstsein ist geerdet wie ein unbeweglicher, aber veränderbarer Berg. Wir erlauben dem

Strom sich stetig verändernder Übergänge, vorbeizufließen und uns zu durchziehen. Und in dieser umfassenden Loslösung finden wir großen Frieden.

Für den Prozess der Erweckung müssen die Initianten ihren Geist, ihre Gefühle und ihren Körper von dem angesammelten Gift reinigen, das durch die karmischen Folgen früherer Leben oder als Folge schädigender Gewohnheiten in diesem Leben entstand. Nach der Reinigung von Körper und Geist von allen möglichen Giftstoffen sollten neue Gewohnheiten, die zu einem lebensverbessernden Verhalten führen, eingeübt werden, bis die alten dysfunktionalen Muster verkümmern und sich auflösen. So ernten wir die lebensbestätigenden Früchte unseres Schwurs, uns selbst und andere nicht mehr zu schädigen.

Je mehr wir uns von den betäubenden Schleiern befreien, desto wacher werden wir für den Augenblick und desto empfänglicher für feinstoffliche Energien – die bereits erwähnten harmonischen Hochfrequenzen. Wir genießen es, uns auf diese Frequenzen einzustimmen, sie zu kultivieren und unsere Lebenskraft zirkulieren zu lassen. Wir fühlen die Verbundenheit mit den Elementen, der Erde, dem Himmel und anderen Wesen. Immer stärker löst unser wachsendes interdimensionales Bewusstsein das Gefühl von Getrenntheit und Angst auf. Wir sind furchtlos, aber nicht zu starr, verbohrt, zwanghaft oder vorschnell damit, andere und uns selbst zu verurteilen. Wir sind wach und aufgeweckt, aber nicht zu gelassen, noch selbstgefällig, anspruchsvoll oder lethargisch. Wir sind lebhaft und lebenslustig. Wie es in einem eurer Sprichwörter heißt: »Lebt einfach, damit alle anderen auch leben können.«

WEITERE VORSCHLÄGE FÜR EUREN GEIST UND KÖRPER

Wenn ihr es nicht schon getan habt, solltet ihr in euren Tagesablauf erdende Meditationen oder andere Übungen einbauen, die Stress abbauen und euch Gelassenheit und Ruhe bringen. Macht so oft wie möglich eine Pause. Brecht dann ab, was ihr gerade tut, und achtet auf euren Atem. Lasst Gedanken und Körper ausruhen. In solchen Momenten der Ruhe könnt ihr entweder visualisieren oder euch auf andere Weise vorstellen, dass sich euer Blutdruck senkt und euer Immunsystem kräftig und lebendig funktioniert. Wenn eure Gesundheit momentan etwas angegriffen ist, sei es durch Krankheit, eine Verletzung, einen persönlichen Verlust oder ein anderes emotionales Trauma, ist es umso wichtiger, eine wirksame Methode zur Stressreduzierung zu finden, die für euch individuell wirksam ist. Mit der genannten Atemübung erreicht ihr eine tiefe Ruhe und Gelassenheit.

Noch nie fiel es euch so leicht wie seit Ende des Jahres 2010, auf eine Weise Dankbarkeit auszudrücken, die Wertschätzung fast automatisch nach sich zieht, unter welchen Umständen auch immer. Dankbarkeit, die von Herzen kommt, wenn alle Sinne geöffnet, vereint und erweitert sind, ist das beste Gegenmittel gegen Angst. Das nächstbeste Gegenmittel, durch das Angst sofort weicht, ist herzhaftes Lachen. Lachen aus dem Bauch heraus wirkt Wunder bei der Auflösung von Verzweiflung und Selbstzweifeln. Eine hervorragende Möglichkeit, den Stachel persönlichen Schmerzes zu entfernen, besteht auch darin, mitfühlend zu sein gegenüber jenen, die mehr leiden als ihr, und entsprechend zu handeln.

Angst wird auch weiterhin durch das kollektive konditionierte Bewusstsein toben. Aber wenn ängstliche Gedanken und Gefühle in eurem Dasein entstehen (und ihr könnt sicher sein, dass das nicht ausbleiben wird), sollte man sie akzeptieren, statt sie zu verdrängen. Geht ihnen nicht weiter nach, denn sonst werdet ihr euch in ihnen verlieren und von ihren Turbulenzen herumgeschüttelt. Betrübliche Gedanken und Gefühle fordern eure Aufmerksamkeit, doch brauchen sie euch nicht zu beherrschen, solange ihr nicht darauf reagiert oder sie beurteilt. Seid dankbar für alles, das in euch auftaucht und nach Erleuchtung strebt. Alles, das in euer Gewahrsein tritt, ist eine Gelegenheit, Mitgefühl zu üben, Gelassenheit, Barmherzigkeit, Einsicht, Klarheit und Geduld zu leben – es ist eine lange Liste von Tugenden und »Früchten« der Erleuchtung, die nach der Umwandlung von Angst heranreifen. Dankbarkeit, Mitgefühl und Humor – herzhaftes Lachen –, verändern das Bewusstsein, wenn sich euch der Magen verkrampft oder ihr Schmerzen verspürt. Diese einfachen Methoden erleichtern die Ausrichtung an den kohärenten und harmonischen kosmischen Frequenzen, die euch nun zur Verfügung stehen. Sie verbinden euch auch mit dem kosmischen Helferteam, denn nur wenn euer Herz wahrhaft Dankbarkeit und Liebe empfindet, könnt ihr eine Verbindung mit uns herstellen. Derartige Methoden der Leichtigkeit und Empathie bedeuten jedoch nicht, bestehendes Leiden zu verleugnen, noch bedeutet es, alles durch eine rosarote Brille zu sehen. Es ist eine Sache der bewussten Entscheidung, von Schwingungen und Einstimmung – es ist die Erweckungsarbeit des wahren Initiierten, der sich entscheidet, zu *sein* und die Macht der Liebe zum Ausdruck zu bringen.

Sorgt für euren Körper, nährt ihn, bewegt ihn, haltet ihn sauber. Seid so oft wie möglich in der freien Natur. Falls ihr an euer Zuhause gebunden seid, hört beruhigende natürliche Töne und andere besänftigende Musik. Singt laut oder im Stillen oder summt einfache Melodien – alles, was euch beruhigt und aufheitert. Ihr könnt auch Mantras singen, still oder laut, wie OM, AH, HUM. Imaginiert farbige Muster und lernt zu visualisieren. Lasst visuelle Reize zu, ohne ihnen Namen zu geben und ohne euch von dem, was ihr zu sehen glaubt, aus eurer unmittelbaren, essenziellen visuellen Erfahrung herauszubewegen.

Stellt euch vor, wie das gesamte Spektrum des Lichts mühelos euren Körper durchfließt. Konzentriert euch auf reine Farben, die ihr in Körperteilen entstehen lasst, in denen ihr vielleicht eine Anspannung oder Schmerzen verspürt. Experimentiert mit Tönen, Farben und Licht und spielt mit ihren heilenden Eigenschaften. Achtet darauf, was bei euch anschlägt, und verabreicht euch diese heilenden Energien mit der gleichen Hingabe wie einem geliebten Kind, einem Geliebten oder einem spirituellen Meister.

Lernt, beruhigende, das Herz öffnende hochfrequente essenzielle Öle zu benutzen, wie Rose, Lavendel, Weihrauch, Myrrhe und Sandelholz. Lasst euch von einem ausgebildeten Masseur massieren. Nutzt eure Sinne als Portal zu einem erweiterten Bewusstsein und für die hochfrequenten Seelenenergien, die so leichter in euren Körper dringen können. Kultiviert eure einzigartige schöpferische Leidenschaft durch diese Kanäle, damit deren Ausdruck euch und vielen anderen Nutzen bringt, egal, ob eure Talente auf dem Gebiet der Künste oder der Naturwissenschaften liegen.

Vereinfacht euer Leben. Hier ein paar Vorschläge: Befreit euch von Schulden, räumt auf, haltet euren Lebensbereich, alle Schränke und das Auto ordentlich und sauber. Organisiert wichtige Dokumente und entwickelt neue Fähigkeiten für Finanzplanung, Investitionen, Ausbildung und Beruf.

Lernt bewusst zu atmen, um mit einiger Übung Stress abzubauen und das Gewahrsein zu erweitern. Euer Atem ist immer bei euch. Seid euch ständig eures Atems gewahr – wie ihr mühelos ein- und ausatmet. Folgt einfach eurer Atmung, wenn die Gedanken abschweifen. Zur Atmung kann man immer zurückkehren wie nach Hause. Gebt zu starke körperliche Anstrengung auf, zwanghafte Beschäftigungen und übertriebenen Ehrgeiz, um besser zu werden, als ihr ohnehin schon seid. Meidet alle konditionierten Zwänge, ständig mehr zu erwerben, als ihr braucht. Ihr könnt durchaus erkennen, was wirklich Sinn macht und euch inspiriert, ohne die Last des Besitzens zu tragen. Erforscht, was das für euch bedeutet.

Gebt großzügig von dem Reichtum und Wohlstand ab, den das Leben euch geschenkt hat. Nehmt – gebt – nehmt – vervielfältigt die Ernte zum Wohle aller. Entwickelt einen großzügigen Geist – beobachtet den ewigen Kreislauf aus Geben und

Nehmen in der Natur und habt daran Anteil. Vergebt – lasst alles Handeln und Feilschen, alle Bitterkeit und allen Groll und Geiz fahren. Wenn man mit der Fülle des Universums eins ist, bedeutet dies eine bewusste, zuverlässige und weise Kultivierung von Wohlstand. Es ist wie eine Versicherung bei einer Bank mit unendlichem Potenzial. Vergesst nicht, wie ein Kind zu spielen – beobachtet Kinder und spielt mit ihnen. Lasst Kinder zu euren Lehrern werden. Befreit euer inneres Kind, um zu spielen, zu rennen, zu toben, Blumen zu pflücken, albern zu kichern – seid frei! Nichts und niemand kann euch daran hindern, diesen flüchtigen Regenbogen des Glücks zu erleben, der in eben diesem Augenblick auf euch scheint. Auch wenn ihr ans Bett gefesselt seid – eure unbelasteten Gedanken können sich eine fröhliche virtuelle Realität von Freiheit und Leichtigkeit ausmalen. Dieses Leben bietet euch, den Träumenden, eine Gelegenheit, um in eurem eigenen virtuellen Traum zu erwachen.

Übt weiterhin, ganz in der Stille zu sein, ohne euch unwohl zu fühlen – beruhigt den Körper, beruhigt die Gedanken. Lernt, euren Verstand auszuruhen und gleichzeitig sanft und gelassen alle auftauchenden Gedanken, Gefühle und Empfindungen zu beobachten wie eine vorbeiziehende Parade. Achtet auf die kleine Lücke zwischen dem Verstreichen eines Gedankens oder Gefühls oder einer Empfindung und dem Entstehen der nächsten. Achtet auf die Lücke zwischen dem Ein- und dem Ausatmen. Entspannt euch in dem reinen Gewahrsein, das sich euch in diesen Lücken darbietet: Spürt, wie dort Raum und Ruhe weilen.

Und solange ihr euch nicht an die Gelassenheit in diesen »Lücken« gewöhnt, merkt euch dieses Portal des reinen Gewahrseins und unvergleichlichen Friedens, die ihr dort antrefft. Dabei ist dies nicht besser als alles andere, was euren Verstand und die Sinne durchzieht. Es besteht alles aus dem gleichen Stoff – Energie, die sich ausdrückt und in einem Meer des Gewahrseins wieder auflöst. Lasst zu, dass die flüchtigen Blicke in die Unendlichkeit durch das Portal der »Lücke« eurer Fähigkeit dienen, euch an der Göttlichen Mutter auszurichten, die euch und eure Schöpfung stets wie bei einer Heimkehr umarmt.

Eure angeborene Vollkommenheit kann weder durch reine Willenskraft erworben werden noch durch mühseliges Streben. Entspannt euch. Seid still und wisst, dass ihr gleichzeitig eine Gestalt habt und diese transzendiert. Beschließt, euch nicht an eine sich ständig verändernde Welt zu binden und von ihr definiert und kontrolliert zu werden, eine Welt, die gleichzeitig existiert und nicht existent ist. Seid in der Welt, ohne an ihr teilzuhaben. Entspannt euren Geist. Seid gelassen. Beobachtet mitfühlend und sanft eure Schöpfung vom Standpunkt der »Lücke« aus – dem unendlichen kosmischen Portal der Göttlichen Mutter – eures Inneren SEINS.

Mit Frieden und Gelassenheit erleben wir froh unsere strahlende, sich selbst befreiende Vollkommenheit, die verschleiert wurde, aber durch alle Jahreszeiten und Zeitalter präsent bleibt. Wir sind in der Vereinigung des Einsseins wahrhaftig frei – und das, meine geliebten Freunde, ist unser Großes Menschliches Potenzial.

20

Ein sehr altes Foto

D iese verblüffende Anomalie zeigt meinen Enkel Jeshua, meinen ältesten Sohn Joseph von Arimathia, meinen Enkel Johannes Markus (Jeshuas Halbbruder) und Philip von Bethsaida. Angesiedelt ist diese ätherische Bilokation in der Westtürkei. Das bestellte Weizenfeld liegt landeinwärts, nicht weit vom Mittelmeer entfernt, südöstlich der Stadt Ephesus. Zeitpunkt dieser Szene ist 39 nach Christus, neun Jahre *nach* Jeshuas Kreuzigung und Auferstehung.

Die meisten Mitglieder unserer Familie, darunter Maria Magdalena und ich selbst, lebten zu diesem Zeitpunkt in Südfrankreich und im Südwesten Großbritanniens. Joseph bereiste mit seiner Schwester Maria Anna (Mutter Maria) und deren Sohn Johannes Markus der zu dem Zeitpunkt fünfzehn Jahre alt war, sowie mehreren anderen Jüngern die verschiedenen Gemeinden am Nord- und Ostufer des Mittelmeers, wo die Brüder über Jeshuas Lehren stritten. Maria Anna wollte ihnen dabei helfen, Lösungen und Frieden zu finden.

Die Szene wurde aus der Perspektive von Maria Anna und Maria Magdalena aufgenommen. Genau in dem Augenblick ereignete sich ein starker Energieeinfall. Der Mann, der das Foto an der Klagemauer in Jerusalem aufnahm, stimmte sich gerade auf Seelenebene in die Akasha-Aufzeichnungen simultaner Realitäten ein, da er auch einer von Jeshuas Jüngern war. »Er« stand neben Maria Anna und Maria Magdalena.

Solche fotografischen Anomalitäten geschehen nur sehr selten. Es gibt andere derartige Vorfälle, in denen sich energetische Abdrücke von Maria Anna und Maria Magdalenas feinstofflichen Körpern mit der tatsächlichen Szene der Aufnahme überschneiden und sie durchdringen. Häufiger sind zur Zeit feinstoffliche Eindrücke vom Bewusstsein des Meisters wie auch von denen anderer, die sich auf Filmen oder Digitalbildern als Kugeln oder Lichtsphären zeigen, sogenannten Orbs. Das sind alles sehr interessante Phänomene für jene, deren Herz und Geist für die Möglichkeit offen sind, dass mehr vor sich geht als mit dem bloßen, konditionierten Auge sichtbar ist.

21

Der einsame Weg
des Lichtarbeiters

N ach mehr als fünfzehn Jahren, die ich nun bereits spirituelle Bücher veröffentliche, habe ich von meinen Lesern eines häufiger gehört als alles andere – dass sie sich auf ihrem spirituellen Weg oft einsam fühlen. Wie kann das sein?

Ich möchte meinen geliebten Lichtarbeitern, die sich ohne einen seelenverwandten Gefährten und intime Freunde, die sie auf ihrem Weg begleiten, einsam und allein fühlen, gern eine Frage stellen: »Bist du selbst die Art von Gefährte und intimer Seelenfreund, den du in deine Arme schließen möchtest?« Falls das nicht der Fall ist, solltet ihr euch genauer bewusst werden, was zwischen euch und anderen steht. Ist es Angst? Vielleicht eine abschreckende Geschichte, die ihr euch selbst erzählt, um euch sicherer zu fühlen?

Außerdem möchte ich vorschlagen, dass ihr euch folgende Fragen stellt: »Bin ich wahrhaft bereit, mich in deinem Göttlichen Spiegel zu erkennen?« »Bin ich bereit, das Leid zu ertragen, wenn mein projiziertes ideales Selbst – ›mein Geliebter‹ – vergeht und stirbt? Kann ich die Möglichkeit feiern, meinen Geliebten ohne Projektionsfilter und Erwartungen wahrhaft zu erkennen, wenn er vor mir sitzt?« »Bin ich bereit, für meinen Geliebten vollkommen präsent zu sein – offenen Herzens, auch wenn ich es lieber verschließen möchte?«»Kann ich selbst auf lange Sicht für meinen innig Geliebten eine Geliebte bleiben?«

Wenn dies bejaht wird, dann folgt: »Bin ich bereit, den Gegenpol zur Liebe in mir selbst, den mein Seelengefährte spiegelt, wodurch er ihn mir exakt ins Bewusstsein bringt, willkommen zu heißen und zu heilen?«»Bin ich bereit, meinen Geliebten zu lieben und zu vergeben und sein Leiden als mein eigenes anzunehmen?«»Bin ich offen und empfänglich für die heilende Liebe, die mein Geliebter mir schenkt?«»Kann ich mich am Glück meines Geliebten erfreuen?«»Kann ich die verstärkte Intensität unseres gemeinsamen Seelenkarmas preisen und mich zuversichtlich hineinversenken, wenn wir einander vergeben, und sie in den alchemistischen Feuern in göttliche Liebe verwandeln?«

Wenn ihr auf die meisten Fragen mit Ja antwortet, könnt ihr eure geliebten Seelengefährten nicht davon abhalten, zu euch zu kommen. Und ihr werdet euch an der Kameradschaft verwandter Seelen erfreuen. Gleiches zieht Gleiches an, solange wir uns zur Verfügung stellen. Wir sind eine Familie, die sich zusammenfindet, einander unterstützt und sich gegenseitig Gutes tut. Durch die Synergie von: »Wo immer zwei oder drei versammelt sind in meinem Namen ...« können wir alles erreichen.

All diese Fragen führen uns zu dem beliebten Thema der Seelenfreundschaft. Da daran so viel Interesse besteht, möchte ich nun über die verschiedenen Stadien oder Initiationsebenen von *Bewusstsein* und *Seelenfreundschaft* reden, die in der Lage sind, eine Seele aus dem Kerker der Dualität hinauszuführen. Ihr dürft nicht vergessen, dass die tiefe Sehnsucht nach Einheit und Befreiung letztlich der Grund für dieses starke Interesse ist. Es geht nicht nur darum, dass man mehr und besser geliebt wird.

Um meine Sichtweise besser zu verstehen, die euch vielleicht hilft, das ultimative Ziel der Beziehung von Seelengefährten zu erreichen, muss man zunächst einen Kontext, ein Umfeld herstellen, von dem aus man die verschiedenen Ebenen einschätzen kann. Solange der Initiierte noch nicht erleuchtet ist und sich in einem physischen Körper befindet, gibt es Elemente oder Eigenschaften des Bewusstseins, die alle Ebenen durchdringen, was mehr oder weniger davon abhängt, wie bewusst oder unbewusst er oder sie ist. Unbewusste Beziehungen drücken einen stärkeren Grad an Dualitätsdenken aus, bewusste Beziehungen beruhen auf dem Einheitsbewusstsein. Wenn der Initiierte zum Einheitsbewusstsein erwacht, markieren bestimmte Bezugspunkte seinen oder ihren Fortschritt.

Unerweckte Männer und Frauen gehen miteinander auf dualistische, überlebensorientierte Weise um: »Ich und der/die andere« oder »Ich gegen den anderen/die andere«. Die meisten Erfahrungen in unbewussten Beziehungen sind gewohnheitsmäßig, konditioniert, reaktiv und rivalisierend, und die meisten Menschen auf dem Planeten Erde leiden zu diesem Zeitpunkt noch an etwas, das sich natürlicherweise durch die Getrenntheit vom physischen Körper und die Identifikation mit ihm einstellt. Das ist die erste Beziehungsebene.

Wenn die angeborene, sich selbst befreiende, mitfühlende Essenz der Seele zunehmend ihr Gewahrsein erhöht, überquert der erwachende Initiat eine entscheidende Schwelle. Sein Herz öffnet sich für bedingungslose Liebe. Der vermeintlich »andere« wird auf völlig neue Art gesehen – nicht als jemand, der ganz anders ist als man selbst, sondern als Mitbruder oder Mitschwester, der oder die gleichermaßen Glück verdienen.

Mit anderen Menschen umzugehen bedeutet eher ein »Ich und du« und »Ich bin du«. Nun ist die Wahrscheinlichkeit für größere Harmonie und tiefe Heilung gestiegen. Stark konditionierte dualistische Seelen werden nun mit vermehrter Klarheit und Empathie betrachtet.

Öffnet sich das Herz, so entsteht eine Sehnsucht, sich mit verwandten Seelen zu verbinden, deren Herzen sich ebenfalls öffnen. Es kommt zu dem tiefen gegenseitigen Wunsch nach bewussten Erfahrungen von wahrer Intimität und Einheit. Man zieht Glück der Rechthaberei vor. Harmonie und friedliche Koexistenz sind dann stärker verbreitet als das unendliche Leid, das entsteht, wenn unbewusste Herzen sich defensiv verschließen.

In den frühen Stadien der bewussten Seelenverwandtschaft erlebt man gewöhnlich die Dynamik der Gegensätze oder komplementäre Polaritäten, die einander anziehen. *Göttliche Ergänzungen* stellen sich ein, die euch zum Nachdenken darüber bringen, was ihr an euch selbst verurteilt, aufgegeben habt und zurückweist – alles unbewusste Verschleierungen zu dem Zweck, das Karma zu heilen und das eigene Herz zunehmend für grenzenloses Mitgefühl und Göttliche Liebe zu öffnen: für den Geliebten. Männliche und weibliche Energien werden erkundet und die Ausgewogenheit ihrer Einheit ins Gewahrsein gebracht. Diese Ebene kann man mehrere Leben lang erforschen.

Dabei stellt man vielleicht fest, einen Seelengefährten zu haben, der den »Weg noch nicht gegangen ist«. Oder dass die Partner in rascher Abfolge kommen und gehen. Vielleicht lebt man auch jahrelang allein, möglicherweise sein ganzes Leben, und verbindet sich durch den Äther oder über das Internet mit Seelenverwandten. Vielleicht hat man auch einen Lebensgefährten, der einen harmonisch ergänzt und einem ebenso ergeben ist, wie man selbst ihm, und mit dem man den gleichen spirituellen Weg beschreitet. Das kann genügen. Dann seid ihr in diesem Leben zusammengekommen, um in aller Ruhe Fähigkeiten für spätere Erfahrungen einer intensiveren Meisterschaft zu erwerben.

Dieses Stadium der göttlichen Ergänzungen überschneidet sich unter Umständen mit den Anfangsstadien der nächsten Ebene – der Zwillingsseelen.

Jene, die ihre Herzen noch mehr der Göttlichen Liebe geöffnet haben, indem sie Gegensätzliches willkommen hießen, sind nun bereit für weitere Schritte und dürfen die Dynamik der Zwillingsseelen erfahren. Das Paar erlebt jetzt seine »Zwillingshaftigkeit« im Göttlichen Spiegel. Eine Synergie des Zusammenfindens stellt sich ein – der gleichen karmischen Stärken und Schwächen, die nun aber beträchtlich intensiviert werden. Diese Dynamik fördert auf allen Ebenen die tieferen Bereiche der Alchemie, der Einheit und spirituellen Meisterschaft. All dies bereitet das einander ergebene Zwillingsseelenpaar auf die große Loslösung vom getrennten Sein vor.

Bei Zwillingsseelen existiert ein gegenseitiges Gewahrsein des oder der Geliebten und eine Ausrichtung auf sie oder ihn. Der oder die Geliebte – das wahre Selbst jenseits des begrifflichen Verstandes – wird bewusst aufgefordert, ein integraler, triangulierter Aspekt auf diesem Pfad des spirituellen Erwachens zu werden. Zwillingsseelenpaare wählen in ihrer Beziehung bewusst eher den spirituellen Pfad statt einen Weg, der das Zölibat einschließt.

Die Endstadien des Zwillingsseelenzustandes überschneiden sich dann mit der nächsten Entwicklungsspirale.

Auf den weiteren Ebenen der bewussten Beziehung herrscht eine tiefe und grundsätzliche Verpflichtung, diese Beziehung als einen spirituellen Weg zu sehen, der zum Nutzen aller Wesen zur vollen Erweckung führt. Zwillingsseelen oder spirituelle Gefährten versuchen nun, zur Verkörperung des oder der Geliebten zu werden.

Das abschließende Stadium auf dieser Ebene einer bewussten Beziehung besteht darin, dass die verwandelten und erwachten Zwillingsseelen sich auf die ultimative interdimensionale und kosmische Einheit miteinander vorbereiten – was ich als *Einheit der Zwillingsflammen* bezeichne. Eine solche Verschmelzung kann vom normalen Bewusstsein nicht mehr erfasst werden. Nur sehr wenige Wesen entscheiden sich für eine derart intensive Initiation. Und doch beschreiten immer mehr Paare diesen anspruchsvollen und edlen Weg.

Wenn ihr bereit dazu seid, werden wir uns dort begegnen!

22

Seelengefährten und Zwillingsflammen

Fangen wir damit an, dass eure Zwillingsflamme gleichzeitig eine kosmische Präsenz ist Sie ist der ursprüngliche Aspekt eurer selbst vor der Trennung des Gewahrseins in männlich und weiblich. Sie war eher ein Gewahrsein der ewigen Untrennbarkeit von maskuliner und femininer Polarität. Das war, bevor es überhaupt irgendeine Spaltung oder Unterteilung des Gewahrseins gab, welches das andere im Selbst erkannte. Eure Zwillingsflammenenergie entstammt der allerersten Spaltung im Gewahrsein: »Ich bin, der ich bin.«

So entstand ein Aspekt, der vorwiegend den Impuls aufwies, auszustrahlen und nach außen zu gehen, um sich selbst zu erkennen. Und es gab etwas, das gleichzeitig Behälter und Substanz sein wollte, in dem die Prägung oder Befruchtung erfolgen konnte. Diese Auffassung von maskuliner und femininer Energie, wie sie sich auf der kosmischen Ebene ausdrückt, ist der Ausgangspunkt dafür, sich als Erweiterung dieser ersten Zwillingsflamme verstehen zu lernen, die sich als einander ergänzende Energiespiegel erkannten. Eure Zwillingsflamme weist eine kosmische Frequenz auf und ist weit und ausgedehnt. Sie enthält Galaxien, zahlreiche Welten und Ausdrucksformer von Leben. Sie ist niemals von euch getrennt. Ihr seid dieses Selbst/Ich bin, das sich in der dichtesten und langsamsten Frequenz ausdrückt. Ihr seid jener

Teil des Selbst, das beschloss, sich bewusst als getrennt vom Schöpfer und Geliebten wahrzunehmen. Ich sage euch, sie besteht aus weitaus mehr Energie, als ein Individuum verkörpern und in einem physischen Leib halten kann. Noch nie hat ein physisches Wesen aus der Perspektive der dritten Dimension seine physische Gestalt aufrechterhalten und gleichzeitig seine Zwillingsflamme verkörpern können.

Aber im Verlauf der Evolutionszyklen dieser Erde hat es eine Anzahl verkörperter Zwillingsflammenpaare gegeben, die durch ihren Evolutionsprozess die Fähigkeit erlangten, einen immer größeren Teil ihres kosmischen Bewusstseins zu bewahren, ohne zu zerplatzen. An einem bestimmen Punkt, wenn sie bei ihrem Verschmelzungsvorgang eine bestimmte Frequenzschwelle überschritten, schufen sie gemeinsam ein radioaktives Feld und verschwanden aus dieser Realität. Doch sie kamen lange genug in ihren physischen Körpern zusammen, um einen Funken zu entfachen und auf dieser irdischen Ebene die *Einheit der Zwillingsflammen* zu verankern. Es fand eine Fusion statt. Jene Zwillingsflammenwesenheiten, die diese Initiation zu einem gemeinsamen Aufstieg umsetzten, kennen wir als Isis/Osiris, Maria Magdalena/Jeshua und Portia/St. Germain.

Viel verbreiteter sind die Aspekte eurer Zwillingsflamme, die Ihr als Seelengefährten oder auch als Zwillingsseelen kennt. Zwillingsseelen sind eure Zwillingsflammenenergie, die in einer destillierten Frequenzform als androgyne Ganzheit in die Körperlichkeit absteigt und sich als Seele auf der Astralebene in Körper weiblichen und männlichen Geschlechts aufspaltet. Gewöhnlich bleibt die eine dieser abgespaltenen Hälften auf der anderen Seite des physischen Schleiers, um die »Hälfte«, die sich inkarnierte, zu führen und anzuleiten.

Seltene Ausnahmen, bei denen sich beide zur selben Zeit inkarnieren, sind etwa Robert Browning und Elizabeth Barrett Browning und Pierre und Marie Curie. Diese Paare erleben oft eine überaus harmonische Partnerschaft. Meistens muss nur wenig Karma bearbeitet werden, und sie wissen, dass sie große Werke für die Menschheit zu leisten haben.*

Paare wie diese werden oft als Beispiel für eine ideale romantische Beziehung angeführt, weil sie die Erinnerung an die eigene Zwillingsflamme, Zwillingsseele und natürlich den Archetypus der »exilierten« Braut oder des Bräutigams auf der Suche nach dem Gegenpart wachrufen. Alle, die ihre weiblichen und männlichen Energien nicht gefunden und integriert haben, sehnen sich nach Ganzheit. Sie projizieren die fehlenden weiblichen oder männlichen Aspekte auf andere und jammern dann über unerwiderte Liebe. Dieses dramatische Pathos fördert das Bedürfnis nach Liebesromanen und macht ganz gewöhnliche Leute zu Filmstars. Jeder wünscht sich ein Beziehungsszenarium mit einem geliebten Menschen, mit dem man bis ans Ende aller Tage glücklich bleibt. Aber das geschieht nur selten, es sei denn, die weiblichen und männlichen Aspekte innerhalb des Selbst können verschmelzen. Ganzheit zieht Ganzheit an. Ihr seid hier auf dieser Erde, um die Entwicklung eurer Seele zur Vollständigkeit zu beschleunigen und um dienstbar zu sein, damit ihr schließlich den kosmischen Frequenzen eurer Zwillingsflamme entsprecht.

Auf diesem Weg zur erinnerten Ganzheit werdet ihr auf viele Seelengefährten aus euren Seelengruppen stoßen, die euch als

---

* Robert Browning (1812–1889) und Elizabeth Barrett Browning (1806–1861) waren zwei englische Dichter, die 1846 den Bund fürs Leben schlossen. Während er in seinen Langgedichten und Theaterstücken den dramatischen Monolog entwickelte, wirken ihre noch heute gelesenen Liebesgedichte und Sonette eher zärtlich und filigran. Pierre Curie (1859–1906) befasste sich schon früh mit Kristallen und Magnetismus und entdeckte gemeinsam mit seiner Ehefrau Marie Curie (1867–1934) das Radium. Beide erhielten 1903 für die Erforschung von Strahlungsphänomenen den Nobelpreis für Physik, sie erhielt 1911 – nach seinem Unfalltod unter den Rädern einer Kutsche – noch einen Nobelpreis für Chemie und wurde die erste Professorin an der Sorbonne. Sie starb an den Folgen der Radioaktivität – ein Begriff, den sie prägte. – Der Verlag

dienstbarer göttlicher Spiegel zeigen, wie ihr euer Selbst erlebt. Seid ihr bereits vollständig oder reagiert ihr auf den vermeintlichen Mangel an bestimmten Aspekten? Verurteilt ihr einige Aspekte als der Liebe unwürdig? Wie ein Katalysator steht euch der Seelengefährte bei, um vollständig zu werden und eure männlichen und weiblichen Energien auszugleichen. Dieser Prozess verstärkt die Fähigkeit, die Frequenzen eurer Zwillingsflamme auszudrücken. Seelengefährten helfen auch, indem sie den Prozess klären, damit man Göttliche Liebe leichter annehmen kann. Sie helfen auch, sich besser mit dem geliebten ICH BIN und Christi Gegenwart zu vereinen, damit man eine einheitliche Perspektive erlangt und frei über dualistische Dramen hinaus zu jener Einheit vordringen kann, welche die Zwillingsflamme darstellt.

An diesem Punkt eurer beschleunigten Evolution habt ihr vermutlich nicht euer ganzes Leben lang den selben Partner, sondern begegnet auf eurer Lebensreise eher einer ganzen Reihe von Seelengefährten als Spiegel, denn jede neue Ebene zieht identische, verkörperte Energiefrequenzen an. Auf diesem Weg manifestiert ihr Reflexionen eures ermächtigten wie auch eures machtlosen Bewusstseins. Dies zeigt euch alle möglichen Beziehungsmuster, zu Eltern und Geschwistern, Lehrern und Freunden, selbst zu sogenannten Feinden und Missetätern. Jeder von euch beschließt, dem anderen zu helfen, sich an die Liebe zu erinnern, auch wenn dies bedeutet, unangenehme Rollen zu spielen wie Opfer oder Tyrann. Erst dann kann man vergeben und vergessen, sich lösen und voranschreiten.

Wenn es euch allmählich gelingt, eure Energien zu harmonisieren, geben euch die Seelenfreunde, die ihr anzieht (nicht unbedingt auch Bettgenossen), immer häufiger Gelegenheit, andere Individuen ermächtigend zu beeinflussen.

Die Qualität eurer Arbeit, eurer Dienste, eurer Talente und eurer Fähigkeiten verbessert sich. Der Typ von Partner oder Spiegel, den ihr in euer Leben zieht, ermöglicht es, mit euren

Talenten und spirituellen Fähigkeiten leichter zu erreichen, was euch selbst und viele andere erhebt und ermächtigt. Mit der weiteren Entwicklung eurer Liebesfähigkeit klinkt ihr euch in die kosmische Mutter-Vater-Liebe ein, die Macht, das Schicksal als Mitschöpfer zu manifestieren.

Durch mehr Liebe und mit neuen Fähigkeiten zum Energieaustausch erreicht ihr immer leichter eure Zwillingsflamme auf der kosmischen Ebene. Ihr beginnt, euren Geliebten – die Zwillingsflamme – zu verkörpern, und erkennt, dass die Liebe, die ihr zu ihm verspürt, auch euch selbst gilt. Wenn alles aneinander ausgerichtet ist und genügend Klarheit herrscht, steht euch die Zwillingsflamme zur Verfügung. Bis dahin stellt sie eine Erinnerung daran dar, wie ihr das kosmische Selbst real verkörpern könnt. Letztlich ist dazu Heilung und reinigende Umwandlung nötig. Ihr müsst in der Lage sein, ständig die Frequenzen des physischen Körpers zu beschleunigen und zu gewährleisten, dass die wahrgenommene Einheit dauerhaft mit derart viel Energie und Bewusstsein verschmelzen kann. Versteht ihr das? Ihr fühlt euch daher in keiner Weise von einer Hollywood-Romanze angezogen. Die Vorbereitung auf die Begegnung und anschließende Verschmelzung mit der Zwillingsflamme wird alles in euch aufwühlen. Es verdeutlicht die stärksten Polaritäten im eigenen Selbst. Denn man muss begreifen, dass eine Verbindung von Zwillingsflammen im dualen Bewusstsein eine Begegnung und Verschmelzung von gegensätzlichen und sich ergänzenden Energieformen darstellt. Ihr habt diese Methode gewählt, euch selbst zu erkennen, damit ihr zu einem Verständnis von Einheit zurückkehren könnt, in dem ihr bedingungslos lieben könnt. Was ihr die Göttliche Mutter nennt, ist der letztgültige Ausdruck einer allumfassenden Liebe. Und wenn ihr euch an der Göttlichen Mutter ausrichtet, könnt ihr alle Aspekte eures Selbst akzeptieren, die euer abgelöstes Bewusstsein am heftigsten vermeidet und verurteilt. Ihr bringt damit diese Aspekte zurück ins Herz der Liebe.

Und daher, meine geliebten Freunde, ist es so wichtig, die Rückkehr der Göttlichen Weiblichkeit zu begrüßen und der Göttlichen Mutter zu erlauben, sich durch euch Ausdruck zu verschaffen. Damit bringt ihr euch gleichzeitig selbst zu eurer Zwillingsflamme und eure Zwillingsflamme zu euch. Auf eurer Reise begegnet euch vielleicht eine Zwillingsseele, aber wartet nicht auf den idealen Geliebten, der plötzlich vor eurem leeren Bett steht. Jagt auch nicht wie verrückt einem romantischen Phantom nach, das verhindert, dass ihr den menschlichen Partner erkennt, der bereits neben euch sitzt und vielleicht genau die Zwillingsflamme ist, nach der ihr sucht. Denn ich sage euch: Solange ihr nicht jede Seele als eine Zwillingsflamme erkennt, manifestiert ihr keine *Einheit der Zwillingsflammen*. Alles kommt bei einer solchen Einheit zur Vollendung und kehrt zur Ganzheit zurück – sie ist der Inbegriff der Göttlichen Liebe. Ergibt das für euch Sinn? Ihr solltet mit jedem Menschen zusammen sein können, weil ihr wisst, dass auch diese Person, egal auf welche Weise sie sich Ausdruck verschafft, eure Zwillingsflamme ist – euer Geliebter oder eure Geliebte. Genau wie Mutter Teresa jeden Bettler umarmte, der im Sterben lag, in dem Wissen, es war ihr geliebter Christus, kann man die Energie der Zwillingsflammen in den eigenen Armen spüren. Mutter Teresa wollte diese Zwillingsflammenliebe immer wieder bei solchen Umarmungen erleben und zog die Menschen im Wissen dieser Liebe an sich.

Wisst ihr, wer in diesem Szenarium ihre verkörperte Zwillingsflamme war, auch wenn das dem widerspricht, was ich euch gerade mitgeteilt habe? Ihr würdet nicht glauben, dass eine einzelne Person auch nur annähernd diese Frequenzen halten konnte, von denen ich rede, aber nach dem Verständnis der gegenseitigen Spiegel in der drittdimensionalen Dualität war es ein berüchtigter Tyrann. Manchmal will man daher gar nicht wissen, wer unser Zwilling ist, denn er könnte den völligen Gegensatz von uns verkörpern, besonders, wenn ihr euch wie Mutter Teresa ausdrücklich auf der »Lichtseite« der Medaille ansiedelt.

Meine Lieben, ihr seid auf der Reise zu dem, was ich als *Einheit der Zwillingsflammen* bezeichne, und werdet irgendwann auf einer kosmischen Ebene eure Zwillingsflamme verkörpern. Auf dem weiteren Weg zu einem geeinten Verständnis, das über den Dualismus hinausgeht, werdet ihr erkennen, dass beide Polaritäten in euch angesiedelt sind. Dann braucht ihr euch nicht mehr körperlich aufzuspalten und zu zersplittern. Ihr braucht den Spiegel der Gegensätzlichkeit nicht mehr. In diesem Stadium, in dem ihr wirklich erkennt, dass ihr kein anderes Wesen braucht, um euch zu vervollständigen, und ihr auch den anderen nicht mehr meidet, der spiegelt, was ihr bei euch ablehnt, in dem Moment, in dem ihr nichts mehr erwartet, wird euer Zwilling auf der anderen Seite des Schleiers plötzlich auftauchen.

So widerfuhr es mir selbst, als ich auf Wunsch meines Geliebten St. Germain als Portia inkarnierte, nachdem er zweihundert Jahre lang als Übermensch Europas herumgewandert war. Es geschah zu einem Zeitpunkt, als Germain langsam erkannte, dass das, was ich ihm früher vorgeschlagen hatte, als er noch als Francis Bacon[*] bekannt war, seine einzige Hoffnung auf Erfüllung seines größten Herzenswunsches war. Erst als seine Bemühungen, Europa und die Menschheit zu einen, ihn immer mehr enttäuschten, begann er, mich wieder zu sich zu rufen. Er hatte eine großartige Vision gehabt, den Völkern Europas zu der Einsicht zu verhelfen, dass auch sie Wunder bewirken konnten – dass auch sie die körperliche Unsterblichkeit, für die er ein lebendiges Beispiel war, leben konnten. Aber sie verstanden ihn nicht. Und so wandte er sich zutiefst frustriert ab.

Danach begann er mit jeder Faser seines Seins, sein Zwillingsflammenbewusstsein herbeizurufen. So begegnete er auf den

---

[*] Der englische Philosoph und Staatsmann Francis Bacon (1561–1626) war ein Universalgenie seiner Zeit. Manche halten ihn sogar für den eigentlichen Urheber der Schriften Shakespeares. In seinem Werk *Nova Atlantis* erhob er Atlantis zur historischen Tatsache. Unsere Redewendung »Wissen ist Macht« ist eine Fehlübersetzung seines Mottos »Wisdom (Weisheit) is power.« – *Der Verlag*

inneren Ebenen Osiris, Isis, Jeshua und Magdalena. Er erkannte ihre kosmische *Einheit der Zwillingsflammen*. Er begriff, dass er sich nur mit seiner eigenen Zwillingsflammenenergie zu verbinden brauchte, um mit dem Hologramm der *Einheit der Zwillingsflammen*, das seine Mentoren hervorgebracht hatten, verschmelzen zu können.

Und es wurde ihnen klar, dass sie gemeinsam genug Seelen dazu bewegen und einladen konnten, zu ihnen zu stoßen, um zusammen eine kritische Masse zu bilden, die an der Waagschale des separaten Bewusstseins irgendwann den Ausschlag geben und die beschleunigte Rückkehr zum Einheitsbewusstsein erreichen würde. Das große Experiment der Trennung, das seit Jahrmillionen stattfand, konnte neuerlich anlaufen, um größere Harmonie auszudrücken statt nur Konflikte und Leiden. Ein Massenaufstieg war machbar. In diesem Augenblick der Erkenntnis nahm er mich wahr, die ich ebenfalls seine Zwillingsflamme war, wie ich in seiner Nähe auf der spirituellen Ebene wartete.

Ich erkannte auf meinem Posten, dass alles bereit war, als jede Zelle, jedes Atom seines Körpers mich zu rufen begann. Und so kam es, dass ich beschloss, in Erscheinung zu treten, und als Kind geboren wurde. Ich war die Tochter eines wohlhabenden Weinbauern mit einem Gut in den Hügeln des heutigen Elsass, nicht weit von Straßburg entfernt. Es vergingen dreizehn Jahre. Und dann, an einem Nachmittag im Spätherbst, begab ich mich in den Weinberg meines Vaters. Es dämmerte schon, und die Sonne schickte ihre letzten goldenen Strahlen aus. Ich spazierte langsam durch die Rebstöcke, deren letzte Früchte geerntet und in Körbe gefüllt wurden. Ich blieb öfter stehen, um die glänzenden Trauben hoch ans Licht zu halten, ihren Duft einzuatmen und ihre sanfte Süße zu schmecken. Ich fühlte mich eins mit meiner Umgebung. Auf einer sanften Brise wehte Vogelgezwitscher heran, als eine Lerche inbrünstig ihr letztes Liebeslied sang, ehe die Nacht alles mit ihrer Stille umgab.

Da spürte ich eine Präsenz, wandte mich aber nicht ab von meiner Feier der umgebenden Schönheit, die mein bewunderndes

Herz rührte. Ich sang weiter das kleine Lied, das ich mit der Herrlichkeit des Lebens teilte, die in mir und überall um mich herum aufstieg. Als ich zum westlichen Horizont schaute, stellte ich fest, dass dort der jungfräuliche Stern schwebte, meine geliebte Venus. Und dann vernahm ich Schritte und Blätterrauschen. Erschrocken drehte ich mich um und erblickte die höchst wundersame Erscheinung eines Mannes. Ich spürte, wie sich mein Herz ausdehnte und mich einige Augenblicke lang stumm und taub machte, als ich sein sonnenverbranntes Gesicht betrachtete und seine ausdrucksvollen Lippen Worte formten, die ich nicht vernahm. Dann endlich hörte ich seine sanfte und freundliche Stimme, aber ich verstand ihn kaum. Er sah aus wie einer der Arbeiter, eigentlich nicht viel anders. Ich fand ihn sehr schön, Ihr wisst schon, so wie jedes kleine Mädchen sich seinen Prinzen vorstellt, der auf einem rassigen Pferd heranprescht, um es mit in sein Königreich zu nehmen, wo sie glücklich und zufrieden bis ans Ende ihrer Tage leben.

Als ich ihn genauer betrachtete, fiel mir auf, dass seine Kleider sehr schlicht waren. Die Ärmel seines handgewebten Hemds waren hochgerollt und gaben seine gebräunten, zartgliedrigen Arme frei. Seine Wollhose war am Knie geflickt. Er sah aus wie einer meiner Brüder oder die anderen Arbeiter, nur dass seine Kleidung seine edle Haltung nicht verbergen konnte. Anfangs blickte ich ihm flüchtig in die Augen, doch dann starrten wir scheinbar eine Ewigkeit lang, wie vom Licht angezogene Motten, einander an. Die Tiefen seiner Iris waren für mich wie die Sterne des Himmels, mit aufzuckenden Blitzen darin.

Es war wundervoll und höchst erstaunlich, zu spüren, was sich in meiner Brust regte. Und dann sprach der Mann, der nun seine silbrige Redegewandtheit wiedererlangt hatte, in vielen schmeichelnden Worten zu mir. Keinerlei böswillige Absicht fiel mir bei ihm auf, noch, dass er mich verführen wollte. Ich spürte aber ein starkes Begehren, das von ihm ausging – ein Gefühl von Heimkehr, eine Art Erleichterung. Und ich empfand den unwiderstehlichen Drang, ihm nahe zu sein. Es war nicht so, wie wenn ich mich in die Arme meines Vaters stürzte, noch so, wie ich mir die Umarmung eines künftigen Liebhabers vorstellte. Es fühlte sich eher so an, als rannte ich durch ein Tor, das mich zu meinem wahren Zuhause führte. Es war, als würde ich auf mich selbst zulaufen – zu jenen Aspekten der Liebe, die sich vor mir verbargen und mich nun aufforderten, die Tiefen meines Selbst zu betreten.

Es war, als wäre er nur deshalb da, um mich für die wahre Essenz der Person zu öffnen, als die ich mich kannte. Eine solche Liebe hatte ich noch bei niemandem erlebt. Ich sah ihn ehrfürchtig an, während er mich mit allen möglichen wunderbaren Worten bezauberte. Einiges verstand ich nicht, weil es meine Bildung überstieg. Er sprach mit gewählten Worten über meine Schönheit und Anmut. Schließlich hatte ich irgendwie – genug! Und ich sagte zu ihm:»Wisst Ihr, lieber Bruder, ich bin nur Euer Spiegel.« Da holte er tief Luft, so sprachlos war er. Eine Ewigkeit standen wir schweigend voreinander, sahen einander tief in die Augen und in die Seele. Dann streckte er die Hand nach mir aus, und ich ergriff sie froh.

Wiederum bestand nicht der geringste Anlass zur Vermutung, dass er mich ausnutzen könnte. Noch hatte ich Angst vor der sinkenden Dämmerung, denn schon blitzten die Lichtdiademe im dunklen Raum auf. Die Sterne schienen so hell, wie ich sie nie zuvor gesehen hatte. Die Süße und Üppigkeit des Weinberges war wie eine warme Decke für uns, während wir langsam zwischen den Rebstöcken einhergingen.

Am Rande des Weinbergs stand ein großer Ahornbaum, der uns zuzuwinken und einzuladen schien, uns mit seinen riesigen Armen zu umfangen. Wir ließen uns in dem Gras nieder, das zwischen den Wurzeln seines dicken Stammes wuchs. Als wir uns zurücklehnten, fanden sich unsere Hände, und wir spürten eine tiefe Ruhe und ein langsames, stetiges Aufwallen voll mysteriöser Dringlichkeit. Unser Atem wurde eins, und wir gaben und nahmen voneinander diesen Strom des Lebens. Sanft umschlang er mich.

Als wir einander in die Augen sahen, erlebten wir, wie die Tore der Ewigkeit sich immer weiter öffneten. Und durch diese Öffnung tauchten zahlreiche Lichtwesen auf. Ich bemerkte meinen geliebten Jeshua, ich erkannte Magdalena. Ich wurde mir der Mutter aller Mütter bewusst, die wir als Isis kennen, sowie ihres geliebten Osiris. Mir wurden die wirbelnden Sonnen bewusst, die umeinander tanzten und wirbelten und eine Supernova nach der anderen erzeugten, eine Schöpfung nach der anderen. Wir wurden direkt ins Zentrum dieses wirbelnden Tanzes aus zahlreichen Welten, Farben und Tönen gezogen.

Dann spürten mein Geliebter und ich die Unermesslichkeit der Energien, welche die Kraftfelder der Trennung erzeugt hatten – Ursprung allen menschlichen Leids. Wir empfanden ein immer stärker werdendes Einssein mit jedem menschlichen Herzen, das jemals auf diesem Planeten pulsierte. Wir spürten, dass es nie eine Trennung gegeben hatte zwischen uns und dem Rest der Menschheit oder anderen Ausdrucksformen des Lebens. Erst spürten wir nichts außer Freude und Entzücken. Dann wurden wir uns unserer menschlichen Brüder und Schwestern gewahr, die uns als getrennt von sich wahrnahmen. Und kaum war dies geschehen, empfanden wir einfach nur die Gefühle, die die Menschheit in all den Welten empfunden hat, die Polarität in Konflikten wahrnehmen statt in harmonischer Synchronizität mit sich selbst. Wir öffneten uns für alle menschlichen Emotionen – und wir tanzten in Freude und Agonie, als diese Energie durch unsere Chakren zirkulierte.

Wir spürten die Zyklen der Erdmutter in uns. Und während wir einerseits die mächtige Anziehung einer inneren Implosion verspürten, war es gleichzeitig so, als würden wir nach außen in einen riesigen, endlosen Raum gezogen. Ein Pulsschlag schien uns tief nach innen zu ziehen wie in ein Schwarzes Loch, gefolgt von einer Bewegung, die uns explosionsartig nach außen warf. Dann spürten wir Schub und Zug gleichzeitig. Wir merkten immer deutlicher, dass wir nicht mehr ein junges Ding und ein Mann waren, die einander zufällig in einem Weinberg begegnet waren, denn wir hatten kein Körperbewusstsein mehr. Irgendwie erinnerten wir uns daran, wie wir es den intensiven Energien ermöglichen konnten, durch uns zu kreisen. Ich erinnerte mich, wie ich dies in früheren Inkarnationen als Priesterin von Isis und als Maria Magdalena vermocht hatte. Ich begann, das Bewusstsein von Maria Magdalena und aller Magdalenerinnen über die Zeitalter hinweg zu verkörpern. Dabei drückte ich immer stärker die Energie von Mutter Isis aus. Allmählich erweiterte sich mein Bewusstsein bis in die Energie der Großen Kosmischen Mutter hinein, die zu beschreiben über alle Worte hinausgeht. Ich konnte sehen, wie ich mehr vom Göttlichen Weiblichen verkörperte. Mein Geliebter verkörperte die Energien von Jeshua und Osiris und dem Kosmischen Vater. Wir begannen, die Muster der Mutter, das silbrige Licht des Mondes und die goldenen Sonnenstrahlen des Vaters zu einer Helligkeit zu verweben, die nicht mehr Dunkelheit spiegelte, noch aber Licht aussandte. Alles verschmolz zu strahlendem Licht. Es war, als wären wir Teil einer Supernova, hochschwanger mit einem neuen Universum und kurz vor dessen Geburt. Bei jedem alchemistischen Pulsschlag von Implosion und Explosion spürten wir die Verschmelzung unserer kosmischen Zwillingsflammenenergien. Und bei der radioaktiven Kraft, die sich konzentriert durch unsere Körper bewegte, wussten wir, dass unsere *Einheit der Zwillingsflammen* jedes Atom dieser Erde durchdrang.

Dann traten in einem einzigen Moment unsere physischen Gestalten über die Schwelle ins Immerdar. Einander in den Armen liegend begannen wir den Aufstieg. Wir hinterließen den Abdruck unseres Sieges auf jedem Stein, in jedem Element. Das Hologramm unserer erworbenen Einheit ist in die Kodierungen eurer DNS eingeprägt.

Ich habe beschlossen, auf diese Weise wieder in Erscheinung zu treten, um euch bei der Erinnerungsarbeit zu helfen. Ich bin hier, um euch einzuladen, euch zu einer harmonischen globalen Gemeinschaft zu verbinden, um größere Werke zu vollbringen als während des Christus-Dramas vor zweitausend Jahren. Ich teile euch meine Geschichte mit, um euch zu beruhigen und zu trösten und euch zu diesem Tanz der *Einheit der Zwillingsflammen* einzuladen, der euch schon lange zu wecken versucht. Ich lade euch ein, mit der Menschheit zu wandeln und sie zur letztgültigen *Einheit der Zwillingsflammen* zu gebären. Alles ist gesät, und die Samen reifen nun heran. Ich weiß, dies kann sehr verwirrend klingen, und ihr könnt es kaum mit eurem Verstand begreifen. Aber wenn ihr euch auf die tiefsten Erkenntnisse eures Herzens einstimmt, spürt ihr bald, wie die Zwillingsflamme euch zu einer immer stärkeren Einheit aufruft, die ihr euch bisher nicht einmal vorstellen konntet.

Wenn Einzelne beginnen, sich zu verkörpern und umzuwandeln, um die Polaritäten in sich zu harmonisieren, kann das eine sich allmählich ausbreitende Wirkung haben, egal wo sie sich befinden, ob im Kongress, im Weißen Haus oder auf dem Schlachtfeld. Schon eine einzige Person, die mit Zwillingsflammenenergie ermächtigt ist, kann Wunder bewirken und alteingeführte Gesetze verändern, die eure Freiheit behindern. Wenn ihr wisst, dass Krieg und Konflikte in der Welt und in euren Familien eure eigenen inneren Kämpfe widerspiegeln, und ihr Entschlossenheit in euch selbst findet, wird sich das äußere Erscheinungsbild verändern – manchmal sogar, ohne dass ihr etwas dazu beiträgt. Ruhe und Frieden stellen sich dann ein und die Fähigkeit, angemessen zu reagieren statt impulsiv zu handeln. Weisheit und Mitgefühl breiten sich aus, und ihr entwickelt die Fähigkeit, für etwas einzustehen, klar Stellung zu beziehen und zu gegebener Zeit das zu tun, was erforderlich ist.

Ihr habt vielleicht bemerkt, dass Menschen, die mit dem sogenannten New Age schwingen, sich im Zustand großer Verleugnung befinden. Alles sei schön, und man bräuchte nur Liebe ... Meine Worte sollen nicht darauf hinauslaufen, keine Grenzen mehr zu kennen oder Aktionen zu vermeiden, wenn sie nötig sind. Ich lade euch vielmehr ein, jegliche Energie willkommen zu heißen, die euch begegnet, denn sie ist ein Geschenk von euch selbst an euch selbst, damit ihr euch selbst besser erkennen und lieben lernt. Nehmt das Geschenk des Selbstgewahrseins und der freien Entscheidung an, und ihr braucht nur noch damit zu leben, wenn ihr beschließt, es ständig als euren Spiegel vor euch hinzustellen. Das dient dann dazu, klug und sanft mit euch selbst umzugehen, während ihr den Lernprozess durchlauft, wie man toxische und unstimmige Energie in sich selbst umwandelt. Zögert nicht, Nein zu sagen, wenn jemand oder die Präsenz von jemandem schädlich ist oder eure Frequenzen senkt. Gebt eure Macht nicht an Autoritäten außerhalb von euch ab, selbst wenn sie von einem aufgestiegenen Bewusstsein wie meinem kommt. Ich begegne Hoheitsgewalten und Vereinigungen auf pragmatische Weise, die Gesundheit und Reichtum auf dieser irdischen Ebene fördert. Wenn euer Aufstiegsprozess nicht eure Meisterschaft auf der physischen Ebene stärkt, dann wird er euch nicht weit bringen. Ihr werdet dann nicht erfahren, wie man bei der *Einheit der Zwillingsflammen* das volle energetische Spektrum nutzt.

Man braucht inneren Zwist nicht zu dramatisieren, um ihn zu verwandeln. Dadurch verstärkt man das Drama sogar. Statt es nach außen zu projizieren, kann man auch innerlich mit Meditationen, Heilsitzungen und in der Traumzeit viel tun. Hier noch ein paar kluge Worte für den Umgang mit Menschen oder Situationen, wenn ihr als Heiler zugegen seid: Geht ihr mit einem abwertenden Urteil an eine Sache heran und denkt, man müsse etwas reparieren oder retten, nährt ihr vermutlich Streitigkeiten. Erlaubt allen, die Erfahrungen zu machen, für die sie sich entscheiden, denn dadurch erlangen sie Weisheit. Denkt an die Macht eurer Beispiele und fordert alle auf, weitere Optionen zu erkunden.

Es ist nun Zeit, unerschütterlich an einem Ort der Ausgewogenheit und Harmonie zu bleiben, in dem Wissen, dass wir wahrhafte Verkörperungen von Liebe sind. Das ist leichter gesagt als getan, wenn überall Chaos herrscht. Aber ihr erhaltet jede Menge Hilfe, damit wir zusammen mehr als je zuvor in der Geschichte der Erde erreichen können.

Also, meine geliebten Freunde, denkt an die kosmische Liebe eurer Mutter und die ermächtigende Präsenz eurer Zwillingsflamme, die euch heute berührt hat und die ihr berührt habt. Möge dies stets ein Trost sein, wenn ihr euch an die *Einheit der Zwillingsflammen* erinnert.

23

Zellregeneration

Zunächst einmal möchte ich klarstellen, dass physische Unsterblichkeit keineswegs besser ist als eine Reihe aufeinanderfolgender Inkarnationen. Die Reise in bestimmten Inkarnationen bedeutet keine besondere Strafe, die man am besten vermeidet, damit euer Leben vielleicht Hunderte von Jahren im selben Körper erfolgt. Manchmal wird verurteilt, was man den »Sturz des Bewusstseins« in die Körperlichkeit nennt, als sei Körperlichkeit an sich gegen den göttlichen Willen und eine Strafe für Ungehorsam. Das ist eine sehr enge Auffassung, wie zahlreiche andere Dogmen, die versuchen, das Bewusstsein durch Angst zu kontrollieren und zu entmachten. Ihre betäubende und schwächende Wirkung lässt viele das Gewahrsein ihres grenzenlosen Potenzials vergessen.

Ein Potenzial ist die körperliche Unsterblichkeit für alle, die sich entscheiden, sich eher an einem Gewahrsein von der Ewigkeit des Lebens auszurichten, während sie paradoxerweise genau wissen, dass die Formen, in denen das Leben sich ausdrückt, unbeständig sind. Die körperliche Gestalt ist sich ewig wandelnde Energie, die eine Art transformierende Schwelle überschreitet. Reines Bewusstsein entwickelt sich auf dieser Reise in den relativen Welten, während es gleichzeitig in der Stummen Leere ruht. Statt so viel Mühe auf das Erreichen von körperlicher Unsterblichkeit aufzuwenden, ist es viel ermächtigender, sich auf die Zielsetzung eigener spiritueller Unsterblichkeit zu konzentrieren, die Reise und das Potenzial eines jeden Eingeweihten.

In den Aufzeichnungen, die ihr eure Heilige Schrift nennt, werden Beispiele von individuellen Leben angeführt, die sehr lange währten. Es werden Methusalem erwähnt und andere Patriarchen, die Hunderte, ja sogar Tausende von Jahren lebten. Glaubt ihr das? Und was geschah dann? Warum hat sich die menschliche Lebensspanne verkürzt?

Vielleicht wurden sich die Seelen bewusst, dass es Gelegenheiten gibt, eine Vielzahl unterschiedlicher Dinge zu erreichen, statt für längere Zeit im selben Körper zu bleiben. Vielleicht läuft es auch darauf hinaus, dass sie sich allmählich langweilten. Jedenfalls entwickelten sie den Wunsch nach vielen verschiedenen Perspektiven, die man in den diversen Kulturen erlangt, durch unterschiedliche Glaubensrichtungen und Erfahrungen. Es gab anscheinend ein Bedürfnis nach Vielfalt.

Habe ich in meinem langen Leben Vielfalt kennengelernt? Ja, gewissermaßen, aber in mancher Hinsicht auch nicht. Ich habe erlebt, wie eine bestimmte Kultur ihre Geschichte und ihr Karma schuf. Meistens gelang es mir, mein Gewahrsein dieser Kultur aufrechtzuerhalten. Vielfalt war der Grund, warum ich mich so lebhaft für die Weisheit anderer Kulturen interessierte. Ich wurde Schreiberin und lernte, astral zu reisen, damit mein Körper mich nicht einschränkte. Mit zunehmender körperlicher Meisterschaft teleportierte ich mich sogar an die verschiedensten Orte, um alles aus nächster Nähe zu erleben. Ich interessierte mich sehr dafür, auf dem Berg Carmel die Bibliothek einzurichten, damit die Weisheit verschiedener Kulturen dort und in mir selbst eine Art Synthese finden konnte. Ich hatte den Wunsch, mein Bewusstsein weiterhin in einem einzigen Körper zu halten, statt den Prozess der Erweckung zwischen den Schleiern des Vergessens wiederholt vorzunehmen. Nach einer weiteren Vision, wie ich zu Diensten sein konnte, indem ich meinen Körper und mein Bewusstsein darauf vorbereitete, die Seelen von Avataren aufzunehmen, wollte ich das erweckte Bewusstsein, das ich schon erreicht hatte, noch stärker behalten und entwickeln.

Vielleicht beruhte ein Teil meiner Motivation einfach darauf, dass ich nicht in die normalen Sparten eingeordnet werden wollte – was sich vielleicht einer gewisser »Überheblichkeit« verdankte. Jedenfalls haben sich manche wirklich über mein langes Leben gewundert, und viele betrachter das, was ich erreicht habe, immer noch als unmögliche Ketzerei. Aber wie hätte es Hoffnung auf etwas Besseres geben können und die Bereitschaft, den Status quo aufzugeben, wenn nicht jemand als Inspiration herhielt und die Lanze dafür brach, wenigstens zu versuchen, stets sein volles Potenzial zu erreichen? Immerhin sind wir alle inkarnierte Schöpfer, und mit Gott ist nichts unmöglich. Wie ihr wisst, hat mein Enkel uns stets ermahnt: »Auch du kannst tun, was ich tue, und sogar noch mehr.«

Lebt man so lange in einem Körper, braucht man ab und zu etwas Ruhe und Regenerierung. Ihr könnt mir glauben, das ist kein Picknick, wenn einem die Haare ausfallen, die Haut schlaffer wird und sich neue bildet, so glatt wie die eines Babys, wenn die Zähne ausfallen und man hofft, die neuen wachsen nach. In den heutigen Zeiten lassen sich viele ein Facelifting machen ... Aber mein Facelifting ging tatsächlich bis auf die Knochen!

Oft habe ich meine Ruhepausen bei Meistern zugebracht, die genau wussten, wie man so etwas macht. Es gibt eine geheime Zunft, die sich in den geheimnisvollen Künsten der körperlichen und spirituellen Unsterblichkeit auskennt. Viele von ihnen leben heute im Himalaya, aber man findet sie überall auf der Erde. Sie führen ein einfaches Leben und sind auf eine Weise dienstbar, die kaum jemand versteht. Vielleicht kennt ihr ein solches Wesen – den Avatar Babaji. Er lebt heute noch unter euch. Bei solchen Wesen wurde ich ausgebildet und erhielt meine Einweihungen. Das ist einer der Gründe, warum ich nach Ägypten zog. Ich war ungefähr im gleichen Alter wie Claires Verkörperung,

Anfang sechzig. Das war nach damaligen Maßstäben, als die Lebenserwartung viel kürzer und das Leben an sich viel härter waren, schon recht alt. Ich hatte zu altern begonnen. Die weisen Alten erkannten meine Seele, und ich erkannte sie und bat um ihre Gnade und Weisheit, die sie mir großzügig gewährten. Sie brachten mich in Höhlen und auf Berggipfel, lehrten mich Methoden, wie ich meine Lebensfunktionen herunterfahren konnte, während ich diesen grotesken Regenerationsprozess durchlief. Das war natürlich sehr demütigend für mein Ego, weil keine Rede mehr davon sein konnte, dass ich machtvoll war oder anziehend für das andere Geschlecht.

Zur Zellregeneration musste ich enorm viel Konzentration und Mitgefühl aufbringen, als ich auf den verschiedensten Ebenen meines Bewusstseins, das ebenfalls eine Neubelebung brauchte, eine Reinigung durchlief. Es war ja nicht bloß mein Körper, sondern auch die Zellmatrix meiner Ahnen und ihr eingeprägtes karmisches Muster, das ich auf andere Frequenzen einstimmen musste. Holografisch betrat ich die Halle der Aufzeichnungen meiner vergangenen, parallelen und künftigen Erfahrungen. Ich wollte mehr über die karmischen Muster lernen, die allgemein Einfluss auf die Menschheit haben, und in der Zukunft sehen, welche Aufgabe ich möglicherweise dabei übernehmen konnte, das Selbstverständnis einer Familie zu verbessern, die mit mir die verschiedenen Kodierungen von Licht und Weisheit teilte. Ich wurde vertraut mit jenen, die ausschlaggebend waren für die Initiierung und Bewahrung der Aufstiegsmöglichkeiten durch den Kosmos. Ich wurde mit zahlreichen Sternenlinien bekannt, die in meine genetischen Muster eingeprägt waren. Ich hegte den starken Wunsch, das unangenehme Gepäck auszuräumen, das ich mit mir herumschleppte, und mir mehr der Gaben meiner Abstammung bewusst zu werden.

Ich nahm sehr hochfrequente Elemente und monoatomare Teilchen zu mir, die halfen, ein Strahlungsfeld zu schaffen, in dem meine Organe, Knochen und Zellen neu strukturiert wurden, um mehr Licht und kosmische Intelligenz zu bewahren. Ich wurde »lebendig begraben« in etwas, das man auch schweres Wasser nennen kann und das alle möglichen Nährstoffe enthielt. Mein Körper wurde in ein Tuch eingehüllt, das mit allen erdenklichen Salben und Kräutern getränkt war, damit ich nicht weiter zerfiel. Ich lernte, reines Prana zu atmen, und brauchte keinen Sauerstoff mehr. Mein Bewusstsein befand sich in diesen Phasen außerhalb meines physischen Körpers, doch von Zeit zu Zeit kam ich als strahlender Lichtkörper hinzu, um bei der Neueinstellung meines Herzens zu helfen und notwendige Anpassungen im System vorzunehmen. Ich war zwar von Helfern umgeben, aber ich war die oberste Wirkerin, Wächterin und Bewahrerin meiner körperlichen Hilfsmittel. Ich wusste, dass mein Körper nicht mir gehörte. Er war nur das Vehikel meiner Seele. Er war mein Raumanzug, und ich wollte, dass er in Ordnung war und gut funktionierte. Als der Zeitpunkt kam, aufzuerstehen und mich erneut in die äußere Welt der Formen zu begeben, erhielt ich angemessene Hilfe dabei, den Sarg zu öffnen, die schützenden Energiesiegel zu lösen und die Schranken zu heben, die man angebracht hatte.

Manche von euch haben eine Seelenerinnerung, dass sie Meisterinitiationen durchlebt haben, bei denen sie einen Augenblick der Angst hatten, und in diesem Augenblick habt ihr vielleicht erfahren, wie die Silberschnur, die das Bewusstsein mit dem Körper verbindet, einfach so ... (klatscht in die Hände) ... reißt. In jener Nanosekunde der Angst erlebten einige als Initiierte in vergangenen Leben einen sehr unangenehmen Zustand und haben dies nicht überlebt. Aus diesem Grund empfinden viele entweder ein starkes Bedürfnis danach oder großen Widerstand dagegen, beispielsweise nach Peru oder Ägypten zu reisen, durch den Himalaya zu ziehen oder mit den amerikanischen Ureinwohnern deren zeremonielle Stätten zu besuchen, wo Ur-Initiationen einen experimentell durch die Elemente Luft, Erde, Feuer und Wasser führen. Es gibt Initiationen der Kreuzigung und Auferstehung, die einen in Himmel und Hölle versetzen. Manchmal erlebt man auch, wie man alles verliert: die Konzentration, die Verbindung, und dann überflutet einen die Angst, und die Inkarnation endet. Man sagt vielleicht im Augenblick des Sterbens zu sich: »Oh mein Gott, oh meine Göttin, ich bin gescheitert!« Hat irgendjemand von euch so etwas erlebt? Wenn ihr daher eine Initiation durchmacht und die Silberschnur reißt, und ihr sagt: »Ich bin gescheitert«, wie könnt ihr euch dann verwandeln und die Erfahrung ändern, so dass man tapfer mit dem Leben weitermacht, voller Überzeugung, voller Bindung, voller Wissen, mit jenem Frieden, der über alles Verständnis hinausgeht, mit Empathie für einen selbst und andere? Wie kann dies ein Scheitern darstellen?

Und man weiß, dass man hier ist, um etwas zu bewirken, dass man gut genug ist und man sich auf sich verlassen kann. Ihr könnt auch eurem Schöpfer vertrauen. Ihr könnt darauf bauen, dass das Leben selbst euch stets unterstützt. Ihr könnt Verurteilungen, Strafen und Entmachtung in etwas verwandeln, das wahrhaft schön ist, was euch selbst angeht und die Werke, die ihr mit anderen zusammen erschafft. Wenn ihr euer Licht voll erstrahlen lasst, werdet ihr euer ganzes Leben und alle, die euch nahestehen, grundlegend ermächtigen, inspirieren und darin ein Gefühl von Harmonie erzeugen. Wichtiger noch ist, dass ihr die Liebe und das Vertrauen in euch selbst neu bestärkt. Eure angeborene Unschuld wird euch helfen, in diesem Leben Befreiung zu erreichen. Könnt ihr das erkennen?

Es ist Zeit, jene Geschichten zu vergessen, die nur vom Scheitern reden. Wir klammern uns daran, damit wir klein bleiben und Gründe finden, anderen die Schuld zu geben. Aus Angst vor dem Scheitern streben wir nicht nach der Erfüllung unseres vollen Potenzials. Jetzt müssen wir erkennen, dass das Leben ewig währt und uns stets weiterhilft. Egal, wie lang oder kurz der Zeitraum ist, den eure Seele wählt, um das Leben in dieser Dimension zu führen, er ist perfekt, um ihr jeweiliges Ziel liebevoll zu erreichen. In meiner Inkarnation als Anna wollte ich meine Auffassung vom Leben in einer konzentrierten Form verlängern, damit ich mich selbst besser als Schöpferin erkennen konnte, die sich an der Liebe ausrichtet. Indem ich Leiden erlebte, entwickelte ich Mitgefühl für alle Lebensformen. Indem ich einen Schritt nach dem anderen unternahm, bereitete ich meinen Körper und mein Bewusstsein darauf vor, zum passenden Vehikel zu werden, um einen und sogar mehrere Geliebte, die ein kosmisches Bewusstsein inkarnierten, auf diese irdische Ebene zu bringen.

Es ist möglich, aber sehr unwahrscheinlich, dass die heutigen Initiierten den schwierigen Prozess der Zellregenerierung in einem Maße beherrschen lernen, dass ich beschließe, daran teilzunehmen. Es ist besser für euch, als Initiierte, wenn ihr euch dazu hingezogen fühlt, dieses Thema durch eigene Erfahrungen zu erkunden. Am Anfang steht die eingehende Beschäftigung mit einigen prinzipiellen Übungen: Meditation, yogische Energiekultivierung, allgemeines Wohlbefinden und alternative körperliche, emotionale und geistige Heilpraktiken. Erlebt die Vorteile von größerer Vitalität, die allen Initiierten bei diesen Grundlagenforschungen zur Verfügung steht. Wenn ihr weiterforschen wollt, werdet ihr vielleicht zu Lehrern geführt, die in den fortgeschrittenen Aspekten der körperlichen Unsterblichkeit, wie verlängertes Fasten, weitaus erfahrener sind.

Diese fortgeschrittenen Praktiken sind gleichzeitig die Vorübungen für das, was ich *Die Riten des Grabes* nenne, aber sie sind weder für neugierige Langweiler gedacht noch dazu, das Ego aufzubessern. Diese Riten sind gefährlich und können fatal ausgehen, wenn man nicht richtig vorbereitet ist. Ein solches Ziel mit den begleitenden Zeichen und Kräften, aber ohne sein mitfühlendes Herz für alle Wesen zu öffnen, wird weder volle Erleuchtung noch Befreiung bringen. Man sollte in jedem Augenblick an das offene, freundliche Herz denken, um die Verwirklichung des Größten Menschlichen Potenzials zu erreichen.

Jede Ausweitung des Bewusstseins in der Absicht, allen Lebewesen zu nützen, wird sich langsam aber sicher und Maß für Maß entwickeln. Wenn die Zellregenerierung und die körperliche Unsterblichkeit ein Aspekt dessen sein sollen, wie ihr dem Leben nützen wollt, dann werdet ihr dies sicher als eine Wahrheit erfahren und jede Art von Unterstützung zur Erreichung dieses Ziels finden.

Ja, es gibt auch heute noch spirituelle Meister, die sich unerkannt unter euch befinden und so etwas wie körperliche Unsterblichkeit aufweisen. Sie haben ihr physisches Leben ausgedehnt, um der Menschheit länger nützen zu können. Die meisten dieser Wesen, wie Babaji aus dem Himalaya, leben abgeschieden als Einsiedler. Sie streuen aber ihre gütigen Energien unter allen Lebewesen der Erde aus.

24

Segnungen von Mutter Maria und Jesus

Ich möchte euch noch weitere Geschenke und spirituelle Weisheiten von Anna, der Stimme der Magdalenerinnen, mitteilen. Im Folgenden geht es um die Ermächtigung der Göttlichen Weiblichkeit im Sinne des Ordens der Magdalenerinnen, dessen Stimme schon seit Jahrtausenden unterdrückt wird.

> *Möge das Tuch des Schweigens gelüftet werden!*
> *Die Stimme der Magdalenerinnen steigt hoch aus dem Staub –*
> *lauscht, meine Geliebten Kinder.*
> *Lauscht! Lebt!*
> *Hört die Stimmen in der Stille!*

Im Weiteren hören wir meine Tochter Maria Anna, die auch als Mutter Maria bekannt ist. Sie segnet uns mit der Liebe und der Gegenwart der Göttlichen Mutter.

EINE SEGNUNG VON
MUTTER MARIA (MARIA ANNA)

Ich heiße euch willkommen. Meine Essener Familie nennt mich Maria Anna.

Die Stimme der Großen Mutter des Lebens soll während eurer Mitschöpferschaft stets präsent sein, meine Kinder. Nicht nur ich vertrete sie nach Meinung vieler. Ich spreche als ihr Kind, aber ich bin gleichzeitig ihre Mutter. Ihr seid meine Schwestern und Brüder, ihr seid meine Väter, meine Söhne und Töchter. Wir wissen um die gleichen Mysterien in der Erweckung, im Trinken des heiligen Kelches des Einsseins. Wir erinnern uns gemeinsam an all deren Nutzen. Manche von euch sind mit mir ein Stück des Wegs gegangen. Ihr habt im Weinberg der Seelen schwer gearbeitet. Ja, ihr habt alles gegeben, was ihr geben konntet. Wir haben dem Leben gegeben, damit auf alle ein reicheres Leben wartet. Diese Arbeit ist unser erwähltes Ziel. Das bewahren wir im Herzen als eine Gabe und einen Schatz, den wir mehr als alles andere auf dieser Ebene verehren. Wir betrachten dies nicht als Bürde. Es ist so, als würden wir ein dürstendes Lamm auf die Schultern heben und es fröhlich durch die Wildnis an einen Ort tragen, wo es Nahrung und Ruhe findet. Das ist unser Geschenk an Vater-Mutter des Lebens. Es ist unsere fromme Gabe für den Altar unseres Herzens zur Erhöhung aller, die nach dem lebendigen Licht hungern und dürsten. So bin ich immer gewesen, und das wisst ihr, und ich danke euch, dass ihr aufs Neue diesen Weg beschreitet.

Mein Sohn ist ganz in der Nähe. Andere Angehörige sind ebenfalls da. Wir kommen hier zusammen. Darüber freue ich mich sehr. Wertvolle Menschen sammeln sich in allen vier Himmelsrichtungen. Sie sammeln sich an hochgelegenen und an niederen Orten, in der Wildnis und an dicht bevölkerten Orten. Kein Ort auf dieser Erde, der nicht von Christus-Magdalenas Stimme erreicht wird. Dieser Fanfarenstoß ist eine Einladung, zu erwachen und euch in die Arme der Göttlichen Mutter und des Geliebten Vaters zu stürzen, der sie aussandte. Sie bringt ihre Kinder heim ins unendliche Licht des Einsseins. In ihrem stillen Herzen herrscht Großer Friede, dessen Verständnis über bloße Worte hinausgeht.

Ich bin eure Mutter, ihr seid meine Kinder. Ich sage euch nun Lebewohl.

Jeshua tritt vor. Er berichtet von geheimeren Begebenheiten seines Lebens nach der Auferstehung und offeriert die geführte Meditation *Der Atem des Einsseins.*

Jeshua mit dem Lamm – eine Segnung Jesu

Ich bin euer Bruder und geliebter Freund. In meiner Familie redet man mich auf Aramäisch mit *Jeshua* an.

Ich sammle mich für diese Begegnung, genau wie ich mich in den Jahren, nachdem ich das Portal meiner Kreuzigung und Wiederauferstehung durchschritten hatte, für verschiedene Bewusstseinsebenen gesammelt habe. Dies geschieht, damit ich mich meinen Brüdern und Schwestern in allen Ländern, in allen Zeitzonen und Dimensionen zeigen kann.

Über mein Leben, meine Arbeit und meine Beziehungen existieren zahlreiche Mythen und Missverständnisse. Für diese Geschichte hier verbinde ich meine Stimme mit den Stimmen jener, mit denen ich vor zweitausend Jahren auf Erden gewandelt bin. Darunter kannten mich einige im Fleische und andere in meinem verwandelten Körper aus unsterblichem Licht. Denn erst nach meiner Kreuzigung erlangte ich die volle Erleuchtung meines physischen und feinstofflichen Körpers. Ich wurde sozusagen »vom Licht gesalbt« statt getauft und habe mich in meiner Essener Familie als Christus verwirklicht, als Lehrer der rechten Lehre, genau wie Gautama sich als Buddha innerhalb seiner eigenen Kultur verwirklichte.

Ich weilte vierzig weitere Jahre auf Erden und setzte die Arbeit fort, mit der ich begonnen hatte. In dieser Zeit, auf die sich das Folgende bezieht, diente ich der Menschheit auf unauffälligere Weise.

Nach meiner Auferstehung zeigte ich mich in den verschiedensten Gestalten, damit ich mich ungehindert unter den Menschen bewegen konnte. Meistens erregte ich keine Aufmerksamkeit. Selbst heute bewege ich mich wie damals noch unbemerkt unter meinen Brüdern und Schwestern. Seelen, die fähig sind, mich zu erkennen, ob in meiner wahren Gestalt oder anderen, erkennen meine Frequenz, und wir feiern zusammen die Kommunion. Ich zeige mich oft in der Gestalt, in der ich bekannt war: als Sohn, als Bruder, Onkel, Ehemann oder Vater, oder aber als Führer und Freund. Manchmal erscheine ich etwas älter, manchmal ziemlich jung und manchmal sogar als Kind. Ich bin für meinen Sinn für Leichtigkeit und Humor bekannt. Manchmal zeige ich mich in einem fassbaren Körper, der jedoch eine Menge Energie und Licht abstrahlt. Im Gleichgewicht mit allen Lebensformen erscheine ich aber auch in subtilerer Form, etwa als Wind oder als Gewässer, als Tier, Vogel oder Insekt, als Essenz eines Baums oder einer Blume. Manchmal erscheine ich als ein Lichtstrahl oder als leuchtende Sphäre. Meistens jedoch nähere ich mich als Schwingung, die das Herz auf eine Weise anrührt, wie man es vom Heiligen Geist kennt. Da ich weder männlich noch weiblich bin, bin ich beides einheitlich und ganzheitlich.

Jeder mit der Fähigkeit, mich voll zu erkennen, der meinem intensiven Energiefeld widerstehen und mit ihm verschmelzen kann, erlebt die köstliche Mischung, in der wir die Verzückung der Göttlichen Einheit jenseits von Zeit und Form erfahren dürfen. In tiefer Kommunion verherrlichen und feiern wir Vater-Mutter-Lebensspender.

Viele Jahre verbrachte ich damit, in den Gebieten zu wandeln, die ihr Britannien, Frankreich und Osteuropa nennt. Oft zogen wir uns von der Welt zurück und lebten in Höhlen, wo wir unsere alchemistischen Übungen vertieften und unsere Frequenzen erhöhten. In solchen schoßartigen Höhlen in Europa sowie im Nahen und Fernen Osten wurden die meisten meiner Kinder durch Licht empfangen. Wir unternahmen zwar Reisen im Lichtkörper an andere Orte und auf andere Existenzebenen, aber am liebsten war uns, in diesen speziellen Gebieten auf der Erde auf lange Zeit körperlich verankert zu sein. Als alles erreicht war, zog ich mich in den Himalaya zurück, das zu meinem Zentrum wurde, wenn es darum ging, weitere Ebenen des kosmischen Aufstiegs zu erreichen. Am Ende meiner Tage stießen meine geliebten Freunde dort zu mir. Bei einer längeren Klausur erreichten wir gemeinsam die höchsten Ebenen der Alchemie zum Nutzen aller Wesen, die in allen Zeiten und Reichen existieren.

Ich bewahrte ein gewisses Maß an Körperlichkeit bis zu dem Augenblick, als mein letzter bewusster Atemzug meine ätherisierten Lungen verließ. In ausgeglichener Haltung und mit allwissendem Gewahrsein stieg mein unsterblicher Körper durch die Krone meines Schädels auf und verschmolz mit dem All – der Großen Leere – jenseits der Zentralsonne. Mit meinen Magdalenerinnen als Zeugen ließ ich das irdische Tabernakel hinter mir. Meine verbliebene Elementarform wurde in einer abgelegenen Berghöhle zur Ruhe gebettet, wo bis zum heutigen Tag eine starke Strahlung kosmischen Lichtes herrscht.

Nahm ich an der Zeugung von Kindern teil? Ich sage euch: Ja, fürwahr. Doch es war nie meine Absicht, eine Dynastie zu gründen, um zum Herrscher der Söhne und Töchter der Menschen zu werden ... Meine Familie ist vielmehr die gesamte Menschheit, ausgesät vom Licht meines Vaters. Ihr wisst, dass die Lichtkodierungen Christi in euer Blut eingeprägt sind, die euch den Weg heimwärts weisen, sobald sie erweckt werden.

Wenn ihr vor dem Vater, der Mutter kniet, die euch geboren haben, erhaltet ihr das salbende Elixier und erwacht zu eurem wahren Wesen. Ihr verwirklicht euch als Sohn Gottes und als Licht der Welt.

Meine typische Schwingung durchdringt die Worte meiner Großmutter. In diesem Buch sollte dies ebenfalls geschehen.

Sie wird vielleicht von allen, dich mich anrufen, als tröstende Gegenwart empfunden. Und ich sage euch, meine geliebten Kinder, ruft mich an, wann immer ihr wollt. Ich wiederhole: Ich fordere euch auf, mich fortan als euren geliebten Freund zu betrachten. Ihr habt geglaubt, ich sei von euch abgelöst und fern. Aber ich sage euch, ich bin hier, und meine Arme warten auf euch. Wenn ihr wollt, können wir uns jederzeit in einen meditativen Raum begeben, wo ihr die Gegenwart meiner Liebe spürt.

DER ATEM DES EINSSEINS – EINE GEFÜHRTE MEDITATION VON JESHUA

Stellt euch vor, ich bin ein lieber Freund (oder eine goldene Lichtsphäre), der euch von Angesicht zu Angesicht begegnet. Uns umgibt strahlend goldenes Licht.

Innerhalb dieses friedvollen, leuchtenden Raums schöpfen wir den Atem des Lebens.

Ich lade euch ein, langsam und sanft mit mir zu atmen. Gleicht euren Atem dem meinen an. Ein ... aus ...

Atmet aus. Sendet alle Spannungen und jedwede Erschöpfung in ein Licht oder eine Flamme, die ihr euch in meinem Herzen vorstellen könnt. Seht, wie meine Herzflamme wächst und mit jedem Atemzug von euch heller flackert.

Seufzt laut und vernehmbar ... *Ahhhh!*

Atmet ein. Atmet in mein ewiges Licht. Atmet in meiner ewigen Liebe. Atmet in meinen Frieden.

Atmet aus. Ich atme alle Schmerzen ein, die ihr fühlt ... alles wird gut ... seufzt vernehmbar ... *Ahhh!*

Atmet ein. Spürt die Wärme meiner Liebe, die euer Herz weitet und eure Herzflamme entfacht. Ich schicke euch meine Liebe und meinen Frieden auf den Schwingen meines Atems. Atmet in Frieden.

Atmet aus – ich atme eure Schmerzen ein, alles Leiden von Körper, Geist und Seele. *Ahh!* Gebt mir eure Lasten, und ich werde sie leichter für euch machen.

Atmet ein – mein Friede sei mit euch.

Atmet aus – stellt euch euer Leiden vor, wie es mottengleich zum Licht in den Schmelztiegel meines Herzens fliegt. Seht euren Kummer, eure Wut und eure Angst, wie sie sich in goldenes Licht verwandeln. Ein neuer Morgen zieht herauf!

Atmet ein – ICH BIN die Auferstehung und das Leben.

Atmet mit mir zusammen ... denkt an den Christus in euch. Wir atmen den Atem des Lebens, meine Freunde. Atmet leise weiter. Ruht euch in der großen Stille aus – seid euch nur eures Atems bewusst. Tut nichts weiter, als eurem Atem zu folgen. Kehrt zum einfachen Atmen zurück.

Seid euch eures Lebenshauches bewusst, wie er frei mit jedem Atemzug ein- und ausströmt. Atmet unendliches Licht und Liebe ein. Empfangt mich im Heiligtum eures Herzens.

Entspannt euch ... erlaubt eurem Herzen, zu lächeln ... *Ahh!*

Der Fels der Trennung wird von eurem Herzen fortgerollt. Der Sohn Gottes ruft den begrabenen Christus drinnen. Tritt hervor! Erwache und erhebe dich!

Ich sage euch, Friede sei mit euch ... und das Licht soll sich in jeder Zelle regen. Lasst los, was euch nicht länger dient. Atmet süßen Frieden in jede Zelle. Tretet ins Licht. Kommt aus dem Grab der Unwissenheit hervor. Folgt mir in die reinen Gefilde und vergebt allem, was stirbt und tot ist.

Sammelt euer bruchstückhaftes Selbst und legt alles in den weichen Schoß eures Christus-Magdalenerinnen-Herzens, das unendliche Herz des Mitgefühls. Lasst das Christuskind in euch wachsen. Empfangt mit jedem Atemzug neue Lebenskraft. Alle Zellen sind auferstanden.

Atmet tief ein und aus ... werdet euch der goldenen Lichtsphäre bewusst, die uns umgibt. Lasst die Gestalt eures Menschenkörpers zu Sohn/Sonne Gottes werden. Seid unendliches Licht!

Kommt heim zu Vater und Mutter allen Seins. Lasst eure fleischliche Identität zurück und verschmelzt mit mir im größeren Licht. Jenseits allen Lichts ... jenseits aller Formen. Atmet ... entspannt euch ... SEID einfach hier im Jetzt. Mein Atem ist euer Atem. Mein Herzschlag ist euer Herzschlag. Mein Körper ist euer Körper. Das Selbst und das Andere verschmelzen in Göttlicher Vereinigung. Bräutigam und Braut. Christus und Magdalena – *Ein Leben.* Nun erkennt ihr das Einssein und spürt Mitgefühl für alles Leben. Atmet euer Gewahrsein vom Leiden anderer wach, das sich von eurem nicht unterscheidet. Atmet sanft eure Gabe des reinen Lichts und der Liebe in die Herzen eurer Brüder und Schwestern ... atmet sanft ein und empfangt deren Schmerz als eine »dunkle Kugel«. Legt den schwarzen oder dunkelgrauen Ball aus Leid sanft in euer christliches Herz. Seht, wie die Dunkelheit ins Licht schmilzt ... alle Herzen glühen ... alle Herzen sind ruhig und friedvoll.

Erwartet weder eine Veränderung noch eine Belohnung. Erlaubt einfach nur, was ist, zu sein, wie es ist. Das ist unendliche Liebe. Ihr wisst, dass das »Andere« euer »Selbst« ist. Das ist Vollkommenheit. Ebenso wie ich weiß, dass euer Herz mir gehört, so wird der Eine Namenlose weiterhin den Atem des Lebens atmen.

Egal wie oft ihr diese Seelenvereinigung erleben wollt, diese Verschwisterung der Seelen und Herzen, diese Ehe des Geistes, sie soll euch wohl dienen, meine geliebten Brüder und Schwestern, meine geliebte Magdalena.

Friede sei mit euch – in diesem Atemzug und bis zum Ende der Welt. Sorgt euch nicht um die Gestalt, die ich annehme, wenn wir uns das nächste Mal umarmen, denn ihr werdet mich erkennen, wie ich bin – jenseits aller Formen und Namen. Ihr müsst eure Wahl treffen und euch in dieser Weise selbst als Christus-Magdalena sehen, die ihr sucht.

Ich bin bei euch immerdar.

25

Der Segen der Drei Marien

E s ist zu diesem Zeitpunkt wichtig, dass die göttlichen männlichen und weiblichen Energien in geeinter Ausgewogenheit zusammentreffen. Als Nächstes hören wir von drei Magdalenerinnen, den »Drei Marien«, die gemeinsam mit Jeshua diese Einheit verkörperten und darstellten.

DER SEGEN DER DREI MARIEN: MYRIAM VON TYANA, MARIA VON BETHANIA, MARIAM VOM BERG CARMEL

Gemeinsam und als Dreieinigkeit erfüllen und enthüllen wir, was seit vielen Äonen in der Schwebe blieb. Wir erscheinen mit der Gesellschaft der Magdalenerinnen, die ebenfalls die Große Mutter und die Ermächtigung des Weiblichen in Frauen wie Männern bezeugen. Zusammen erheben wir, was vergraben und verborgen ist und unter unseren Füßen unterdrückt wurde. Wir werden unsere Stimmen vereint in harmonischem Einklang erheben und vom Mittelpunkt unserer verbundenen Herzen den Wohlgeruch der Auferstehung ausstrahlen.

Unsere Stimme klingt wie eine einzige – die Stimme der Magdalenerinnen. Eine jede von uns spricht auch für die anderen.

Unser aller Wunsch ist es, das weibliche Herz zu heilen und diese Erde zum Erblühen zu bringen: Wir wollen die Wüsten und Ödlande in allen Seelen heilen. Daher umfasst unsere Vision Männer und Frauen, die den Weg gemeinsam als Ebenbürtige beschreiten, wo Familien, Gemeinschaften und Nationen die Unterschiede und Ähnlichkeiten zelebrieren und einem jeden erlauben, sein unendliches Potenzial zu verwirklichen. Wir betrachten jede Seele als fähig, ihr intrinsisches Licht auszustrahlen und eine Höchstform an Kreativität auszudrücken, ein jeder nach seinem Wesen und seinen karmischen Bedingungen. Wir ehren und akzeptieren aber auch Begrenzungen und die freie Wahl. Entscheidungen können Leiden verursachen, aber wir wissen auch, dass Leiden ein göttlicher Ausdruck der Großen Vollkommenheit sind. Begrenzung ist eine Folge von Gegensatz und freier Entscheidung, und sie birgt in sich das unendliche Potenzial, zum Katalysator für die Erweckung, die mitfühlende Heilung und für Weisheit zu werden. Unser gemeinsamer Wunsch ist es, zu bewirken und zu bezeugen, dass alle Formen des Leidens enden, während wir in unserer gemeinsamen Menschlichkeit inkarniert sind.

Wir sind daher hier als die Botschafter der Göttlichen Mutter und manifestieren uns als die Christus-Magdalenen, die körperlichen Gestalten, durch die sie ihre Macht hier auf Erden manifestiert. In diesen Zeiten herrscht ein großes Bedürfnis, das Männliche und Weibliche ausgewogen zu vereinen. Wir möchten durch diese Aussage vermitteln, dass es nicht unsere Absicht ist, die Macht zu ergreifen oder einen Aspekt des Bewusstseins veranlassen zu wollen, unterwürfig zu werden. Unsere Aufgabe in diesen Zeiten der großen planetarischen Krise ist es, den technisch ausgerichteten Verstand mit seiner unserer Meinung nach unausgewogenen männlichen Energie auszugleichen. Es ist beispielsweise eindeutig belegbar, dass Mutter Erde und ihre Schöpfung an allen möglichen Formen zunehmender Gewalt, Achtlosigkeit und Verschmutzung stirbt. Wir glauben, dass der männliche Geist an einem Mangel an weiblicher Herzensenergie leidet, der

Fähigkeit zum Beispiel, ganzheitlich die Verbundenheit aller Lebensformen miteinander zu begreifen.

Wir erkennen, dass dazu ein großer Prozentsatz an Göttlicher Weiblichkeit nötig ist. Daher hört ihr so viele Botschaften und erlebt Erscheinungen der Göttlichen Mutter, etwa als Mutter Maria. Dies ist der Grund, warum Bücher wie das vorliegende erscheinen, denn ein stärkerer Ausdruck von Göttlicher Weiblichkeit wird Ausgewogenheit und Harmonie bewirken, wenn wir zusammen mit unserem geliebten Jeshua als weibliche Dreieinigkeit erscheinen.

Zusammen repräsentieren wir die Göttliche Weiblichkeit und die Göttliche Männlichkeit in einer harmonischen Verbindung. Als Dreieinigkeit von drei Frauen erweitern wir exponentiell die Energie der Göttlichen Weiblichkeit in uns selbst. Wenn wir uns dann mit Jeshua, der sich auf Göttliche Männlichkeit als Mitte konzentriert, zusammenschließen, wird als gemeinsame Schöpfung eine umfassende Sphäre entstehen, ein alchemistischer Gralskelch, in dem Mutter Erde und die Menschheit gemeinsam gehalten werden. Wenn Jeshua als vierte Kraft zu uns stößt, erschaffen wir auch noch das starke Fundament einer Pyramide, mit der wir die Quadratur des Kreises erreichen und die unausgewogenen Energien stabilisieren, die sich gegenwärtig mit exponentieller Geschwindigkeit vervielfachen.

Was ich als »stabilisierende Maßnahmen« beschreibe, ist der Mikrokosmos eines universalen Quantenprozesses, den wir in dieser Botschaft aber nicht weiter erklären wollen, denn darum geht es uns hier nicht. Vergänglichkeit, die sich in interplanetarischen Veränderungen ausdrückt, ist unvermeidlich. Es ist unser Wunsch, individuelle Entscheidungen zu fördern, die auf unendlichem intrinsischen Potenzial beruhen, damit diese Zeit der *Großen Veränderung* als ein völlig neuer Katalysator und als Gelegenheit genutzt werden kann, unser individuelles und kollektives Grenzenloses Wesen zu erwecken. Wir wirken bei diesem zyklischen Geburt/Tod-Prozess bewusst als Stabilisatoren.

Wir haben euch über den Großteil unserer spirituellen Arbeit innerhalb des Ordens der Magdalenerinnen informiert. Ob er nun eine beträchtliche oder geringe Wirkung entfaltet, sie erfolgt für die Menschheit. Unsere Arbeit spielt sich auf mehreren Ebenen ab und wird von gewöhnlichen Seelen nicht leicht begriffen. Es dämmert euch vielleicht jetzt schon, dass es nicht nur eine Magdalena gab, sondern viele, viele ... Wir wissen, dass ihr Fragen habt nach den persönlichen Beziehungen untereinander, nach unseren Kindern und Jeshua. Das ist ein großes Mysterium und Geheimnis – aber die Zeit ist reif, um die Lichtelemente in die Welt zu bringen, die bisher hinter Schleiern von Geheimnissen verborgen waren. Doch selbst dann wird das Enthüllte für viele schwer zu begreifen sein, ganz zu schweigen davon, es zu integrieren. Daher erzählen wir unsere Geschichten mit größter Achtsamkeit.

Friede sei mit euch, Brüder und Schwestern. Wir sind die Magdalenerinnen, wir tragen die Gene von Isis, um eine neue Genesis hervorzubringen, eine neue Schöpfung, ein neues Paar Adam und Eva, eine neue Generation, eine neue Welt und einen neuen Himmel. So sei es.

26

Lichtgezeugte Kinder und ägyptische Grabstätten

Es folgen mehrere Weisheiten meiner lichtempfangenen Enkelin Maria von Bethanien. Sie wird oft auch Maria Magdalena oder Maria die Magdalenerin genannt, wie man Jesus auch Jeshua den Christus nennt. Einem erweiterten Verständnis nach sollte Maria von Bethanien als »Maria, eine Magdalenerin« und Jeshua als »Jesus, ein Christus« bekannt sein. Sie wird im Segen der drei Marien erwähnt – die alle drei Magdalenerinnen sind.

Maria von Bethanien bringt uns zunächst eine Lesung über lichtgezeugte oder lichtempfangene Kinder und spirituelles Erwachen, gefolgt von einer Beschreibung ihrer eigenen Erfahrung mit dem *Ägyptischen Grabstättenritual*.

LICHTGEZEUGTE KINDER UND SPIRITUELLES ERWACHEN

MARIA VON BETHANIEN: Zunächst möchte ich einige Fehlurteile über uns und unsere Beziehungen aufklären, denen viele Menschen zum Opfer fallen. Allzu oft handelt es sich um deren eigene Ego-Projektionen, die nach Bestätigung suchen. Was unsere Kinder angeht, so denken manche, dass unsere Nachkommen einen besonderen Stamm ausmachen, der ganz spezielle Fähigkeiten aufweist und angeborene Autorität ausstrahlt, einfach deshalb, weil wir direkt von Jeshua abstammen. Viele stecken unangemessen viel Energie in die Suche nach einer möglichen Blutsverwandtschaft oder einem gemeinsam verbrachten früheren Leben, oder sie behaupten, eine künftige Inkarnation von uns zu sein. Das heißt nun nicht, dass an dieser authentischen Abstammung nichts Wahres oder eine echte Seelenverbindung unmöglich sei. Aber ich möchte solche Suchenden ermutigen, deutlich die eigenen Motive zu erkunden und sich zu fragen, warum sie nach derartigen Informationen forschen und daran glauben. Anschließend möchte ich sie auffordern, die Echtheit, Bedeutung und Vorteile zu betrachten, die sie durch das sich entfaltende Verständnis ihres gegenwärtigen Lebenssinnes finden. Gewöhnlich geht es darum, aus dem Traum der Getrenntheit erweckt zu werden, gleich welcher Abstammung oder Herkunft man in früheren Leben war – obwohl günstige Bedingungen, wenn sie klug genutzt werden, natürlich helfen.

Wenn ich über unsere Kinder rede, die in unseren Augen als besonders gelten, möchte ich damit nicht behaupten, dass sie anderen Kindern überlegen sind. Alle Wesen sind einzigartig. Wir sind alle göttlich. Alles Leben ist von kosmischem Licht erfüllt, nicht bloß unsere Kinder. Die Fähigkeit, dieses Licht voll zum Ausdruck zu bringen, wird frei in jedes Herz gegeben, das von Demut erfüllt ist und unsere himmlische Vater-Mutter um die Gnade der Erinnerung bittet. Die den meisten Menschen – ihrem Grundwesen – innewohnende Helligkeit wird vom ständigen geistigen Wiederkäuen von Vergangenheit und Zukunft getrübt, begleitet von allem möglichen emotionalen Leid. Andere, die schon erwachter sind, haben einen leichteren Zugang zu ihrer Wahren Natur – dem Unendlichen Licht – und sind auch eher bereit, ihre »Trübungen« einzugestehen, so dass sie mit einigem Geschick »gereinigt« werden können. Bei derart erwachten Individuen kann man eine spontan aufsteigende, von innen heraus leuchtende Präsenz feststellen und spüren, wie etwa bei Jeshua – besonders jetzt, seit er seinen unsterblichen Lichtkörper erlangt hat.

Aus einer umfassenderen Perspektive heraus verstehen wir, dass es karmisch gesehen angemessen und von den menschlichen Seelen gewollt sein kann, dass weise, mitfühlende Lehrer – die voll erleuchtet sind – in verschiedenen Zeitzyklen inkarnieren, um dem dicht gewebten Netz des Lebens dienlich zu sein. Solche Wesen geloben, in der Nähe der Erde zu bleiben und wiederholt bewusste Geburten auf sich zu nehmen, damit wir alle kollektiv aus unserem Traum des Leidens erwachen. Die Kinder, von denen ich spreche, gehören zu diesen erwachten und mitfühlenden Seelen. Sie haben beschlossen zu inkarnieren, um der Menschheit in diesen dunklen Zeiten als Leitsterne zu dienen.

Sie werden oft unter günstigen Bedingungen geboren – etwa in sie fördernde Familien oder Gemeinschaften hinein, als Kinder von Lehrern und Gelehrten. Sie erhalten alles, was sie brauchen, um die Erinnerung daran, wer sie sind, aufzubauen und zu stabilisieren. Mir ist aufgefallen, dass sich Kinder von Paaren, deren Bewusstsein erwachter ist und die sich über ihre Vorbildfunktion im Klaren sind, stärker dafür interessieren, ihre Seelen und Herzen für Achtsamkeit und liebevolle Freundlichkeit zu öffnen. Sie sind sich jedes einzelnen Moments und des schlichten »Seins« von allem bewusst. Sie sind sich bewusst, dass jeder vergängliche Atemzug eine flüchtige Gelegenheit bietet, innere Freude zu empfinden, und in jedem Herzschlag die kurze Chance liegt, freundlich zu sein, denn sie wissen, dass diese kostbare Geburt als Mensch eine äußerst vielversprechende Möglichkeit zum spirituellen Erwachen darstellt. Sind aber einmal Verständnis und Akzeptanz in ihre Herzen und Seelen eingezogen, Verständnis dafür, dass Schmerzen existieren, dass es dafür Ursachen und Bedingungen gibt und auch sie vergänglich sind, dann erkennen sie, dass ihre vorübergehenden Erfahrungen von Schmerz Gelegenheiten darstellen, für die eigene Menschlichkeit und andere Menschen mitfühlendes Gewahrsein aufzubringen, um das Leiden aller zu lindern.

Kinder, die in solchen bewussteren Familien groß werden, merken jedoch bald, dass auch sie nicht immun dagegen sind, ihr persönliches Karma durcharbeiten und heilen zu müssen oder unmittelbar das Karma zu erfahren, das wir alle teilen: eine allem zugrunde liegende Unwissenheit, die mit dem unbewussten Geburtstrauma beginnt und oft in die Wahrnehmung mündet, ein getrenntes »Ich« in einem getrennten Körper zu sein, in sich geteilt, dem Herzenskummer von höchstem Verlust überlassen, *wenn* wir uns als jemanden wahrnehmen, der allein ist und keine Anbindung hat.

Aus diesem Kernschmerz und Schrecken entsteht ein falsches, anmaßendes Selbst, das man als Persona bezeichnet, als Ego. Daraus entwickeln sich dann ein enormes Verlangen, alle Unwägbarkeiten des Lebens zu kontrollieren, und der unstillbare Durst nach mehr von allem, was, wie flüchtig auch immer, die immer stärker werdende Verzweiflung lindern kann. Das falsche Selbst versucht, seine Existenz und die unerfüllten Wünsche mit großer Hartnäckigkeit aufrechtzuerhalten. Die Sucht nach unerfüllten Wünschen verschleiert das wahre Selbst auf die gleiche Weise, wie die Sonne von Wolken verhüllt wird. Aber es ist auch das Licht der Sonne, das die sie verschleiernden Wolken offenbart. Ähnlich ist es mit dem inneren Licht, dem wahren Selbst, welches das »falsche Selbst« und seine trübende Maskerade von flüchtigen und trivialen Begierden enthüllt.

Man kann lernen, solche egoistischen Begierden zu erkennen. Wenn man versteht, wie das Anklammern an selbstsüchtige Wünsche Angst, Wut und Kummer hervorbringt, wie der Versuch, das illusionäre Wesen des Lebens fassbar zu machen und den vergänglichen Zustand der materiellen Welt ewig – was nur noch unsicherer, frustrierter, verwirrter und begrenzter macht –, dann kann man über sein begrenztes Selbst hinauswachsen. Mit wachsendem Gewahrsein erkennen solche Menschen, dass sie sich in einen selbst geschaffenen Kerker gesperrt haben. Dieses Gewahrsein wird von einem tief sitzenden Verlangen begleitet – der

Großen Sehnsucht, die sich über das Bedürfnis des Egos, dem Leiden zu entfliehen, hinaus verstärkt und sich jenseits dessen nur zum eigenen Zweck vergrößert.

Mit der Großen Sehnsucht geht ein angeborenes Mitgefühl für alle Wesen einher, und derjenige, der in dieses Mitgefühl eingeweiht ist, möchte alle Lebensformen befreien, aber nicht nur um deretwillen. Er ist dem ständigen, freudigen Drang ausgesetzt, spirituelle Lehren zu erforschen und sich durch deren Ausübung zu disziplinieren. Dies führt zu der Fähigkeit, alle Wesen um ihrer selbst willen zu lieben und zu akzeptieren – als Wahres Selbst und untrennbar vom Geliebten und ebenso liebend wie das Geliebte selbst.

Unter günstigen Bedingungen geboren zu sein, garantiert jedoch diese Befreiung noch nicht. Ich kenne große Seelen, die unter den kümmerlichsten und ungünstigsten Bedingungen zur Welt kamen, die allen möglichen Missbrauch erlebten und wussten, dass sie entweder ihr eigenes persönliches Karma durcharbeiten oder einem größeren Ganzen dienen mussten. Aber sie öffneten ebenfalls die Herzen und erwachten genau wie das Geliebte selbst. Ich habe erleuchtete Meister gekannt, die schon erweckt auf die Welt kamen, die sich bewusst entschieden, als Licht inmitten einer großen Dunkelheit geboren zu werden. Leider gibt es auch Kinder, die unter den allerbesten Bedingungen auf die Welt kommen, aber später nachlässig oder vom Gift ihrer Gedanken überwältigt werden. Sie büßen den Sinn ihrer menschlichen Inkarnation ein, die Chance, in diesem Leben erweckt zu werden.

Jeshuas Kinder sind vielleicht auf mancherlei Weise, die ich geschildert habe, besonders begabt. Aber ich möchte klarstellen, wenn ich von deren bewusster Zeugung und Schutz rede, dass wir von keinerlei Gedanken an die Gründung und Aufrechterhaltung einer politischen Dynastie motiviert sind, erst recht nicht einer kirchlichen Elite. Wir fühlen uns nicht zu der Annahme berechtigt und haben auch nicht die geringste Absicht dazu, dass wir Recht und Autorität besitzen, über andere zu herrschen. Wir suchen solche Macht auch nicht für unsere Kinder, doch fühlen wir uns verpflichtet, sie die notwendigen Fähigkeiten zu lehren, damit sie die Verantwortung von Führern übernehmen können, wenn deutlich wird, dass andere wahrhaft von unserer Leitung oder Intervention profitieren. Unser Ziel ist es, allen, denen wir begegnen, großzügig Liebe und Freundlichkeit anzubieten und ein Beispiel zu setzen, das bei allen Wesen die kluge und mitfühlende Selbstregulierung und geeinte Harmonie fördert, wenn wir Schritt für Schritt auf unserer gemeinsamen Reise vorankommen.

In den zweitausend Jahren, seit wir und die anderen elf Avatare und ihre Anhänger auf Erden wandelten, sind viele Generationen geboren worden – Milliarden von Seelen nennen diesen Planeten inzwischen ihre Heimat. Mit jeder weiteren Generation wurde das kosmische Licht, das wir damals in eurer DNS und den Elementen der Erde verankerten, biologisch und ätherisch durch die Geschlechter unserer Abkömmlinge an alle weitergegeben. Die gleiche befreiende Erleuchtung, die Avatare (männliche wie weibliche) schon immer auf die irdische Ebene gebracht haben, ruht in den lebendigen Zellen der Menschheit und aller anderen Lebewesen. Es gibt keine »besonderen« Abkömmlinge oder ein bevorzugtes Geschlecht, nach dem man suchen könnte. *Wir* sind die, nach denen wir suchen.

Die Suche nach dem historischen Jesus, Maria Magdalena und unseren Kindern geschieht am besten mit der Bereitschaft, uns unsere eigenen Motive klar und aufrichtig einzugestehen. Zu dieser interessanten Suche braucht man eine gute Portion gesunden Menschenverstand und Sinn für Humor, um den Sinn des selbst erwählten Ziels ständig deutlich vor Augen zu haben. Ja, es ist wichtig zu wissen, dass wir gelebt und geliebt haben und dass wir Kinder bekamen. Wichtiger aber ist, dass ihr ebenfalls bewusst lebt und liebt und Kinder in die Welt setzt, die im Hier und Jetzt wissen, wie man liebevoll und freundlich ist. Statt sich von unserer

Geschichte ablenken zu lassen, ist es wichtig, in jedem kostbaren Augenblick euer eigenes einkodiertes »Christus-Magdalena-Wesen« zu erwecken, eure essentielle lichtgesalbte Natur. Auf diese einfache Weise können wir alle ans gleiche Ziel gelangen – und wenn wir dort ankommen, werden wir wissen, dass wir die Heimat nie verlassen haben.

DISKURS ÜBER EINE ÄGYPTISCHE GRABSTÄTTEN-INITIATION

Erst als ich zu einer Initiation für Fortgeschrittene nach Ägypten reiste, wurde mir klar, dass ich, obwohl ich mich als Heilerin begriff, einen gewissen egoistischen Starrsinn aufwies. Das zeigte sich bei einer sehr intensiven Erfahrung, in der ich mich dem Tod und den vorgerückten Stadien des Sterbens stellte, wie sie bewusst beim Grabstättenritual vollzogen werden. Während dieser Initiationen lernte ich die Höllenreiche kennen.

Als ich den Schwur leistete, Leiden zu lindern, spürte ich eine starke Kraft in mir aufwallen. Sie fühlte sich an wie die beschützende Aggressivität einer großen Tigerin oder Löwin. Ich war fest entschlossen, zu heilen und bei so vielen Menschen wie möglich Leiden zu lindern. Ich war besonders entschlossen, einen Weg zu finden, das Leiden jener zu lindern, deren Seelen zutiefst gefoltert sind und die man als wahnsinnig bezeichnen könnte: verstört an Verstand und Körper. Ich sah und spürte genau, wie unermesslich viel sie ertrugen. Ich sah die Energien von körperlosen Geistern, die sich an sie klammerten, und ich stellte fest, dass ich diesen Geistern helfen konnte, ihren Wirt zu verlassen und auf ihrem Weg weiterzuziehen. Ich wollte noch mehr Techniken und Methoden der Heilung erlernen.

Wie bei meinen früheren ägyptischen Einweihungen begab ich mich in einen dunklen höhlenartigen Tempel, wo ich in einen kleinen Raum eingeschlossen wurde, kaum größer als ein Sarg. Bei meinem damaligen Aufenthalt hatte ich ein paar Grundregeln gelernt, wie ich meine Vitalzeichen abschalten konnte. Ich hielt mich nun für hinreichend vorbereitet, die fortgeschrittenen Aspekte des Grabstättenrituals zu praktizieren. Während dieser Ausbildung hatte ich die Kriegsgöttinnen kennengelernt, die »Dunklen Mütter« Sekhmet, Durga, Kali, Demeter und viele andere. Die Energie der dunklen Mutter zog mich an – ihre bedingungslos liebende Präsenz, die bereit ist, in die Höllenreiche hinabzusteigen, um die verlorenen und leidenden Kinder zu finden und sie wieder ans Licht zu bringen. Vor allem diese Liebesfähigkeit wollte ich verkörpern und umsetzen. Ich wollte die Illusion vom Tod vernichten und alle Ursachen für Leiden ausräumen.

Das Problem war, dass ich durch eine subtile Form von Egoismus falsch motiviert war. Ich hatte noch nicht die illusorische Leere aller Gedanken, Emotionen und Formen erkannt und klammerte mich weiter an eine Identität, die Getrenntheit und Leiden bewirkt. In Dualität befangen speiste ich meine Energie in ein falsches Selbst ein – den Heiler/Retter, der mit allem im Kampf liegt, was er als die »bösen« Ursachen von Krankheit und Leid betrachtet. Ich hatte zwar eine Ahnung, wie man sich jenseits eines »Ich« fühlt, klammerte mich aber nach wie vor an den Auftrag, etwas zu »heilen«, das »Ich« als schlecht und schädlich empfand und das »Ich« im Spiel der Dualität nicht »so« ausdrücken durfte, wie es seinem Wesen nach war. Mein konditionierter Verstand hatte noch nicht akzeptiert, dass es »Leiden« erlaubt ist, auf die Weise zu sein, wie es eben ist. Ich wusste auch noch nicht, dass mein mitfühlendes Herz groß genug war, dies zu akzeptieren und den Myriaden von Leidensformen einen Ort zu geben, an dem sie sich ausruhen konnten. Ich hatte, angeleitet von meinem mitfühlenden Herzen, in meinem Kopf noch keinen befreienden Raum gefunden, in dem Vergänglichkeit und Akzeptanz von Leid ihren Platz finden konnten, damit es sich entspannte und zurück zu Licht und Leere entwickelte, das es in Wahrheit ja ist.

Ich sah mich als von »anderen« getrennt, in diesem Fall von den bösartigen, leidenden Energien der Höllenreiche. Ich erschuf ein Stadium, in dem ich »gerechtfertigte Entrüstung« und »spirituelle Überlegenheit« ausüben konnte. Ich lag in meinem Sarkophag – entschlossen, erst dann zurückzukehren, wenn ich den »Feind« vernichtet oder zumindest ein größeres Verständnis dessen erlangt hatte, wie man mit solchen schädlichen Wesen umgeht, die ihren Wirt belästigen, unterdrücken und missbrauchen. Ich war entschlossen, alles zu tun, was ich konnte, damit sie keinen weiteren Schaden anrichteten.

Ich wollte in meiner Naivität und Ignoranz alles Leid von den körperlosen Geistern entfernen und sie wieder gesund und heil machen. Irgendwie hielt ich mich für derart mächtig und war überzeugt, diesen Kampf gewinnen zu können. Ich wusste nicht, dass meine beharrlichen Heilversuche dem gleichen machtvollen Bewusstsein entstammten, das sich gegen die Heilung sperrte. Dass ich die gleiche kriegerische Energie, gegen die ich kämpfte, selbst freisetzte, sollte mich in große Gefahr bringen. Als die dämonischen Wirte und ich gegeneinander antraten, und noch ehe ich irgendetwas unternehmen konnte, spürte ich bereits das spontane Aufsteigen der Kundalini-Energie und erlebte unaussprechliche Schmerzen und Qualen. Ich sah die Höllenreiche in aller Klarheit vor mir.

Auf diesen unglaublichen Schrecken war ich nicht vorbereitet. Zu meiner Verblüffung löste sich meine Mission zu heilen auf, und mich umgab nur noch rohe Härte. Ich verlor jedes bisschen Konzentration. Ich glaubte, sterben zu müssen. Alles wurde dunkel ringsum. Dann vernahm ich ein Geräusch in der Leere. Bei diesem Geräusch empfand ich die unbestreitbare Präsenz und Liebe Jeshuas. Mein Körper fiel in ein Koma, aber mir standen der Priester und die Priesterin bei, die mich begleitet hatten. Mein Geist flog mit meinem Geliebten in die Höhle im Himalaya, wohin er sich zu einer längeren Meditation zurückgezogen hatte. In meinen dunkelsten Augenblicken war er sich meiner spontan gewahr geworden. Wie die Große Mutter flog er nun zu mir, senkte sich herab, hob mich – meine feinstofflichen Bewusstseinskörper – ins Licht und trug mich auf den Schwingen seiner Liebe.

Wochen vergingen, und erst als mein Vater mich aufsuchte, erlangte ich das Bewusstsein wieder. Nach meiner Rückkehr ins Haus meiner Mutter in Bethania, um zu genesen, vergingen weitere Wochen ohne meine monatliche Blutung. Langsam erkannte ich, dass die sengende Hitze des Kundalinifeuers mich unfruchtbar gemacht hatte. Aufgrund dieser zutiefst verändernden Erfahrung erkannte ich, was ich vorher nicht erkennen konnte. Eine unaussprechliche Liebe und Ergebenheit für Jeshua ließ mein Herz auferstehen – hier, in der Höhle meines gebrochenen Herzens, besiegelte ich meinen Schwur gegenüber meinem wahren Guru und dem Geliebten meiner Seele und fand endlich zur Heilung und zur Ganzheit zurück. Ich war vollkommen sicher, dass Jeshuas Liebe mich umfing und meine Seele zurück in ihren körperlichen Tempel brachte.

Ich werde meinem Geliebten und der Großen Mutter für die Gaben eines neuen Lebens für immer dankbar sein. Im strahlenden Licht der Höhle, wohin Jeshua sich zurückgezogen hatte, vereinten wir uns in unsagbarer Gnade und Einheit. Befreit von meinem Körper, fiel mir wieder ein, dass ich seine ewige Braut war und er mein ewiger Gatte.

27

Die Erweckung des Bewusstseins

Meine Enkelin Mariam tritt erneut vor und teilt uns ihre Weisheiten über die Erweckung des Bewusstseins mit, die sie über viele Jahre hinweg erarbeitet hat.

DIE LEHRE DER WEISEN MARIAM ÜBER DAS BEWUSSTSEIN

MARIAM VOM BERG CARMEL: In den vergangenen siebzehn Jahren bin ich zu meinen spirituellen Wurzeln zurückgekehrt. Ich studiere und praktiziere die uralten Texte, die Großmutter und Onkel Joseph (von Arimathia) von Avalon zum Berg Carmel und anderen Essener Klöstern gebracht haben, die an der Küste des Großen Meeres verstreut liegen. Myriam (von Tyana) und Johannes haben vor kurzem Texte aus Indien und Ägypten mitgebracht. Das Studium dieser alten, großen Lehren und die Reflexion darüber vertiefen meine spirituellen Praktiken mehr als je zuvor.

Immer öfter bezeuge ich das alles durchdringende Licht und die ewige Vollkommenheit in allen Dingen und allen Erfahrungen. Wie nach dem Erwachen aus einem Traum kann ich unterscheiden, was wirklich ist und was bloße Illusion. Bei diesem

Erwachen wird die reale Welt als reines Licht wahrgenommen, als Raum und feinstoffliche Frequenz.

Die Konzepte der Leere und die Formen, die innerhalb des Raums abstrahlen, deuten jedoch auf eine noch größere Feinstofflichkeit hin – die Essenz der Natur jenseits aller mentalen Begrifflichkeiten. Immer häufiger erlebe ich diese unendliche, leere Leuchtkraft und den Segen des Gewahrseins als mein wahres Wesen – das wahre Wesen aller Dinge und allen Seins, das zum unteilbaren Einssein gehört. Es ist das wahre Wesen der Gnosis und der erweckende Pfad der Erleuchtung. Aber ich erlebe mehr als bloß einen flüchtigen Blick.

Egal, wie häufig oder wie wundervoll diese augenblickslangen klaren Einsichten sind oder wie sehr sie mich entzücken, die Leere und das Gewahrsein müssen stabilisiert und in eine unteilbare Einheit gebracht werden. Dazu bedarf es beständiger, konzentrierter Übung und der großen »Loslösung« ins Mysterium. Ich bin sicherlich noch nicht erleuchtet, aber ich komme auf meinem Weg voran. Ich weiß, dass ich jeden Fortschritt der Gnade des Geliebten verdanke und seines Einsatzes für mich bei den Hohen und Großen. Und deshalb widme ich jede möglicherweise brauchbare Fähigkeit, die ich besitze, dem Erkennen des Einsseins, das allen Wesen nützt, die im Einssein auch mich einschließen.

Mein Temperament ist jetzt viel gelassener und ausgeglichener als vor dem Trauma, als mein Sohn Benjamin und mein Mann Nathaniel starben. Meine Gedanken und Emotionen, die angenehmen wie die unangenehmen, fließen sanfter und in mehr Gnade dahin. Das hilft mir, mir selbst und anderen gegenüber mehr Mitgefühl zu empfinden. Recht oft, egal was innerlich und äußerlich gerade geschieht, merke ich, wie ich mich leicht auf durchdringenden Frieden einlassen kann, auf Freude und Dankbarkeit.

Manchmal fühlt sich mein Körper schwer und dicht an, weil ich unterschwellig das »bloße Sein« bevorzuge. Ich realisiere das bloße Sein auch, bleibe aber gleichzeitig in meinem realen Körper. Das ist eine Art Flucht, eine Flucht ins Reich des Lichts und des Glücks, eine Flucht vor den Grenzen der Körperlichkeit. Wenn das geschieht, merke ich, wie ich mich aufspalte und mich mit »diesem« identifiziere, im Gegensatz zu »jenem«. In diesem Konflikt verhülle ich Frieden und Licht meines wahren Wesens – auch das wahre Wesen meines Körpers als Lichtmanifestation. Tag für Tag werde ich meisterlicher darin, mich davon zu lösen, jemand zu sein, der eine Seite bevorzugt. Ich löse mich von jeder Art von Identität, die definiert oder reflektiert werden muss. Wenn ich wieder den Weg dorthin finde, im Einssein aufmerksam zu sein, fällt es mir leicht, die Ganzheit und Gleichheit von allem willkommen zu heißen, während ich gleichzeitig dessen Unterschiede und Vielfalt wahrnehme. Ich kann Frieden empfinden und dabei alles willkommen heißen, was in meinen inneren Welten der Reflexion aufsteigt – und all deren Wunder ziehen an mir vorbei, während das reine Gewahrsein in göttlicher Gnade ruhig und gelassen bleibt. Das grenzenlose Potenzial des Unendlichen Geistes, alle möglichen Vorstellungen auszudrücken, ist wahrhaft erstaunlich.

Es fällt mir auch leichter, in der physischen Welt zu sein, ohne von deren Schönheit oder Hässlichkeit gestört zu werden. Diese Urteile entstammen bloß meinem konditionierten Verstand, der als wirklich erkennen will, was in Wahrheit Leere ist: Lichtpartikel, die wie ein flüchtiger Regenbogen umhertanzen. Ich ziehe zwar die feinstofflichen Bereiche des Geistes vor, empfinde aber zunehmend Freude daran, für meine körperlichen Beziehungen und weltlichen Aufgaben da zu sein. Gleichzeitig bin ich mir des Unendlichen Lichts bewusst, das alles IST, auch die »relative Dunkelheit«, die »relatives Licht« definiert. Es gibt kein »gut oder böse«, »falsch oder richtig«, kein mühseliges Streben danach, etwas zu erreichen oder zu verbessern. Ich bin bloß Große Vollkommenheit – und das ist genug!

Ich finde immer mehr Stabilität und Beständigkeit jenseits von allem, was ich zuvor wusste. Mit einem frischen, gegenwärtigen

Geist bin ich erwacht und tue und bin alles, was ich bin: bewusst in meinem Körper, bewusst in meiner Atmung, bewusst in meinen Empfindungen. All dies ist spirituell. Die Erweckung ist eigentlich nichts Besonderes. Sie ist spirituelles Erwachen. Es geht nur darum, der zu sein, der man wirklich ist, ein Wesen mit einem Herzen voller Mitgefühl und einem Verstand voller Weisheit. Was für mich wahr ist, ist auch für euch und für alle Wesen wahr.

Statt zu vermeiden, die tieferen Schichten des Leidens in mir und ringsum zu ergründen, wie ich es gewohnt war, stelle ich nun gnädige und deutliche Fragen danach, warum mein Verstand sich an die Vorstellung eines getrennten Selbst klammern kann. Von einem Atemzug zum nächsten erkenne ich, wie meine Gedanken und Gefühle und die aller anderen alle möglichen Schwierigkeiten erzeugen – Dramen, in denen wir versuchen, oberflächlichen Vergnügungen nachzujagen und den immer wiederkehrenden Schmerz zu verdrängen. Wenn etwas Eindringliches geschieht und ich mich mit dem Drama identifiziere, wie bei dem Überfall, der Großmutter bedrohte, kann ich erkennen, dass ich mich an illusionäre Schatten klammere.

Statt unbewusst verwickelt zu werden und automatisch darauf zu reagieren, merke ich, wie ich innehalte und mit mehr Beherrschung und Mitgefühl reagiere. Ich fühle mich gelöst und weniger ängstlich. Dadurch wird es leichter, mich an dem Licht auszurichten, das meine geistigen Projektionen beleuchtet und auslöst. Ich kann einfach gelassen sein, wo immer ich mich gerade aufhalte und was immer ich gerade tue. Ich lasse meine Gedanken, Gefühle, Empfindungen und Wahrnehmungen einfach vorbeiziehen. Statt mich herauszufordern, werden Ereignisse von Selbstachtung gemildert, und ich biete jedermann, der Trennung, Kummer und flüchtige Vergnügungen erleidet, gelassen ein deutlicheres Gewahrsein und echtere Unterstützung. Statt »mein« Schmerz und »meine« Freude ist es nun »unser« Schmerz und »unsere« Freude.

Mit den Jahren schätze ich das volle Spektrum menschlicher Gefühle immer mehr. Meine eigenen Gefühle und die anderer verschmelzen im Einssein, ob sie sensorisch sind, emotional oder das erregte Gewahrsein höchst feinstofflicher Energien. Ich schätze unsere Fähigkeit, durch Gefühle gewahr zu sein, denn Gefühle beleben uns und stellen eine Brücke dar zwischen den physischen und den spirituellen Welten. Gewahrsein und kluge Unterscheidung unserer »Bauchgefühle« sind die Grundlagen unserer intuitiven Führung. Ein scharf empfindendes Gewahrsein, frei von allen Verschleierungen wie Angst oder Wut, versorgt uns mit einer eindeutiger Wahlmöglichkeit und einem größeren Gefühl von Freiheit und Wohlbefinden.

Mir wird auch erneut klar, dass mitten in den ständigen Bewegungen und Veränderungen große Stille und Frieden herrschen. Das ist die Essenz der Lehren der Magdalenerinnen. Trotz aller Unbeständigkeit – alle Dinge haben ja einen Anfang und ein Ende –, die Leiden verursacht, wenn man sich an Dinge, Menschen und Ideen klammert, ist dies auch ein Portal zu großem Frieden. In der Ruhepause zwischen Ein- und Ausatmen erkenne ich das große Ungeborene, die unsterbliche Stille des Geliebten dort oben. In dieser Stille erlebe ich meine Gedanken wie ephemerische, vorbeiziehende Wolken und meine Gefühle als so flüchtig wie ein Regenbogen, der sich an einem klaren blauen Himmel auflöst.

Ich versenke mich immer mehr in den Geist des Geliebten – den Brunnen aller Liebe –, und spüre, wie Jeshua mich als seine Braut erwählt, damit wir zusammen vor unseren Schöpfer treten. Wir stellen uns unserem größten Leiden und dem intensiven Schmerz, der aus dem Gedanken entsteht, dass wir vereinzelt, verlassen und ungeliebt sind – und erkennen ein Licht in der Dunkelheit. Das Unendliche Licht, das die Kraft hat, alle Angst und Wut und jeglichen Kummer hinwegzubrennen. In diesem Tempel der Liebe gelangen wir in die Gegenwart des verwandelnden Kosmischen Feuers, das auf dem Altar unserer Herzen brennt. »Ich« bin Liebe, Geliebter und Geliebte und gebe mich dem »anderen«.

Wir lösen uns und fallen in die feurige Umarmung des Geliebten und sterben, aber nur, um spirituell in den verzehrenden Flammen der Liebe neu geboren zu werden. Endlich erkennen wir Liebe und entspannen uns im Frieden jenseits aller Formen – dies ist die Wahrheit, die den Stachel des Todes entfernt. In dieser Großen Stille erleben wir den Hauch des Geliebten. Und wir vereinen uns mit diesem Atem des Geliebten und hauchen ihn in die Welt der Formen. Als Friede bringen wir frohe Kunde für alle, die der ewigen Liebe noch entbehren. Wir erinnern uns – wir erwachen – wir wählen die Liebe.

Am Altar des Geliebten verpflichte ich mich, allem fühlenden Leben Segen und Wohlgefühl zu bringen. Ich bestätige meinen Schwur, zur Lösung aller Wesen aus ihrem kollektiven Karma und der endlosen Verzweiflung beizutragen. Ich trage den Schmerz aller, die sich verloren und verwirrt fühlen, ins Herz des Mitgefühls meines Geliebten. Verschmolzen in mystischer Einheit mit meinem Geliebten Jeshua als Geliebter Dort Oben wird Alles Sein ein unendliches Meer aus schimmerndem Licht.

Ein weiterer Atemzug steigt auf, und ich werde mir eines »Selbst« bewusst, das wie ein schimmernder, pulsierender, kristallener Tautropfen eine Apfelblüte ziert. Und ich kehre dankbar in mein Körperbewusstsein zurück, als Mariam, eine einfache Frau, die auf der Bank im Garten meiner Großmutter sitzt.

ANNAS LETZTE WORTE

Zum Abschluss dieser Mitteilung innerhalb der Gabe *Spirituelles Erwachen* möchte ich nun meine letzten Worte an euch richten. Ich, Anna, habe mein Bewusstsein durch die Nebel von Avalon hindurch ins ätherische Land Reinen Lichts erhoben. Mögt ihr die Freude erkennen, wenn ihr euer großartiges menschliches

Potenzial Tag für Tag mehr verwirklicht. Wisset, dass ich stets zur Verfügung stehe, um euch liebevoll dabei zu unterstützen. Ich habe den sicheren Hafen von Avalon zur letzten Ruhestätte meines Körpers erwählt. Hier habe ich meinen letzten bewussten Atemzug geschöpft und bin durch die Nebel ins unendliche Meer des Lichts getreten. Meine einbalsamierte körperliche Hülle ruht in einem Steingrab unter jenem heiligen Hügel, wo Chalice Hill ans Tor der Druiden grenzt.

Heute wandelt mein Körper aus Regenbogenlicht dort, wo der fruchtbare rote Frühling der Göttin sich mit den weißen Wassern des zeugenden Gottes vermählt. Bei einer großen Eibe, die ich als einen kleinen Setzling vor zweitausend Jahren pflanzte, halte ich oft inne. Falls ihr euch jemals im Chalice Hill-Garten aufhaltet, erkennt ihr mich vielleicht, und dann verhaltet euch ganz still. Nennt ruhig meinen Namen, liebe Freunde, und vielleicht spürt ihr den Rosenduft meiner Essenz ringsum. Ob ihr dort wandelt, wo ich einst wandelte oder nicht, ihr könnt euch von jedem Ort dorthin befördern, indem ihr euch auf meine intensive Essenz einstimmt, die in meinen Worten schwingt und von diesen Seiten dringt.

Mit diesen Worten stimme ich ein neues Lied der ekstatischen Vereinigung und leidenschaftlichen Freiheit an, das auf sanften Winden davongetragen wird. Leise flehe ich:»Komm her, geliebter Freund, sei Annas Gast. Komm mit mir in das fruchtbare Tal, in dem Christus und die Magdalenerinnen in ewiger Vereinigung wandeln. Gemeinsam werden wir unser Werk der unerschöpflichen Liebe erreichen, aber nicht durch Gewalt oder unangemessene Manipulation. Wir geben eher dankbar die Verzweiflung weiterer Vereinzelung auf. Ja, wie vor Urzeiten versprochen, werden wir die frohe Kunde mit einer Stimme verkünden:»Alle Getrenntheit ist zu Ende! ICH BIN das ALLES, und das ALLES ist *Ein Leben!* Amen und Amen.«

Wisset, meine geliebten Freunde, dass es nicht um die Fortsetzung von alten Geschichten geht, wenn ich euch diese Worte hinterlasse, sondern eher um die Erweckung der »Samen von Christi Licht« in euch selbst. Ich vermittle euch die Stimme des Geliebten, um euch zu trösten und euch über alles Verständnis hinaus Frieden zu spenden. Nun setzt dieses Große Werk zum Wohlsein aller Lebewesen fort.

Mein Friede sei mit euch, bis wir uns wiedersehen.

So sei es. Ich verabschiede mich von euch, bis wir uns am Tor zum Garten meiner Mutter wiedersehen und Friedensbänder an die immergrünen Zweige binden.

SIMION

AS EVOLUTIONÄRE
OLLEKTIV DER
CHTWESEN DER
EBTEN DIMENSION

Nachwort von Simion
durchgegeben von Jill Mara

W ir sind Simion, das Evolutionäre Kollektiv. Diese Jahre bersten vor unzähligen Möglichkeiten für eure Evolution. Wir beobachten bei den Lichtträgern auf eurem Planeten eine immer stärkere Konzentration und Intensität. Unendliche Möglichkeiten erwarten die vielen Seelen auf dem Pfad der Erleuchtung, der den Weg für die Menschheit und Mutter Erde bilden wird. Das Potenzial dazu ist vorhanden. Dies ist eine wundervolle Nachricht für eure Welt und viele Welten darüber hinaus. Viele werden im kommenden Jahr zu uns stoßen und die Schwingungen unseres Systems verstärken.

Hier und jetzt ist der richtige Zeitpunkt, eure Anstrengungen zu vervielfachen und euer Licht erstrahlen zu lassen. Die Öffnungen zu kosmischen Energietoren und Energiewesen, die uns auf dieser Reise helfen können, sind deutlich vorhanden. Die Frequenzen verstärken sich und ermöglichen allen Individuen, vom wahren Seelenlicht zu schöpfen und die Schleier abzulegen, die bisher verhindert haben, dass sie sich mit ihren einzigartigen Gaben zeigen. Es ist eine Zeit der magischen Entdeckungen und einer verstärkten Sensibilität jener, die versuchen, sich ihrem vollem Potenzial zu öffnen. Die Belastungen und die Trübsal der Vergangenheit können in den kommenden Jahren in intensive Erweckung umgeformt werden, in ein spirituelles Erwachen.

Diese Intensivierung kann eure Spezies und den Planeten schon bald in die nächste Dimension erheben, aber vieles hängt von den individuellen Seelen ab und wie sie mit dem Licht aus ihrer Quelle dazu beitragen.

Es ist auch ein guter Zeitpunkt, die Konzepte von Problemen und Konflikten zu vergessen und eine Vision von Verwandlung, Wachstum und Gemeinsamkeit zu entwickeln, um die neue Realität zu formen, nach der ihr alle strebt. Ihr dürft das Alte ablegen und euch auf das Neue vorbereiten: *auf eine neue Erfahrung der Wirklichkeit.*

Wir schlagen das Folgende vor, um die anhaltende Verstärkung des hochfrequenten Lichts bestmöglich zu nutzen:

Erkennt, was euch davon abhält, auf eurem wahren Lichtpfad zu wandeln. Bittet um Anleitung, euch ein für alle Mal von den alten Mustern zu lösen. Gestattet euch, frei zu sein von Angst, die die Verwirklichung eures wahren Seelenbedürfnisses verhindert, alles zu teilen.

Macht euch auf! Ganz gleich, wonach eure Seele sich sehnt, was sie sein oder tun will ... fangt jetzt damit an, egal, wie absurd, albern, unmöglich oder riskant dies eurem rationalen Ego erscheint. Tut den ersten Schritt zur strahlenden Verwirklichung eures einzigartigen schöpferischen Geistes, egal wie schlicht und unbedeutend eure Selbstzweifel sie auch erscheinen lassen. Folgt dem stillen Pfad eures Seins, das stets weiß, was es zu tun hat.

Seid bereit, im Strom der Synchronizität zu schwimmen. Wenn man seine Pläne zu hartnäckig verfolgt, können sie sich in der neuen Energie nicht verwirklichen. Lichtpfade können auf unerwartete Weise die Richtung wechseln, daher seid bereit, eurer Intuition zu trauen und den silbernen Lichtmarkern auch unter vermeintlich herausfordernden oder unerwarteten Umständen zu folgen, die eure ursprüngliche Absicht vielleicht beeinflussen.

Nutzt bitte eure Fantasie! Ihr habt die enorme angeborene Fähigkeit, euch schöpferisch auszudrücken. Bedient euch eurer magischen Vorstellungskraft. Stellt euch vor, eure Seele würde ihre einzigartigen Eigenschaften mit anderen teilen. Wie würde das aussehen? Stellt euch vor, andere hätten Anteil an eurer erleuchteten Seele – die ihr ja in Wirklichkeit bereits seid. Eure Fantasie ist stets ein Portal zur Kernebene allen schöpferischen Seins. Behaltet die Vision von einer besseren Zukunft im Auge. Wenn ihr euch entmutigt fühlt oder nicht mehr erkennen könnt, dass die Menschheit sich durchaus zu ändern vermag, dann schaltet um. Konzentriert euch auf die Lichtträger und ihre erstaunlichen Werke sowie auf alle Ratschläge, die andere euch anbieten. Richtet eure Aufmerksamkeit auf das innere Licht, seine verwandelnde Kraft und letztgültige Fähigkeit, sich über allen Tumult hinaus zu erheben. Achtet darauf, eure Seelengefühle zu erkennen, wie es weiter unten beschrieben wird. Mit der Zeit wird man sich dieser Signale bewusster und empfänglicher für sie. Die Fähigkeit, mit der Seele wahrzunehmen, wird mit einiger Übung immer besser. Anfangs muss man großes Vertrauen in seine Sinne entwickeln, auf die man zuvor vielleicht nicht geachtet hat und die man daher überwiegend vernachlässigte. Wir möchten ein paar Empfindungen beschreiben, damit ihr sie besser erkennt. Wir fordern euch auf, aufzuzeichnen, wenn ihr auf diese Weise etwas empfindet, egal, auf welcher Entwicklungsstufe ihr euch gegenwärtig befindet.

Einige unter euch sind vielleicht schon höher entwickelt, aber andere stehen erst auf der Schwelle, solche Gefühle zu bemerken und ihnen zu vertrauen. Wenn ihr das Folgende bemerkt, akzeptiert es und, falls möglich, gebt euch die Erlaubnis, mit diesen Empfindungen zu schwingen, um zu sehen, wohin sie euch führen. Solche Empfindungen können alle eurer Seele entstammen, die zu euch spricht. Natürlich denkt man ab und zu, man wird verrückt, aber grundsätzlich fühlt man sich gleichzeitig bei klarem Verstand.

• *Alle visuellen Anomalien, wie Farben oder Punkte im Gesichtsfeld, Helligkeit um Menschen oder Objekte herum, Gestalten, die vor einem erscheinen, und ein verschwommenes oder eingeengtes Gesichtsfeld.* Dies alles können Zeichen einer Verbindung mit einer anderen

Dimension sein, oder es kann einen Pfad oder ein Thema andeuten, dem man folgen sollte.

• *Ungewöhnliche Geräusche, Klingeln oder Stimmen im Kopf, besonders unvermittelte oder jähe Botschaften, die keinen Sinn ergeben.* Geräusche im Ohr können eine Methode darstellen, eure Aufmerksamkeit zu erlangen. Achtet darauf, was ringsum geschieht, wenn so etwas vorkommt, wie auch auf seltsame Botschaften, die wie aus heiterem Himmel auftauchen. Eure Seele wird versuchen, euch unbewacht zu ertappen, damit die Botschaft sich von den gewöhnlichen Geräuschen des Verstandes abhebt.

• *Erhebende Gefühle, die euch auf unerklärliche Weise an einen Ort oder in eine Situation führen.* Es ist ein leichtes Gefühl, nicht schwer oder belastend, sondern eher frei und fließend. Falls es sich um ein schweres Gefühl handelt, haltet euch fern, aber wenn es heiter erscheint, folgt ihm.

• *Wiederholte Visionen und Fantasien von Menschen oder Situationen.* Erlaubt euch, der Vision geistig zu folgen, um zu sehen, wohin sie führt. Oft haben wiederholte Bilder eine besondere Bedeutung für euch, oder sie versuchen, euch etwas Wichtiges mitzuteilen.

• *Unangenehme Bauchgefühle.* Diese Empfindungen können eine Warnung vor niederfrequenter Energie sein und ein Ruf nach geistigem und spirituellem Schutz. Ekelgefühle, Kopfschmerzen oder andere unerklärliche Empfindungen an einem Ort oder in Gegenwart bestimmter Menschen können Warnungen darstellen, dass negative Frequenzen eindringen wollen oder eure Schaltkreise überlasten. Dann müsst ihr euch entfernen.

• *Ein kribbelnder Energieanstieg im Körper, oft in den Händen oder auf dem Oberkopf.* Sie sind ein Zeichen für die Verbindung mit dem Quellenlicht. Achtet in solchen Situationen darauf, was ihr denkt, tut oder mit wem ihr zusammen seid. Es bedeutet stets, dass ihr euch auf einer bestimmten Frequenz verbunden habt.

• *Intuitionen hinsichtlich von Menschen, Orten und Ereignissen.* Traut dem Seltsamen und dem Unerkennbaren. Lauscht und beobachtet. Man gibt seiner Seele keine Chance, wenn man nicht wenigstens auf das lauscht, was unerkennbar erscheint.

Wir versichern euch, wenn ihr diesen ungewöhnlichen Wahrnehmungen mehr Aufmerksamkeit schenkt, dass ihr damit eure Seele bestärkt, auf einer anderen Ebene zu kommunizieren. Diese Empfindungen werden daraufhin zunehmen und zu einem geschätzten Ratgeber werden, nach dem ihr euch richten könnt.

ZUM ERDBEBEN VON HAITI

In Haiti hat sich vor einiger Zeit etwas ereignet, das unendliches Leid sowie viele Härten und Verluste an Leben und persönlicher Habe verursachte. Dazu möchten wir einige wichtige und ermutigende Angaben machen. Dieses Beben erschütterte den Erdmantel und verwüstete den Bereich, wo es am stärksten zu spüren war, aufs Schwerste. Nun fragen sich viele, ob das Ereignis durch ein Eingreifen von Menschenhand in die Ionosphäre verursacht wurde, etwa durch den Einsatz eines Frequenzüberträgers, der als HAARP bekannt ist. Wir versichern euch, dass diese Anlage keine solche Katastrophe auslösen kann.[*]

---

[*] HAARP (»High Frequency Active Auroral Research Program«) ist ein ziviles und militärisches Forschungsprogramm der USA, das in Alaska betrieben wird und angeblich zur Untersuchung der Ionosphäre eingerichtet wurde. Kritiker behaupten, dass es seit der Inbetriebnahme 1993 der geophysikalischen Kriegführung dient, und bringen HAARP mit Gedankenmanipulation sowie weltweit stattfindenden Naturkatastrophen wie Erdbeben, Überschwemmungen und Vulkanausbrüchen in Verbindung. – *Der Verlag*

Wir möchten euch aber mitteilen, dass HAARPs Nutzen als Waffe zur Massenvernichtung erwogen und erprobt wird, indem man auf atmosphärische Bedingungen einwirkt, die Einfluss auf das Wetter haben. Momentan ist die Anlage jedoch nicht stark genug, um so etwas zu bewirken. Mehr Einfluss hatte das Bewusstsein jener, die direkt von Wetterereignissen betroffen sind, sowie das kollektive Denken rings um den Erdball. Euer Geist hat eine viel größere Wirkung, als euch bewusst ist. Die Katastrophe in Haiti war die Folge von Leid und entsetzlicher Korruption und Habgier, die das Bewusstsein der Menschen dort schon seit Generationen abgestumpft hat. Über den Menschen von Haiti hing eine Wolke der Verzweiflung, die schließlich geophysikalische Bedingungen erzeugte, die ein starkes Erdbeben auslösten. Die Menschen dort hatten eine Schwingungsfrequenz von Tumult und Verlust ausgestrahlt ohne einen Funken Hoffnung, dass sich dies jemals ändern würde. Ihr Alltag aus Schmerz und Leiden und ihr geschwächter Geist haben eine Öffnung für eine solche Katastrophe geschaffen oder sie sogar angezogen.

Doch mit der Auslösung dieser Katastrophe hat die Bevölkerung von Haiti auch ein Tor für Mitgefühl und Hoffnung geöffnet, nach dem sie sich so lange gesehnt hat. Nun besteht endlich die Chance auf ein großes Licht. Die Menschen können die begehrten Schwingungen des Mitgefühls, der Liebe und Regeneration anziehen, die in ihrem Land so dringend benötigt werden. Ihr müsst bedenken, dass der Planet Erde die Schwingungsstrahlen aller Lebensformen in seinem Aurafeld spürt, sowohl die Energien der Motivation und des positiven Strebens aller als auch die antievolutionären Energien von Mangel und Verzweiflung, und die Erde reagiert darauf häufig mit einem Rumoren, das die Fundamente auf der physischen, geistigen und spirituellen Ebene erschüttert.

Das Erdbeben ist nur der Beginn einer Zunahme der Habgier und Korruption, welche die Lage in Haiti verursacht haben. Erst im Nachhinein werden die wahren Ursachen des Leids an den

Tag kommen. Viele Außenstehende glauben, dass der Rest der Welt sich nun sorgfältig und achtsam um alles kümmert. Wir bitten euch aber, genauer hinzusehen, denn die Unruhen und der Missbrauch werden nicht verschwinden, wenn die Welt ihre Herzensspenden über Haiti ergießt, um das Leid zu lindern. Mit Geld löst man diese Probleme nicht, und es reicht auch nicht, diesen Menschen aus ihrer verzweifelten Lage herauszuhelfen. Die Schwierigkeiten für Haiti haben gerade erst begonnen. Das klingt vielleicht pessimistisch, entspricht aber der Realität. Wir möchten die Wahrheit in aller Offenheit aussprechen, damit ihr die echte Energie erkennt, die von diesem Ort abstrahlt. Erst wenn ihr die Macht des dort beteiligten Bewusstseins erkennt und wie es entstand, könnt ihr den Menschen dauerhaft helfen, diese tiefe Verzweiflung hinter sich zu lassen.

Haiti braucht eine massive Dosis an Lichtenergie mit den höchsten Frequenzen, die ihr aufbringen könnt. Es braucht kein Geld, das nur weitere Korruption fördert und die negative Situation verstärkt. Die Katastrophe war ein verzweifelter Ruf danach, was diese Seelen und der Planet jetzt vor allem brauchen – mehr Licht. Die Haitianer brauchen die Schwingung der Liebe, von Frieden und Harmonie, von Empathie und Hoffnung, um zu erkennen, dass ihre Existenz noch einen höheren Sinn und Zweck hat als Leid.

Wir möchten hinzufügen, dass die Überseelen der Haitianer eine Perspektive haben, die Rolle zu verstehen, die sie bei der Erweckung der Menschheit spielen, um das Bedürfnis nach diesen leichteren Schwingungen zu erkennen und das Bewusstsein der Welt zu schärfen. Die Seelen der Menschen stimmen mutig und freundlich zu, die Verzweiflung in der Hoffnung zu erleben, dass in dieser Situation ein Licht aufbricht, wenn sie die Wahrheit über dieses Ereignis enthüllen und die Schranken dessen heben, was potenziell aus der Asche dieses Unglücks gelernt werden kann. Es liegt an euch Menschenwesen mit der Fähigkeit, Lichtfrequenzen auszustrahlen, euch in Gedanken und Vorstellungen zu erheben, um den Haitianern zu helfen, Licht in jenen Teil der Welt zu bringen. Aber was heißt das? Müsst ihr persönlich dorthin reisen und die Menschen direkt beeinflussen? Manche von euch werden dies tun, denn sie fühlen sich stark von Haiti angezogen. Haltet euch nicht zurück. Wenn ihr das Bedürfnis habt, vor Ort zu helfen, dann ist immer der richtige Zeitpunkt, das Risiko einzugehen und sich nicht durch Hindernisse abhalten zu lassen. So wird sich der Weg für euch öffnen.

Für die meisten anderen bedeutet es, einen Platz in Herz und Seele einzuräumen, den man mit den Strahlen von Mitgefühl und Erkenntnis füllt, denn die Menschen in Haiti haben das erstaunliche Potenzial, vor den Fesseln der Korruption befreit zu werden, ihre Herrschaft als Lichtwesen anzunehmen und ihre eigene Zukunft zu gestalten. Nur wenige Minuten täglich sollte man an die neue Vision denken, wie die Gemeinschaften dort individuell unterstützt und frei werden können, zu heilen und zufrieden zu schaffen, um zum Vorbild für die Menschheit zu werden, die sich gemeinsam gegen Unterdrückung auflehnt.

Nutzt euer konzentriertes Denken in Meditation und Gebet, je nachdem, was ihr vorzieht, um euch eine neue Lichtgemeinschaft in Haiti vorzustellen, die aus der Asche der Verzweiflung entsteht. Glaubt uns, dies wird sich zielstrebig und bewusst entwickeln und die Situation fundamentaler verbessern als gedankenlose Geldspenden. Und natürlich fügen wir euren strahlenden Gedanken noch unsere eigenen hinzu.

ENTHÜLLTE GEHEIMNISSE

Bald wird sich manches enthüllen, was in der Vergangenheit verborgen blieb, etwa UFOs, psychische Phänomene, Heilwunder und Regierungskomplotte. Diese Aufdeckungen werden vielleicht nicht als solche dargestellt, sondern eher unauffällig, zufällig oder unfreiwillig erfolgen, aber durchaus bewusst geschehen. Wenn verborgenes Wissen auftaucht, sind das stets wichtige Informationen, die in vielen Bereichen für Aufruhr sorgen, ungeachtet der Motive und des Zwecks. In nächster Zeit wird es jede Menge schockierende und scheinbar unglaubliche Enthüllungen geben. Achtet in allen Lebensbereichen darauf. Diese Geschichten werden wie immer zwei Seiten haben. Viele Geheimnisse werden als zu schrecklich empfunden, aber trotz der Umstände erstaunliche Umwandlungen mit sich bringen, im Großen wie im Kleinen. Haltet im eigenen Leben danach Ausschau, in euren Gemeinschaften und in der Welt. Künftig werden Ereignisse auf andere Weise gedeutet werden. Wir empfehlen, dass ihr nach dem Sinn und den potenziell guten Folgen aller Veränderungen sucht und das neue Wissen auf höchster Ebene integriert.

Ihr lebt in einer Zeit des Lernens und großer Entdeckungen auf eurem Planeten. Macht aus diesen fantastischen Jahren das Beste, damit sie zum Wendepunkt für eure persönliche und irdische Evolution werden. Ihr habt das Zeug dazu. Die Zukunft gehört euch.

Über die Channelmedien

LEE CARROLL
Channel-Medium von Kryon

Nach seinem Abschluss in Wirtschaftswissenschaften an der California Western University gründete Lee Carroll eine Firma für Audiotechnik in San Diego, die dreißig Jahre lang erfolgreich im Geschäft war. Die ersten Kryon-Äußerungen präsentierte er noch recht zaghaft in metaphysischen Kreisen im kalifornischen Del Mar. Der Rest ist mittlerweile Geschichte, nachdem er innerhalb von zehn Jahren zwölf metaphysische Bücher herausbrachte. Weltweit wurden bereits mehr als eine Million Kryon-Bücher in dreiundzwanzig Sprachen gedruckt, darunter auf Bulgarisch, Chinesisch, Dänisch, Estnisch, Finnisch, Griechisch, Hebräisch, Indonesisch, Japanisch, Koreanisch, Litauisch, Lettisch, Russisch, Türkisch und Ungarisch. Carroll ist Co-Autor dreier Indigo-Bücher und schrieb auch für die Amra-Veröffentlichungen *Die Große Veränderung* und *Das Bewusstsein der Neuen Zeit*. Im Jahre 1995 wurde die Bitte an ihn herangetragen, Kryon vor den Vereinten Nationen in New York City einer UN-Gruppe vorzustellen, die den Namen Society for Enlightenment and Transformation (SEAT) trägt. Die Veranstaltung fand solchen Anklang, dass Carroll und Kryon gleich fünf weitere Male eingeladen wurden – 1996, 1998, 2005, 2006 und 2007! Meetings dieser Art finden direkt im Arbeitsbereich in den oberen Etagen des UN-Gebäudes statt, unweit der Räumlichkeiten, in denen die UN-Vollversammlung zusammenkommt. Teilnahmeberechtigt sind nur UN-Abgeordnete sowie Gäste der SEAT.
Carroll lebt mit seiner Ehefrau Patricia in San Diego. Weitere Informationen finden Sie auf seiner Website: *www.kryon.com*.

NATHALIE CHINTANAVITCH
Channel-Medium von Hildon, Chandra und Flex

Nathalie Chintanavich ist eine im französischen Sprachraum sehr erfolgreiche Künstlerin, Schriftstellerin, Verlegerin und Unternehmerin. Sie ist noch keine dreißig und hat bereits mehr als fünfzehn Bücher veröffentlicht. Seit vielen Jahren channelt sie die Inka, aber auch zahlreiche andere Lichtwesen, und sie gibt Workshops in Kanada und Frankreich. Auf der Grundlage ihrer Arbeit mit den Inka hat sie auch Schmuck designed. Ihre ersten drei gechannelten Bücher erschienen 2003 bei Ariane Publications in Montreal. Seit 2008 veröffentlicht sie in ihrem eigenen Verlag Tara Glane Publishing. Ihr Ziel ist es, dass alle Leserinnen und Leser ihre Macht zurückerlangen und lernen, ihr Leben im vollen Ausmaß ihrer Möglichkeiten zu führen. Sie reist sehr oft und leidenschaftlich gern und lebt gemeinsam mit ihrem Sohn in Südfrankreich. Dort ist sie unter *info@taraglane.com* zu erreichen. Wer des Französischen mächtig ist, kann sich auf der Website *www.taraglane.de* über ihre Arbeit informieren.

CLAIRE HEARTSONG
Channel-Medium von Anna, der Mutter Marias

Claire Heartsong hat einen Magistergrad in den Schönen Künsten und ein Diplom als Kunsterzieherin. Sie unterrichtete Kunst als Hochschullehrerin an der Boise State University, bis ihr spiritueller Weg sie 1989 nach Mount Shasta in Kalifornien führte. Seitdem haben sie ihre Reisen, auf denen sie Annas Botschaften verbreitet, auf der ganzen Welt in die Arme ihrer spirituellen Familie geführt. Heute führt sie ein ruhiges, zurückgezogenes Leben an der Seite ihres Partners Lorenzo, in einem abgelegenen und wunderschönen wilden Gebirgstal im Shasta-Trinity National Forest, Nordkalifornien. Dort üben sich beide in tiefer gehenden Meditationspraktiken und einer bewussten Beziehung als Weg des spirituellen Erwachens. Dabei genießen sie ihre gemeinsame Liebe zur Lyrik sowie seine Leidenschaft für die Naturfotografie und ihre Leidenschaft für die visionären Künste.

Im Jahre 2002 erschien Claires Buch *Anna, the Grandmother of Jesus*, acht Jahre später gefolgt von *Anna, the Voice of the Magdalenes*, das gemeinsam mit Catherine Ann Clemett entstand. Seit kurzem gibt sie auch Seminare zum Thema Zwillingsseelen, zu denen seit 2011 ebenfalls ein Buch vorliegt: *Understanding Twin Flame Union, the Ascension of St. Germain and Portia*. Sie können die Autorin im Internet unter *claireheartsong@lightrivermedia.com* erreichen. Ihre Webseite *www.claireheartsong.com* enthält zahlreiche neue Channelings und Informationen zu ihren Botschaften, Büchern und Farbdrucken.

JILL MARA
Channel-Medium von Simion

Nach Abschlüssen als Erzieherin, Journalistin und Medienwissenschaftlerin arbeitete Jill Mara einige Jahre lang als Grundschullehrerin, bis ein Sommer in Cape Cod, Massachusetts, ihr Potenzial als Unternehmerin weckte: Bei ihrem Job als Walforscherin erkannte sie, wie das Beobachten dieser großen Tiere die Menschen verändert. Fasziniert drehte sie darüber eine Dokumentation und gründete auf den Virgin Islands einen eigenen Yachtverleih. Dort meldete sich im September 2005 bei einer Meditation mit ihren Geistführern ein Kollektivwesen, das erklärte, aus reinem Licht zu bestehen, ähnlich (»similar«) wie Ionen (»to ions«), und so erhielt es seinen Namen: Sim-ion. Seitdem übermittelt dieses Wesen ihr Botschaften über Veränderungen des menschlichen Bewusstseins, die den evolutionären Übergang erleichtern. Im September 2009 erschien mit *Keys to Soul Evolution, a Gateway to the Next Dimension* das erste Buch mit gechannelten Informationen Simions. Jill Mara liebt die Natur und besonders den Ozean, das Wandern, Radfahren und Ausflüge mit dem Kayak. Sie hat sich verpflichtet, Simions Botschaften an alle weiterzugeben, die dafür offen sind, und bereist dazu seit einiger Zeit Nordamerika. Gern kommt sie auch nach Europa, wenn genügend Menschen die Weisheit Simions aus erster Hand erfahren möchten. Unter *contact@simion7d.com* können Sie mit ihr in Verbindung treten. Weitere Informationen finden Sie auf der Webseite *www.simion7d.com*.

Über die Herausgeberin

MARTINE VALLÉE
Co-Autorin und Herausgeberin dieses Buches

Das Interesse an allem Spirituellen begann in Martines Leben schon sehr früh. Mit achtzehn Jahren begegneten ihr zwei Bücher, die ihr Leben veränderten: *Leben und Lehren der Meister im Fernen Osten* von Baird Thomas Spalding und *Leben nach dem Tod* von Raymond Moody. Seitdem glaubte sie immer daran, dass Worte die Kraft haben können, die Seele zu transformieren und zu heilen. Im Jahre 1994 gründete sie mit ihrem Bruder Marc den Verlag Ariane Èditions, der seitdem spirituelle Bücher für die französischsprachige Gemeinschaft in aller Welt veröffentlicht. Anfang 2011 gab sie ihn vertrauensvoll in seine Hände, um sich künftig verstärkt humanitären Projekten zu widmen.

Eines der ersten besteht darin, Frauen im Kongo, die Opfer von sexuellem Terrorismus geworden sind, Hilfe und Unterstützung zukommen zu lassen. Sie ist überzeugt, dass sie mit ihrer Stiftung *Passion for Compassion* die Welt Herz für Herz verändern kann. Dabei geht sie davon aus, dass die Kombination aus Liebe, Mitgefühl und reiner Absicht eine ganz eigene Kraft hervorbringt – eine Kraft, die stark in der Wiederkehr des göttlichen weiblichen Prinzips zum Ausdruck kommt. Diese Energie findet sich in jedem Menschen, und wir tragen die Verantwortung dafür, sie einzubringen.

Martine lebt in Montreal und teilt ihre Zeit zwischen Familie, Freundeskreis und Arbeit auf. Bei Fragen wenden Sie sich bitte auf Englisch oder Französisch an *martine@passioncompassion.org* oder *martinevallee@qc.aira.com*. Bitte besuchen Sie auch Martines Website: *www.passioncompassion.org*.

»Wie wir die Herausforderungen unserer Zeit meistern.«

AUFBRUCH INS HÖHERE BEWUSSTSEIN

Tom Kenyon channelt die Hathoren-Botschaften

240 Seiten, Hardcover, Leseband
mit Fototeil und Musik-CD
Amra Verlag, € 19,95

ISBN 978-3-939373-31-5

Die Hathoren sind interdimensionale Wesen, die in Ägypten durch die Göttin Hathor wirkten und unsere Entwicklung fördern. »Wir sind das, was ihr eine aufgestiegene Zivilisation nennen würdet.« Das vorliegende Buch versammelt ihre bis 2009 im Internet verbreiteten Botschaften.

2012 – DER MAYA CODE

Barbara Hand Clow enthüllt die Zeitbeschleunigung

384 Seiten, Hardcover, zwei Lesebänder
mit einem Nachwort an die deutschen Leser
Amra Verlag, € 22,95

ISBN 978-3-939373-33-9

Dieses Buch verleiht uns eine neue Sicht vom Universum. Auf der Grundlage der Arbeit von Carl Johan Calleman und anderen Erforschern des Maya-Kalenders untersucht die Autorin sechzehn Milliarden Jahre der Evolution und entschlüsselt das Schöpfungsmuster – das Bewusstsein der Erde.

Textauszüge und Hörproben auf www.AmraVerlag.de

»Ihr seid niemals allein –
Ihr werdet von Herzen geliebt.«

2012 - DIE GROSSE VERÄNDERUNG

*Channelings von Lee Carroll,
Tom Kenyon & Patricia Cori*

224 Seiten, Hardccver, Leseband
Amra Verlag, € 19,95

ISBN 978-3-939373-36-0

Weltweit führende Channel-Medien blicken auf das Jahr 2012. Durch
sie sprechen Kryon, Maria Magdalena, die Hathoren und der Hohe Rat
vom Sirius über die bevorstehenden Veränderungen auf der Welt, in
uns selbst und über die Beschleunigung unserer Bewusstseinsprozesse.

2012 - DAS BEWUSSTSEIN DER NEUEN ZEIT

*Channelings von Lee Carroll,
Pepper Lewis & Patricia Cori*

256 Seiten, Hardcover, Leseband
Amra Verlag, € 19,95

ISBN 978-3-939373-44-5

Die Welt verändert sich rapide. Die alten Regeln gelten nicht mehr. Kryon,
Mutter Erde und die Sirianer beantworten Fragen über die wahre Natur
unserer Realität. Kryon sagt: »Geht davon aus, dass viele Informationen in
diesem Buch eine tiefgreifende Veränderung der Menschheit einleiten.«

Textauszüge auf www.AmraVerlag.de

»Das Leben währt lange – aber die Zeit ist knapp.«

EVOLUTION DER MENSCHHEIT

Pepper Lewis channelt Mutter Erde

272 Seiten, Hardcover, gelbes Leseband
Amra Verlag, € 19,95

ISBN 978-3-939373-50-6

Die Welt befindet sich in einem beschleunigten Übergang, und bei den Menschen bildet sich ein immer klareres Bewusstsein heraus. Gaia spricht davon – von den Einflüssen auf Liebe und Beziehungen, unsere spirituelle Familie, unsere neue Lebenseinstellung sowie die Kinder aus Lemuria.

LÖSUNGEN FÜR EINEN KLEINEN PLANETEN

Pepper Lewis channelt Mutter Erde

256 Seiten, Hardcover, grünes Leseband
mit einem Vorwort von Lee Carroll
Amra Verlag, € 19,95

ISBN 978-3-939373-49-0

Uraltes Wissen tritt nun zutage und erfüllt unseren Alltag mit neuem Sinn, denn wir sind alle Teil eines groß angelegten Entwurfs. Lee Carroll schreibt: »Erfreuen Sie sich an den Botschaften in diesem Buch. Sie werden ihr Herz erwärmen und Sie gleichzeitig im tiefsten Inneren Ihrer Seele bilden.«

Textauszüge auf www.AmraVerlag.de

»Curare, Pacha Mama –
heile, Mutter Erde!«

DAS GEHEIMNIS
DER ATLANTISCHEN
KRISTALLBIBLIOTHEK

Das *neue* Buch von Karin Tag
320 Seiten, davon 16 Seiten Fotostrecke
mit Leseband und Schutzumschlag
Amra Verlag, € 22,95

ISBN 978-3-939373-51-3

Eine goldgefasste Kristalltafel, die Portale in höhere Dimensionen öffnet,
Orakelsteine, die Lichtbilder projizieren, Teile des Skeletts und das Herz
von Amaru Muru, dem letzten Priester von Atlantis – diese und andere
magische Objekte aus reinem Bergkristall erhielt Karin Tag vom Volk der
Inka. In Trance erlebte sie, welchen Ursprung sie haben und welche Aufgabe
ihnen zukommt. Sie ging auf eine Reise, die sie ins Innere der Erde führte.
Dies ist ihr Bericht. Expertisen beweisen die Echtheit der Stücke.

HEILUNG DER ERDE

Eine Heilzeremonie nach
traditioneller schamanischer Überliefe-
rung, gesungen von Karin Tag
Amra Records, 74 Minuten; € 19,95

ISBN 978-3-939373-71-1

Diese CD ist eine Rarität. Das Tönen der Muschel leitet ein Ritual ein,
das sich über eine Liebeserklärung an Mutter Erde, den Ruf des Kondors
und dreizehn weitere Stücke fortsetzt. Die Zeremonie dient dem Frieden
unseres Planeten und berührt alles, was lebendig ist, mit tiefer Liebe.

Textauszüge und Hörproben auf www.AmraVerlag.de

»Wie verankern wir uns in der Neuen Zeit?«

DIE HEILUNG DES LICHTKÖRPERS

Energetische Heilweisen der Inka

72 Minuten, Bonus-Clips und Interviews
mit Gemälden des Künstlers Alex Grey
Amra Cinema DVD, € 22,95

ISBN 978-3-939373-60-5

Zwanzig Jahre lang studierte Dr. Alberto Villoldo bei den Inka-Schamanen
die Natur des Lichtkörpers, der uns alle umgibt. Er erkannte, dass viele
Probleme sich falschen Programmierungen dieses Feldes verdanken. Aber
wir können lernen, sie zu verändern – und so uns und andere heilen.

AUFBRUCH INS NEUE ZEITALTER

Die Prophezeiungen der Inka

48 Minuten, Bonus-Clips und Diashow
gefilmt in den Anden und am Titicaca-See
Amra Cinema DVD, € 19,95

ISBN 978-3-939373-61-2

Die indigenen Völker Amerikas haben Prophezeiungen hinterlassen,
die sich seit Jahrtausenden mit der Zeitenwende befassen. Sie sprechen
von einem Neuen Zeitalter und Neuen Menschen, die vernunftbegabt
sind und auch erleuchtet. Eine neue Prophezeiung wird gezeigt!

Trailer und weitere Infos auf www.AmraVerlag.de

Lulu schloss die Augen, und plötzlich konnte sie sich selbst vor
sich sehen – im wunderschönsten Theater, das sie sich überhaupt
vorstellen konnte.

»Und jetzt«, fuhr die kleine Ameise fort, »siehst du dich auf der Bühne
tanzen. Du bist die hübscheste und anmutigste Ballerina, die es jemals
gab. Siehst du es?«

Lulu sah es. Sie war so aufgeregt, dass sie beinahe die Augen geöffnet
hätte, aber sie wollte, dass dieses Gefühl für immer anhielt. Sie war
da auf der Bühne und tanzte ganz hinreißend – auch wenn ihre Beine
immer noch ein wenig dünn waren.

Langsam verblasste dieses Bild, und sie öffnete die Augen wieder.

»Ich hab's gesehen!«, rief sie. »Ich war so wunderschön und habe so
anmutig getanzt! Oh, ich danke dir! Jetzt weiß ich einfach, dass ich
eine wundervolle Ballerina werden kann, wenn ich nur will!«

Bestell-Hotline: +49 (0) 61 81 – 18 93 92   *Überall erhältlich!*